U0115839

大學叢書・香港浸會大學近代史研究中心專刊

從明清到近代：
史料與課題

李金強、郭嘉輝　編著

序

　　明清史與中國近代史為中外學者研究國史的重要範疇。自二十世紀初清政府推動新政（1901-1911），創辦以京師大學堂為首之新式教育體系。至民國建立，高等院校相繼成立，而史學系亦於全國各地高校開設。與此同時，東鄰日本，開設東洋史學系，世界各國亦相繼創辦漢學研究系及東亞學系等科系。中國史研究，備受重視，由是進入「全球化」的時代。故國史研究已非我國教育、學術及文化之獨有。其中明清史及中國近現代史研究，自此以降，尤為中外史家所關注，研究眾多。學報、專書、論文，數不勝數，研究課題，代有新猷，堪稱光輝奪目。

　　香港浸會大學歷史系成立前後，系中老師投身研究明清史及中國近現代史者尤多。以前期為例，如羅炳綿研究明清學術史及中國近代社會史；劉家駒（1932-1987）研究近代菲律賓華僑及民國天主教史；故蕭作樑研究中共史；唐史專家章群（1925-2000）則於早年研究中共史學，以至編纂《民國學術論文索引》此一利人之學。實為浸會大學歷史系於明清史及中國近現代史研究先拔頭籌之「先驅者」。自上世紀一九九〇年代以降，本系老師於此兩項斷代史的研究，日見豐碩，由革命史而思想史而人物史而性別史以至於文化、軍事、宗教、醫療、法律各類課題，推陳出新，研究堪稱琳瑯滿目。從而成為本系研究與教學的重要一環。

　　二〇一五年歷史系近代史研究中心聯同本校當代中國研究所，合辦「明清史——史料與課題研討會」，邀請兩岸三地的明清史及中國近代史學者，共同出席及發表論文。研討會並獲國立臺灣師範大學歷史學系林麗月教授及香港科技大學人文社會科學學院院長李中清教授蒞臨，發表主題演講。前者以〈舊域維新：明代文化史研究的幾個新面向〉為題，後者則以 "Hard Times in Late Imperial China: Eurasian Comparative Perspectives" 為題，使大會生色

不少。研討會結束後，研究中心遂計劃出版論文集，並經審查，共得論文十篇，分別由香港大學許振興、馬楚堅，臺灣師範大學林麗月，中國社會科學院歷史研究所阿風，浸會大學李金強、郭錦洲、譚家齊，南開大學范廣欣，西南大學王剛，香港理工大學郭嘉輝等所撰。其中筆者及王剛、范廣欣等三文，已曾出版而經修改補充者，藉此以饗學界同行。此一研討會之籌備及舉行，並獲歷史系秘書陳月媚女士、潘家瑩小姐、行政助理陳瑋君女士三人協作，始得順利完成，而本書之編輯及出版，則獲現任香港理工大學人文學院郭嘉輝博士之相助，於此一一表示謝忱。

李金強

香港浸會大學歷史系

二〇一七年十一月三十日

目次

引論

導言
——明清史及近代史之史料與課題

李金強、郭嘉輝
香港浸會大學歷史系、香港理工大學人文學院

　　我國的明清史及近代史研究，始於民國時期。由於西力東漸，國家與社會備受衝擊，而教育、學術、文化等部門，亦隨之丕變，其中傳統學術中之史學，尤為明顯。隨著二十世紀初梁啟超鼓吹新史學；傳教士及日本史家以章節體例撰寫「新中國史」；明清官方、民間史料之大量湧現；以至以北京大學為首史學系相繼創建，促成史學之學院化及專業化，培養出民國以降的「新史家」群體等各方面之影響。史學研究與著述，一反前此官方開局修史的紀傳體、編年體撰著傳統，出現更革。此即民間史家、學術團體及學報期刊如雨後春筍地誕生。史學研究由通史、斷代史以至專史研究之類別組合，兼以學術論文及專著形式發表研究成果，是為民國新史學體制的成型。[1]其中明史、清史、明清史及中國近代史，即在此一時期學術的新動向與發展下陸續「登場」。開山明清史學者，如孟森（1869-1937）、朱希祖（1878-

---

1　程發軔主編：《六十年來之國學》（臺北市：正中書局，1972年），（三），頁384-452；章道均：〈近六十年來國人對明清史的研究〉；王綱領：〈近六十年來國人對中國近代史的研究〉，《史學彙刊》第4期（1951年），頁253-267；劉龍心：《學術與制度——學科體制與現代中國史學的建立》（北京市：新星出版社，2007年），頁97-125；許倬雲：〈百年歷史學發展〉，《中華民國發展史——學術發展》（臺北市：聯經出版事業公司，2011年），上冊，頁89-92，指出《禹貢》、《食貨》、《中央研究院歷史語言研究所集刊》等史學期刊、學報的刊行，推進「新史學」體制之發展；又參羅志田：〈學術與社會視野下的20世紀中國史學〉，《二十世紀的中國思想與學術掠影》（廣州市：廣東教育出版社，2001年），頁203-207，引李弘祺之說，指學術論文乃由傳統治史之札記演變而生。

1941）、蕭一山（1902-1978）、謝國楨（1901-1982）、吳晗（1909-1969）
等。近代史學者如劉彥（1880-1941）、李劍農（1880-1963）、羅家倫（1897-
1969）、蔣廷黻（1895-1965）、郭廷以（1904-1975）、陳恭祿（1900-1966）、
鄒魯（1885-1954）、馮自由（1882-1958）、左舜生（1893-1969）、羅香林
（1906-1969）等，相繼起而倡導，從而為二十世紀以降中國之明清、近代
史之研究，奠下基石。[2]隨著一九四九年新中國成立，中國之崛興，引致世
界各國之關注。明清兩朝、近代史研究，亦逐漸見及兩岸三地之中國大陸、
臺灣、香港及國外日、韓、美、歐各國史家，相繼投身研究。促成明清兩朝
與中國近代史研究與著述，日見「繁榮」。其中以清史及近代史研究尤其多
產。故上述斷代史之研究理論與史料，不斷推陳出新，著述層出不窮。而後
起之秀，不絕如縷。[3]就以美國及英語世界為例，其清史及近代史研究，尤
為突出，相關出版之研究理論及內容，屢有新猷。[4]此即由外交史而區域史

2 顧頡剛：《當代中國史學》（南京市：勝利出版公司，1947年）；章道均：〈近六十年來
   國人對明清史的研究〉，頁258-262；又參王家儉：〈蕭一山先生對於清史研究的貢
   獻〉，《蕭一山先生文集》（臺北市：經世書局，1979年），下冊，頁735-739；吳相湘：
   〈明清史權威孟心史〉，《民國百人傳》（臺北市：傳記文學社，1951年），第1冊，頁
   237-241；蕭致治：〈李劍農：世界級大史學家——紀念李劍農逝世40周年〉，《武漢大
   學學報》（人文科學版）第1期（2003年）；李恩涵：〈中國外交史的研究〉；李金強：
   〈辛亥革命的研究〉，《六十年來的中國近代史研究》（臺北市：中央研究院，1988年，
   1989年），上冊，頁48-61，下冊，頁755-760。
3 鈔曉鴻：《明清史研究》（福州市：福建出版社，2007年），頁122-189；李金強：〈香港
   明清史學者及其研究動向〉；周佳榮、劉詠聰：《當代香港史學研究》（香港：三聯書
   局，1994年），頁240-262；參張廣洪、王曉秋：《國外中國近現代史研究述評》（北京
   市：中國文史出版社，1999年）一書。又參香港中國近代史學會編：《中國近代史研究
   新趨勢》（香港：香港教育圖書公司，1994年），見林啟彥對香港、日本；李金強對臺
   灣；鄭會欣對中國大陸；梁元生對美國之中國近代史研究之述評；並參 Paul A. Cohen,
   Discovering History in China: American Historical Writing on the Recent Chinese Past (New
   York: Columbia University Press, 2010)一書。
4 William T. Rowe，林展譯：〈在美國書寫清代史〉，《清史研究》第2期（2015年），頁1-
   26；R. Kent Guy, "Song to Qing: Late Imperial or Early Modern," Paul A. Cohen,
   "Nineteenth-Century China: The Evolution of American Historical Approaches," Michael
   Szonyi, *A Companion to Chinese History* (Hoboken, NJ: John Wiley & Sons, Ltd., 2017), pp.
   150-167.

而性別史而文化史,以至重視族群視角的「新清史」研究,[5]而最終則出現由黃宗智和彭慕蘭(Kenneth Pomeranz)等爭論牽動,將明清史置放於「全球化」之視角及理論體系,進行比較研究。指出明清時期(1400-1800A.D.)之中國,在世界經濟體系中,實居領先地位,是為「加州學派」的出現。[6]

上述以加州學派為代表的中美學人,皆因應「全球化」以至「電子化」的影響,遂出現明清、近代史新的研究視角與理論,產生一系列嶄新的研究成果。使自十五到十九世紀之中國明清王朝,過去被史家認為乃專制、黑暗、停滯、封閉時代的負面評價,得以洗脫。[7]茲以貢德・弗蘭克(Andre Gunder Frank)的《白銀資本》一書為例,指出十九世紀以前中國為世界貿易的中心,各國來中國進行貿易,都須以「白銀」支付,遂形成「早期全球化」的新趨勢。[8]從而促使吾人反思如何界定「近代」、「近世」的分期研

---

5 新清史研究乃魏復古(Karl A. Wittfogel)之遼金元「征服王朝」(Dynasties of Conquest)論舊說的延伸,日本學者主張尤力。此乃借人類學之「涵化」(acculturation)理論推衍而至。新清史學者如柯嬌燕(Pamela K. Crossley)、歐立德(Mark C. Elliott)等,則透過「族群性」(ethnicity)理論之族群認同,主張清王朝為滿蒙漢結合體,乃屬中亞帝國,而非中華帝國,故自具其「滿族中心」統治之獨特性。否定外族「漢化」論的中國建構說,因而力主滿文史料於研究清史之重要性。此乃美籍日裔學者羅友枝(Evelyn Sakakida Rawski)針對何炳棣清朝統治漢化論而起,參二人之爭論及相關研究,由是成為美國研究清史的新主流。見劉鳳雲、劉文鵬編:《清朝的國家認同——「新清史」研究與爭鳴》(北京市:中國人民大學出版社,2010年)一書相關諸文;又參汪榮祖:《清帝國性質的再商榷——回應新清史》(臺北市:遠流出版事業,2014年)一書;並參葉高樹:〈「參漢酌金」:清朝統治中國成功原因的再思考〉,《臺灣師範大學歷史學報》第36期(2006年),頁153-192。提出清朝統治乃擇行「參漢酌金」模式。此乃於征服王朝論,新清史「滿洲中心」論之外,另闢新說。

6 周琳:〈書寫什麼樣的中國歷史?——「加州學派」中國社會經濟史研究述評〉,《清華大學學報(哲學社會科學版)》第24卷1期(2009年),頁50-58。作者指出「加州學派」成員包括彭慕蘭(Kenneth Pomeranz)、貢德弗蘭克(Andre Gunder Frank)、李中清(James Lee)、王國斌(R. Bin Wong)、李伯重等學者。

7 徐泓:《二十世紀中國的明史研究》(臺北市:臺灣大學出版中心,2011年),頁13-14。

8 李伯重:《火槍與賬簿:早期經濟全球化時代的中國與東亞世界》(北京市:生活・讀書・新知三聯書店,2017年),頁7。邱永志:〈在理論與現實之間——重讀「白銀資本:重視經濟全球化的東方」一書〉,《中國經濟史論壇》,economy.quoxue.com,擷取於2017年9月18日,提供中外史家對白銀貿易之研究概況。

究。[9]

　　而本書首文李金強之〈明史為中國近代史上限說──以郭廷以（1904-1975）及黃仁宇（1918-2000）為例〉一文，即以郭廷以及黃仁宇的意見為例，認為應以明末清初的中西往還及明代洪武開國，作為「近代中國」的起點，遂使明清史與近代史研究得以「打通」而連成一系，以此有助對當前國情之認知。

　　「史料」的考挖，無論於任何時代，仍然是歷史研究的重中之重，此乃對相關研究課題，得以重新反思。本書以下各文，於此尤見特長。分別就政治、社會、外交軍事三方面，進行發掘史料，潛心探索。就政治方面而言，馬楚堅透過搜羅、整理嚴嵩的遺世著作《鈐山堂集》、《鈐山堂詩鈔》等九種，說明過往王世貞及《明史》對其污衊過甚，因而忽略其遺作的重要性，以至難以反映嘉靖一朝之實況。許振興用《皇明祖訓》記述，指出武宗時曾有「鄭王入繼」而不得伸尊親之孝的先例，但嘉靖帝卻無視這一先例，等同於曲解《皇明祖訓》以迎合他發動「大禮議」之政治目的。可見，透過對相關史料如文集的重新考挖以至政典的重新解讀，都為君臣的各種政治活動，帶來重新的認知。

　　其次，就社會方面而言，亦見林麗月透過莫旦編纂《吳江志》、《新昌縣志》的過程，發現莫氏於志中對祖先德行功業，多加著墨，足見明代前期方志的編纂與家族的密切關係。這正好說明了明代前期志書編纂的「非規範性」，因此《新昌縣志》在體例上多有創新，加入師生問答的形式。更為重要的是，莫旦將「圖像」作為獨立一卷，編入志書，這些圖像則以鄉邦人物為主，反映了成化年間詔令州縣學宮建鄉賢祠的風尚。徽州的大量文書、族譜、檔案材料，自上世紀大量保留下來，遂形成「徽學」，揭示了明清近五百年來中國社會的面貌。而阿風則是透過休寧璜溪金氏為例，說明族譜雖然作為「私籍」，但卻蘊含了南宋至明初的各類公文書，這不單能保存徽州歷

9　岸本美緒：〈發展還是波動？──中國「近世」社會的宏觀形象〉，《臺灣師範大學歷史學報》第36期（2006年12月），頁31-51。

史，同時透過這批文書被輯入地方府志的過程，揭示地方豪族之間的政治關係。郭錦州透過歷史人類學的視野，展示了「祠堂」並非一成不變，或是有一特定「標準」，而是因應不同地方社會於王朝禮儀的接受而出現不同形式。他更透過明朝徽州「忠壯廟」與「呂侍郎祠」，展示了祖先觀念與祭祖禮儀是如何轉變，同時說明了「祠堂」何以能取代「神廟」，成為地方的控產組織。此外，法制史的出現，為我們呈現社會各種問題。譚家齊透過整理《律例臨民寶鏡》所載《新奇散體文法審語》，除了考證出該審語由蔡善繼等作，同時亦反映了萬曆至崇禎年間福建莆田及周邊府縣的情況，特別是「男色」的盛行。

最後，就外交軍事方面而言，范廣欣透過對郭嵩燾的研究，指出晚清傳統與近代思想，並不盡然是「對立」。認為郭氏透過重新詮釋「懷柔遠人」，指陳中國近代，應該回到「三代之禮」，而「萬國公法」則正是呈現這種理念。故此，晚清知識分子亦嘗試利用傳統思想重新融合出「近代」的新趨勢。王剛則透過仔細分析《辛丑和議》的形成過程，從人選、協商等安排，揭示了在清季中央政府於拳亂後及顛沛流離的情況下，當事者包括慶親王、李鴻章、榮祿、張之洞、劉坤一等全權大臣、樞臣、東南督撫等三方面的角力。由於李鴻章與張、劉就時機問題的意見相左，漸行漸遠，勢成水火，但中樞榮祿卻無力調解衝突，終導致《辛丑和議》無法向列強爭取更好的條件，以至禍國殃民。「數位人文學」帶來了「大數據」作為研究工具，郭嘉輝正是利用《申報》的電子資料，藉以重新整理晚清駐紮九龍寨城大鵬協副將的選任情況，同時亦揭示了其與香港社會往還之實況。

綜觀本書上述諸文，均為中港臺三地學者之近日新作，亦為當前國人對明清及近代史研究的研究新動向，深值出版，故將其付梓，以此就教於國內外史學界。

明史為中國近代史上限說
—— 以郭廷以（1904-1975）及黃仁宇（1918-2000）為例

李金強

香港浸會大學歷史系

　　我國之中國近代史研究始於民國時期。由羅家倫（1872-1969）、蔣廷黻（1895-1965）、郭廷以（1904-1975）先後起而倡導，[1]及至一九四九年後，西方以美國費正清（John K. Fairbank, 1907-1991）為首，亦起而推動。中國近代史研究由是成為顯學。其中關於中國近代史研究之上限，眾說紛紜。或謂始於明末清初（16 世紀），或謂始於鴉片戰爭（1839-1842），或謂始於自強運動（1860-1894）。此外，尚有日本內藤湖南（1866-1934）提出「唐宋變革期」，以宋代以降中國已進入近世之論。黃仁宇（1918-2000）則以「中國近五百年歷史為一元論」而有明代說。本文即首述中外學者的中國近代史上限成說，並繼以郭廷以及黃仁宇二人之論說，探討明代與中國近代史進程之關係。

一　中國近代史之上限說

　　傳統中國，最重史學，以其可以鑑古知今，得知興替。尤其處於世變之時，士子皆起而述史，以貽後世。就清季而論，魏源（1794-1857）、梁廷枏

---

[1] 王綱領：〈近六十年來國人對中國近代史的研究〉，《史學彙刊》第4期（1971年），頁263-267。謂蕭一山之《清代通史》、李劍農之《中國近百年政治史》，及孟森之《明清史》等著述，皆為中國近代史研究之先導。

（1796-1861）、夏燮（1800-1875）、王之春（1842-1906）、何秋濤（1824-1862）、王闓運（1833-1916）等，相繼而起撰寫兩次鴉片戰爭、太平天國、中外關係等重大史事，是為中國近代史撰著之始。[2]

及至民國，先有清華大學蔣廷黻、中央大學羅家倫，起而倡導研究中國近代史，主張利用國內外新資料、新方法進行研究。繼有郭廷以上承蔣、羅二氏，並於一九五五年創設近代史研究所於中央研究院，中國近代史研究學風由是確立。[3]而西方學者，先有法國 Henri Cordier 之 *Historie des relations de la Chine avec les puissances occidentals, 1860-1902*（1901-1902）三冊出版，隨即由曾服務於海關的美國馬士（H. B. Morse, 1853-1934）出版 *International Relations of the Chinese Empire (1910-1918)* 三冊，被譽為乃其時首開風氣的新進巨著。繼有費正清（John K. Fairbank, 1907-1991），於二戰後因應中國興起，提倡研究近代中國，在費氏之「雄才大略」推動下，桃李滿門，促成美國之中國近代史研究的蓬勃發展。[4]至於中國大陸，自一九四九

2　郭廷以：〈臺灣的近代中國史研究機會（1963年3月24日）〉，《近代中國史研究通訊》第36期（2003年），頁106-107；又參俞旦初：《愛國主義與中國近代史學》（北京市：中國社會科學出版社，1996年），頁4-7。清季之近代史著述，包括如魏源：《海國圖志》、梁廷枬：《夷氛聞記》、夏燮：《中西紀事》、王之春：《國朝柔遠記》、何秋濤：《朔方備乘》、王闓運：《湘軍志》。

3　民國時期中國近代史研究的勃興，參包遵彭、李定一、吳相湘：〈導論〉，《中國近代史論叢——史料與史學》（臺北市：正中書局，1956年），第1輯第1冊，頁4-24；王爾敏：〈郭廷以先生與近代史學風〉，《20世紀非主流史學及史家》（桂林市：廣西師範大學出版社，2007年），頁29-34；李恩涵：〈中國外交史的研究〉，《六十年來的中國近代史研究》（臺北市：中央研究院近代史研究所，1988年），上冊，頁47-61；並參劉超：〈清華學人與中國近代史研究——從羅家倫、蔣廷黻到郭廷以、邵循正、費正清〉，《江蘇社會科學》第4期（2013年），頁202-210。本文說明蔣廷黻與一九四九年後中、臺、美三地近代史研究的關係，乃一以清華大學為學術中心的論述。

4　西方之中國近代史研究首開風氣，參費正清門生所編之論文集，Albert Feuerwerker, Rhoads Murphey, Mary C. Wright, eds., "Introduction," *Approaches to Modern Chinese History* (Berkeley: University of California Press, 1967), pp. 1-7；馬氏之生平，與費正清之學術關係，及對中國近代史研究貢獻，William T. Rowe, 林展譯：〈在美國書寫清史〉，《清史研究》第2期（2015年），頁3-4；又參 John K. Fairbank, "Morse as Historian,"

年後，「馬列」史家為新中國之新政權，重新譜寫中國史，遂以馬列主義及毛澤東思想，研究中國近、現代史，促成此一斷代史得以「迅速發展」，其中尤以胡繩（1918-2000）、黎澍（1912-1988）、范文瀾（1893-1969）起而撰著，最具代表。[5]

　　中國近代史，即在上述中外史家的倡導與推動下，逐漸成為中國史研究中之「顯學」。[6]而此一斷代史研究的斷限問題，首先成為學者所關注的課題，此即徐中約（Immanuel C. Y. Hsü）的著名中國近代史教科書——*The Rise of Modern China* 一書，首論「中國近代史始於何時？」之所由起，徐氏於書前論述中外史家分別以鴉片戰爭（1839-1842）或明末清初（1600 年前後）作為中國近代史上限之理據。稍後，張玉法提出中國近代史之上限，除此二說外，尚有宋元說，與此相近則為內藤湖南主張唐宋變革之宋代說。而段昌國則從近代化著眼，主張一八六一年英法聯軍之役後，始行自強運動的

John K. Fairbank, Martha Henderson Coolidge, Richard J Smith, H.B. Morse, *Customs Commissioner and Historian of China* (Lexington: University Press of Kentucky, 1995), pp.215-229，見費正清對馬氏一書之稱譽及推介。參王憲明：〈蔣廷黻發表「中國近代史」學術影響探析—— 以受新史學及馬士的影響為中心〉，《河北學刊》第24卷4期（2004年），頁136-138。費正清的生平與學術成就，則參張朋園：《郭廷以、費正清、韋慕庭：臺灣與美國學術交流個案初探》（臺北市：中央研究院近代史研究所，1997年）；並參余英時的評析，〈費正清與中國〉，沈志佳編：《余英時文集》（桂林市：廣西師範大學出版社，2006年），第5卷，頁430-454；又費氏親友、同儕及其門生弟子，對其生平與學術成就之追憶，可參 Paul A. Cohen and Male Goldman complied, *Fairbank Remembered* (Cambridge: Harvard University Press, 1992) 一書。

5　周朝民等編著：《中國史學四十年，1949-1989》（南寧市：廣西人民出版社，1989年），頁128-129；張海鵬：〈中國近代史的研究理論和方法〉，《五十年來的中國近代史研究》（上海市：上海書店出版社，2000年），頁1。

6　張玉法：〈中國近代史研究的新方向〉，《歷史演講集》（臺北市：東大圖書公司，1991年），頁3-10。中國近代史的研究成果，可參《六十年來的中國近代史研究》（臺北市：中央研究院近代史研究所，1989年），二冊；香港中國近代史學會編：《中國近代史研究新趨勢》（香港：香港教育圖書公司，1994年），曾業英主編：《五十年來的中國近代史研究》（上海市：上海書店，2000年）；Paul A. Cohen, *Discovering History in China: American Historical Writing on the Recent Chinese Past* (New York: Columbia University Press, 1984) 四書。

西化兵工建設，亦應為近代中國史之始。[7]其中尤以鴉片戰爭、明末清初及宋代三說，最受學界重視，分別論述如次。

其一，鴉片戰爭說。梁啟超於倡導新史學之時，早已明言道（光）咸（豐）之後，思想、學術、政治、外交、經濟、生活無一不變，為清史之最大變遷時期。[8]而蔣廷黻之中國近代史史著，均以鴉片戰爭作為起始。[9]事實上，一九四九年前所出版之《中國近代史》，據張海鵬搜羅，計共四十四種，其中絕大多數作者，均以鴉片戰爭作為中國近代史之起點，此因鴉片戰爭後中國國家與社會發生重大轉變之故；其次，又指出一九四九年建國後，以中國近代史為題所出版者，不下百多種，具有代表性包括胡繩、范文瀾等十一種，亦均以鴉片戰爭為近代中國史的開端。[10]

期間胡繩於《歷史研究》創刊號（1954）發表〈中國近代歷史的分期問題〉，明確以鴉片戰爭（1839）至五四運動（1919）八十年間作為中國近代史的上下限，引發了國內史家熱烈討論中國近代史的分期問題。然各家仍以鴉片戰爭為上限，祇是下限或主張推延至一九四九年。[11]

7　Immenual C. Y. Hsü, *The Rise of Modern China* (Hong Kong: Oxford University Press, 1983), pp. 4-7; 又參張玉法：〈現代中國史的分期問題〉；查時傑：〈中國近代史與現代史的斷代與分期問題〉；張玉法主編：《中國現代史論集》（臺北市：聯經出版事業公司，1980年），第1輯，頁8-10，31-35。並參段昌國：〈從近代化眼光看中國近代史的分期〉，《幼獅月刊》第38卷2期（1973年）。

8　梁啟超：〈中國歷史研究法（補編）〉，《飲冰室專集》（臺北市：中華書局，1978年），第1冊，頁35；又梁氏其初亦主張中國近世史斷自明清之際，日後再改主鴉片戰爭為斷，參包遵彭、李定一、吳相湘：〈導論〉，《中國近代史論叢——史料與史學》，第1輯第1冊，頁2-4。

9　蔣廷黻：〈中國近代史大綱〉，《中國近代史論集》（臺北市：大西洋圖書公司，1970年），頁227-237；又參頁17，蔣氏《近代中國外交史資料輯要》一書即謂：「按鴉片戰爭實在是近代中國外交史的開始。」

10　張海鵬：《中國近代史通史》（南京市：江蘇人民出版社，2005年），卷1，頁3-29。

11　胡繩一文重刊於《歷史研究五十年論文選（近代中國上）》（北京市：社會科學文獻出版社，2005年），頁1-12；又參張海鵬：〈中國近代史研究的理論與方法〉，《五十年來的中國近代史研究》，頁1-18。胡氏指出分期目的在於尋找中國近代史發展的基本線索，並透過階級鬥爭視角，提出中國近代史出現太平天國、義和團運動及辛亥革命三

　　而臺灣張玉法亦認為以一八四〇年作為中國近代史的開始，較為符合歷史的真相，此乃鴉片戰爭導致中國政治、經濟、社會和文化的重大而持續的變遷。如鴉片戰爭一度購炮造船，成為日後自強事業的主流；而鴉片戰爭南京條約帶來的不平等待遇，鉗制中國達百年之久。[12]

　　由此可見，鴉片戰爭作為中國近代史的上限尤為史學界所主張。

　　其二，明末清初及明代說。此說由羅家倫於鼓吹研究中國近代史時所倡論。他認為中國近代史不必始於鴉片戰爭。近如十六世紀中西海路交通、耶穌會士東來和西洋文化與商品輸入，就不能不提。[13]郭廷以即承師說，而於《近代中國史》一書之敘事，始於十六世紀西人東航。[14]此後認同此說者漸多，如黃大受即以明清海通，外力入侵，為國史翻開新一頁，作為中國近代史之始。[15]李守孔謂其《中國近代史》一書之敘事「始於十六世紀葡萄牙人東航」。[16]李方晨謂鴉片戰爭以來的變局，應追溯至明清交替。[17]此外，尚有清史名家蕭一山（1902-1978）以「民族革命論」，詮釋中國近代史的發展，亦謂宜以明末清初作為中國近代史的起點，並謂「一部中國近代史，就是一部民族革命史」。而民族革命始起於明清之際，此乃鄭成功創設天地會，以反滿為革命對象，從而影響日後太平天國，孫中山反清革命，以至民國時期

次革命高潮此一線索，從而引起史學界熱烈討論。相關討論可參《中國近代史歷史分期問題討論集》（北京市：生活・讀書・新知三聯書店，1957年）一書。然自一九八〇年起國內史學界，再次掀起中國近代史線索問題的討論，並由李時岳提出洋務運動——維新運動——資產階級革命三個階段的新論。至八〇年代末，再由陳旭麓提出將中國近代史下限，由一九一九年延至一九四九年，延長至一一〇年之久。

12　張玉法：〈現代中國史的分期問題〉，《中國現代史論集》，頁9。張氏認為宋、元的工業和貿易發達及明末清初東西交通和文化交流，均未如鴉片戰爭導致中國產生重大而持續的變遷。

13　羅家倫：〈研究中國近代史的意義和方法〉（1931），重刊於郭廷以《近代中國史》（上海市：上海商務印書館，1940年，重刊），第1冊。

14　郭廷以：〈例言〉，《近代中國史》，第1冊，頁1。

15　黃大受：《中國近代史》（臺北市：大中國圖書有限公司，1953年），上冊，頁1。

16　李守孔：《中國近代史》（臺北市：三民書局，1958年），例言。

17　李方晨：《中國近代史新編》（臺北市，自刊，1963年），頁1。

之反帝反日。[18] 而更重要則為前述徐中約，於羅列近代史始於鴉片戰爭及明末清初說，比較二者優劣，斷言明末清初乃中西會合之始，為理解鴉片戰爭後之中國所必須。稍後，另一本繼徐中約而起的著名教科書，乃由史景遷（Jonathan D. Spence）撰寫的中國近現代史——*The Search for Modern China*，史氏亦明言其敘事始起於一六〇〇年，如此方能完全認知當前中國問題之由來，故其書即以晚明作為起始。[19]

就此而論，張存武同樣重視明末清初此一階段。進而以西洋火器仿製，美洲農作物引進及中西貿易方面，論述自一五一一年葡萄牙控制滿剌伽，挺進中國此一階段，宜將其列為近代中國初期（The Initial Period of Modern China），為明末清初說作了具有體系的補充。[20]

而更值得注意者則為明史專家黃仁宇主張中國近代史的基線，應向後推轉五百年，以明朝作為中國近代史的起點。[21] 黃氏之說稍後再作詳論。

其三，宋代說。中國近世始於宋代，乃由日本京都大學內藤湖南（1866-1934）首倡其說，繼由其弟子宮崎市定發揚光大，此即著名之「唐宋變革期」論說，或稱「內藤假說」。內藤開宗明義指出「唐代是中世的結束，而宋代則是近世的開始」，其說乃謂唐代中葉以降，至於宋代期間，相繼出現政治、社會、經濟及文化的重大變革。此即政治上由中唐之貴族政治，轉為宋代的君主獨裁。社會上由平民隸屬貴族，轉而直屬國君，而透過科舉考試制度，庶民得以任官，取代貴族的社會地位。經濟上由實物經濟轉成貨幣經濟，並且出現交子、會子等紙幣。就學術文藝而言，由唐代注重師

---

18 蕭一山：《中國近代史概要》（臺北市：三民書局，1964年），頁1-11。

19 Immanual C. Y. Hsü, *The Rise of Modern China*, pp. 5-7; Jonathan D. Spence, *The Search for Modern China* (New York: W. W. Norton & Company, 1990), Pretace, p. XX. 又參查時傑：〈中國近代史與現代史的斷代與分期問題〉，同前，查氏亦主張明末清初此一背景時期有助了解鴉片戰爭後的發展，故較為合適。

20 張存武：〈中國初期近代史要義，1511-1839〉，《近代中國初期歷史研討會論文集》（臺北市：中央研究院近代史研究所，1988年），頁473-489。

21 黃仁宇：〈中國近五百年歷史為一元論〉，《放寬歷史的視界》（臺北市：允晨文化事業，1988年），頁218。

法之箋注義疏，轉為宋代的重視疑古，以己意解釋的新經義；文學則由駢體文轉為重視自由表現的散文，由詩而為詞，形式更見自由；藝術方面則由金碧輝煌彩色山水壁畫轉為水墨畫；音樂則由服務貴族的舞樂，轉為以平民為依歸的雜劇，顯現庶民特色。綜上可見唐宋之間出現中古與近代的差別，故宋代為中國近世之始。[22]而內藤此說，首由邱添生推介於臺灣史學界。[23]此後並引起中外史家關注，多所議論。[24]

上述中國近代史上限的鴉片戰爭說、明代說、宋代說，論之者眾。然其中以郭廷以及黃仁宇二人，分別為中國近代史及明史大亨盛名之學者，尤受學界所重視。且二人之論，均與明代相涉，故現就二人之主張為例，藉此說明明史與中國近代史發展之密切關係。

二　郭廷以及其明末清初說

郭廷以為中國近代史研究開拓者之一。先後任教清華大學、中央大學、中央政治學校、臺灣師範大學等校。於一九五五年受命於臺北南港中央研究院，創設近代史研究所，推動中國近代史研究。該所即在郭氏領導下，建立體制，充實設備，招攬與培訓人才，從事國際交流與合作。進而由該所成員出版史料、專刊、集刊，形成一股研究近代史之新學風，該所由是成為中外著稱的中國近代史研究中心，並獲「南港學派」的美譽。[25]

---

22 引文見內藤湖南，黃約瑟譯：〈概括的唐宋時代觀〉，《日本學者研究中國史論著選譯》（北京市：中華書局，1992年），頁10-18；內藤湖南、夏應元等譯：《中國史通論》（北京市：社會科學文獻出版社，2004年），上冊，頁323-334；又內藤湖南的生平及史學成就，參前言，頁1-4。

23 邱添生：〈論唐宋間的歷史演變〉，《幼獅月刊》第47卷5期（1978年），頁45-50；〈論「唐宋變革期」的歷史意義——以政治、社會、經濟之演變為中心〉，《臺灣師大歷史學報》第7期（1979年），頁83-111。

24 中外學者對於唐宋變革期的議論，參柳立言：〈何謂「唐宋變革」？〉，《中華文史論叢》，第81輯（2005年），頁125-171。

25 呂實強：〈辛勤開拓中國近代史研究的郭廷以先生〉，張朋園等：《郭廷以先生訪問記錄》（臺北市：中央研究院近代史研究所，1987年），頁241-260；王爾敏：〈郭廷以先

　　郭氏原籍河南舞陽，早年以優異成績畢業於中央大學前身之東南大學，師承柳詒徵（1880-1965）、羅家倫及結交蔣廷黻，並在柳、羅、蔣三人影響下，投身中國近代史研究。初以札記方法編寫史事日誌，作為研究近代史的準備，並以油印方式出版《近代史大事記》，為其研究中國近代史撰著之始。[26]繼而編纂史料，完成中國近代史史料長編之作，此即《近代中國史》（長沙市：商務印書館，1940-1941）一書之出版，計共兩冊，首冊為早期中西關係，次冊為鴉片戰爭。從而奠基郭氏於中國近代史的學術地位。此後轉入專題研究，先後出版有關臺灣史、中國近代化、太平天國、中外關係、帝俄侵華，及東北邊疆史等書、文。最後於臨終時完成其《近代中國史綱》一書，交由香港中文大學出版。此為羅家倫、蔣廷黻二人生前，望與郭氏合撰一科學的中國近代史之夙願，最後由郭氏獨力完成。[27]以此名山之作，為其一生中國近代史研究之結穴。

　　與此同時，郭氏於中央大學、中央政治學校、臺灣師範大學、近代史研究所任教、任職，先後培訓出一批傑出之中國近代史學者，如唐德剛（1920-2009）、王聿均、呂實強（1927-2011）、王家儉（1923-2016）、李國祁（1926-2016）、王爾敏、李恩涵、張玉法、張朋園、陳三井等人，堪稱桃李滿門。為中國近代史研究提供一批生力軍，郭氏於中國近代史研究之貢獻，於此可證。[28]

生與中國近代史之學術建樹〉，《20世紀非主流史學與史家》，頁12-20；又南港學派的學風，可參〈李國祁發言，「中國近代史研究的過去與未來」座談會發言記錄〉，《中央研究院近代史研究所集刊》第14期（1985年），頁413-416；又參 John K. Fairbank, *Chinabound: A Fifty-year Memorier* (New York: Harper & Row, 1980), p. 383; 費正清指出郭廷以及其臺灣師範大學門生於近代史研究所，出版一系列史料集、專刊，均以史事敘述見長而創出研究成績。又郭廷以與費氏及哥倫比亞大學韋慕庭（Martin Wilbur）的交誼與學術合作，可參張朋園：《郭廷以、費正清、韋慕庭：臺灣與美國學術交流個案初探》，頁105-129。

26 張朋園等：《郭廷以先生訪問記錄》，頁173。

27 郭廷以：〈小記〉，《近代中國史綱》（香港：香港中文大學出版社，1979年），上冊，頁7。

28 李金強：〈南港學派的創始者──郭廷以的生平志業及其弟子〉，《世變中的史學》（桂林市：廣西師範大學出版社，2010年），頁187-192；郭氏蜚聲士林之門生，計共46

就郭氏對於中國近代史斷限之主張，綜觀其著作，並無明確界定。且間或指出近代中國「乃由鴉片戰爭開始」。[29]或謂中歐關係，可分兩大階段，一為十六世紀前，一為十六世紀後，後者「尚可劃分為二，而以中英鴉片戰爭為界線，也就是中國近代史的界線」。[30]然而從其所出版的中國近代史著述中，卻無一不從十六世紀明末清初作為敘事之始。[31]茲以其相關著述，舉證如次：

其一，《近代中國史》史料長編一書。原來計劃出版十九卷，其起訖年限乃由十六世紀明末清初至十九世紀清末，然結果只出版兩冊。其中首冊即第一卷，全書輯錄鴉片戰爭前中西關係之中外史料，故所記史事乃「始於十六世紀葡人東航至十九世紀英國東印度公司對華專利權之廢止」。郭氏的中國近代史，顯然以十六世紀明末清初為其上限。[32]

其二，《近代中國史事日誌》，乃一「日表」式的「流水賬」工具書，合計兩冊。亦於其上冊首列第一階段（1498-1828）的日誌，作為起始。而一四九八年乃葡萄牙人伽瑪（Vasco da Gamma）繞航好望角，東抵印度之始，此即郭氏所謂該書記事「開始於鴉片戰爭，而於戰前的中西關係，仍擇要編年，以明其由來。」[33]

其三，《近代中國的變局》一書內，共刊五篇相關中國近代化研究的論文，皆以十六世紀以降明清之交中西關係為起始。郭氏之中國近代史研究，

人。尤以近代史研究最為著稱，舉例如唐德剛任教於紐約市立大學；王聿均、呂實強、王家儉於臺灣師範大學任教；李國祁先於德國波鴻（Bochun）大學東亞學院任教，後於臺灣師範大學主持歷史研究所。王爾敏、李恩涵分別南下香港中文大學歷史系及國立新加坡大學中文系任教；張玉法、張朋園、陳三井亦先後於臺灣師範大學、政治大學任教。

29 郭廷以：〈近代西洋文化之輸入及其認識〉（1951年），《近代中國的變局》（臺北市：聯經出版事業公司，1987年），頁27。

30 郭廷以：〈近代中國世變的由來〉（1954年），《近代中國的變局》，頁77。

31 郭廷以著作目錄，見張瑞德等：〈郭廷以先生著作目錄初稿〉，郭廷以：《近代中國的變局》，頁445-456。計專書23種、中英論文32篇、史料、口述歷史共70種等。

32 郭廷以：〈例言〉，《近代中國史》，第1冊，頁1-2。

33 郭廷以：〈編者說明〉，《近代中國史事日誌》，上冊，頁1。

自一九五〇年起，開始借助「近代化」概念，闡釋中國近代史的進程，並提出「近代化延誤」此一概念，藉以說明中國近代在西力衝擊下，未能學習先進西方文化，出現文化差距而造成對外失敗。其間關鍵在於雍正禁教及英使馬戛爾尼（Lord MaCartney）建議傳授「先進」西學被拒，遂出現「近代化的延誤」。兼且中、英兩國貿易齟齬，終於導致鴉片戰爭發生，結果中國失敗，出現其後百年國運逆轉的悲劇。[34] 進而提出其個人對近代化的定義，乃「一個國家，一個民族，乃至個人，為使其生活方式，精神的與物質的，能適應時代環境，以增進其福利所作的努力與所獲的成果，即為近代化。」故近代化乃國家、民族，以至個人，需具有適應時代環境之認知與能力。然近代中國之近代化，卻未能成功，郭氏認為除國人過度自信與自衛，未能容攝西方文化外，而西方列強以強權及優越感加之中國，忽略透過文化知識的相通而給予提攜，亦難辭其咎。此即中國近代化失敗所由致者。[35]

就此而論，郭氏明確指出若要了解中國近代化的延誤，導致近代中國的失敗此一歷史進程，「其癥結並不全在近百年之內，實遠伏於百年之前，特別是百年前的百年」。[36] 故此郭氏之文，均先行論述十六世紀明清之中西關係，包括歐洲之葡萄牙、西班牙、荷蘭、英國及俄國，分別從海、陸兩路來華，要求貿易，以至發動侵略的史述。次及明末清初耶穌會士以利瑪竇（Matteo Ricci）為首東來，借西學作為普傳西教之手段，西方科技文化由是入傳中國。[37] 然最終由於歐洲列強的侵略野心，康熙、雍正因禮儀、政爭禁教，導致對外排拒，遂使十八至十九世紀先進西學，未能入傳而見中阻，此

---

34 郭廷以：〈中國近代化的延誤——兼論早期中英關係的性質〉（1950年），《近代中國的變局》，頁3-25。

35 郭廷以：〈從中外接觸上論中國中國近代化問題〉（1966年），《近代中國的變局》，頁93-105。

36 郭廷以：〈中國近代化的延誤——兼論早期中英關係的性質〉，《近代中國的變局》，頁25。

37 郭廷以：〈中國近代化的延誤——兼論早期中英關係的性質〉、〈近西洋文化之輸入及其認識〉、〈中國近代世變的由來〉（1954年），《近代中國的變局》，頁4-7、27-30、77-91。

即中國近代化延誤之由來。

其四，《近代中國史綱》一書，第一章即以世變前的中國與西方為題，重點論述明末清初，葡、西、荷、英四國擾攘海疆；中俄陸上和戰；以至耶穌會士東來之西教、西學入傳與中阻，以此為近代中國史之始起。[38]

由此可見郭氏對於中國近代史上限，雖曾提及始於鴉片戰爭，然為了了解鴉片戰爭後中國歷程的進展，有必要對明末清初之中西關係作出背景探索。故其相關中國近代史的著作，包括日誌、史料長編、斷代史、專題論文，無一不以十六世紀明末清初為其肇始。而明末清初亦無疑為郭氏中國近代史研究之上限。此點從郭氏於一九五五年創設近代史研究所之時，已於該所研究宗旨中明白出示，此乃「以明清之際為背景，重心在於十九世紀以來之中國歷史，包括外交、政治、軍事、經濟、社會、學術思想等方面」，[39]為最佳之佐證。宜其為中國近代史以明末清初上限說之代表者。

三　黃仁宇及其明代說

黃仁宇為旅美著名明史專家。自一九八二年出版《萬曆十五年》一書後，由於該書以知人論世之史筆，論述六位皇帝將相臣民之紀傳，顯示其明史卓識新見，由是聲名大噪。[40]此後著作等身，包括宏觀與微觀著作。前者如以大歷史的「長時間，遠距離，寬視界」，觀察中外歷史的結構與特質，尤其對於我國從傳統至現代的歷史社會轉型，提出不少卓見，其中如以「數

---

38 郭廷以：《近代中國史綱》，上冊，頁12-34。

39 《中央研究院近代史研究所三十年史稿》（臺北市：中央研究近代史研究所，1985年），頁2。

40 黃仁宇撰寫此書之緣由，參黃仁宇：〈自序〉，《萬曆十五年》（北京市：中華書局，1982年），頁4-5；林載爵：〈黃河繞青山——黃仁宇敘往以明志〉，《傳記文學》第78卷3期（2001年），頁60。黃氏謂此書乃失敗者的記錄，包括對神宗、申時行、張居正、海瑞、戚繼光及李贄等六人思想言行，以推陳出新手法論述，由是引起史學界對黃氏史著之注目。又該書原為英文，出版後譯為中、日、德、法四國語文。並獲兩次提名為美國書卷獎歷史類好書。

目字管理」概念，作為二十世紀前後，論述中國由農業組織至商業組織作國家社會架構轉型之依據。[41]後者則為擅寫人物，史事，得見其卓越之敘事史筆。由是成為受華文世界，深受矚目而大亨盛名的史家。[42]

　　黃仁宇原籍湖南長沙，父震白為清季福建講武堂第一期學生，先後參加清季辛亥革命福州光復之役及民國二次革命，為中華民國開國前後歷史的見證者。黃氏自謂受其父之影響，此為其日後投軍及撰史之由來。[43]黃氏早年於南開大學研習電機工程，及至抗戰，轉而投筆從戎，至成都入學中央軍校，畢業後成為國軍軍官，參與進攻緬北之戰役。[44]二次大戰結束後，出任中華民國駐日代表團團長副官。其後解甲讀書，於內戰後，前赴美國進修史

41 黃仁宇：〈卷尾瑣語〉，《放寬歷史的視界》（臺北市：允晨文化，1988年），頁283-284；邱澎生：〈「數目字管理」是洞見或是限制？黃仁宇「大歷史觀」下的明清市場與政府〉，《臺大歷史學報》第26期（2000年），頁251-376。黃氏憑藉其對十六世紀明代財政及十七世紀末英國資本主義研究，進行比較，得出此一概念。進而指出自明代以降的中國，為一未能掌握數目字管理的國家，只具一如「潛水艇夾肉三文治」（submarine sandwich）的傳統社會形態。未能發展出如英國之「經濟組織分工合作，法律體系權利義務分割歸併，道德觀念上私人財產不侵犯」三要素而具能夠在數目字管理的國家，並參邱氏對此一概念的陳述及批判。
42 晏山農：〈追思黃仁宇逝世週年〉，《中國時報》，2001年1月5日，頁23；趙世瑜：〈通古今之變：再讀黃仁宇〉，《百家書語》，2001年5月，頁72；又《中國時報》於黃氏逝世後一年，召開「黃仁宇研討會」，藉以紀念其學術貢獻。參邱澎生：〈「與大歷史對話」──黃仁宇研討會會議報導〉，http://idv.sinica.edu.tw/pengshan/report on rayhuang.htm, 2011年3月25日摘取；〈「與大歷史對話」──黃仁宇研討會摘要記錄〉，《傳記文學》第73卷第3期（2001年），頁71-73。
43 黃仁宇記述其父之生平及所受影響，參黃仁宇：〈蔣介石的歷史地位〉，《放寬歷史的視界》，頁225-226；《黃河青山──黃仁宇回憶錄》（臺北市：聯經出版事業公司，2001年），頁245-253。李金強：〈密謀革命──1911年福建革命黨人及其活動之探析〉，《區域研究：清代福建史論》（香港：香港教育圖書公司，1996年）。黃震白乃於辛亥革命前夕，加入福州黨人彭壽松創立之「軍警特別同盟會」，而非黃仁宇所謂孫中山創設之「同盟會」。黃震白並於福州光復前夕，遊說福建新軍第十鎮二十協協統許崇智（1886-1965）倒戈反清，發動于山戰役，擊敗福州駐防八旗，完成福州光復。
44 黃氏參予緬北戰役時，作為前線觀察員，撰寫十二篇作戰通訊，其後結集成書。見黃仁宇：《緬北之戰》（臺北市：聯經出版事業公司，2006年，重刊）。

學，於密西根大學，攻讀博士學位，師從名史家余英時及費維愷（Albert
Feuerwerker），以《明代的漕運》為題，取得博士學位。繼而獲費正清主持
的東亞研究所，給予研究費，從事明代財政研究，並出版《十六世紀明代之
財政與稅收》一書，遂以研究明代財政而知聞於西方學界，由是獲得李約瑟
（Joseph Needham, 1900-1995）之賞識，邀其參加《中國科技與文明史》計
劃，成為合作研究與撰著者。一九八二年出版《萬曆十五年》一書，引起臺
北《食貨月刊》創辦人陶希聖之注意，為其出版繁體字本，始受臺灣史學界
所重視。[45] 一九八六年邀請黃氏至臺北，出席由《食貨月刊》社主辦的「明
史研討會」。黃氏於會中發表〈明代史和其他因素給我們的新認識〉一文，
此為黃氏借助大歷史的視角，明確提出研究中國近代史，需上延至明代的首
見著述，是為明史為中國近代史上限之始說。[46]

　　據黃氏於回憶錄所言，早於其在密西根大學選擇博士論文題目時，已萌
生此念。由於其曾參予抗戰、內戰。本擬以國共內戰（1945-1949）作為博
士論文題目，進行思考。逐漸發現當代問題均源於前代，遂決定以明代為其
研究對象。確認了解現代中國，必須回溯至過去帝制時期。他說：「明朝是
最後一個漢族統治的朝代，在體制上應該更能代表中國的特色」。至於清朝
的政治歷史，前期則為異族統治，而後期則受西方衝擊而太多「扭曲」及
「陰影」，難以為據。[47] 此即黃氏中國近、現代史上限追溯至明代之所由起。

---

45 黃氏之生平自述，見黃仁宇，文庭澍譯：〈黃仁宇與李約瑟定交信〉，《傳記文學》第78
　　卷第3期（2001年），頁62-65；黃競存：〈我的哥哥黃仁宇〉，《中國時報》，2001年1月5
　　日，頁23；又黃氏生平，亦可參其回憶錄《黃河青山》一書；又參黃仁宇：〈費公（正
　　清）誨我，我負費公〉，《地北天南敘古今》（臺北市：時報文化出版社，1991年），頁
　　151-164。

46 黃仁宇：〈卷尾瑣語〉，頁285-289；該文始刊於《食貨月刊》第15卷第7、8期（1986
　　年），再重刊於《放寬歷史的視界》，頁63-91。

47 黃仁宇：《黃河青山 —— 黃仁宇回憶錄》，頁185-186。又黃仁宇之博士論文為 "The
　　Grand Canal During the Ming Dynasty" (University of Michigan, 1964)。黃氏去世後，由
　　北京師範大學歷史系張皓、張升合譯為中文出版。見張皓、張升：〈譯後記〉，《明代的
　　漕運》（北京市：新星出版社，2005年）。

　　稍後於出版中、英文《萬曆十五年》一書時，黃氏明言該書欲顯示當代中國所面對的問題，早在鴉片戰爭前二五三年之萬曆十五年（1587）已經存在。[48]進而指出透過《萬曆十五年》一書的論點，可見「明末和毛澤東統治下的混亂時期有許多共通點……兩個社會都剛好用道德概念來取代法律」。[49]

　　而黃氏中國近代史追溯至明代的說法，當以〈明代史和其他因素給我們的新認識〉及〈中國近五百年歷史為一元論〉兩文最具代表，分別說明如下：

　　〈明代史〉一文，黃氏首先剖析朱明二七六年的王朝結構。就地理而言，乃為亞洲大陸氣候地理的產物。此即由河患、季風促成水旱災及北方游牧民族南侵，從而形成王朝中央集權政治及倫理支配社會的特質。就歷史而言，則為對唐宋帝國提倡商業擴張性的反動，而成明朝的收斂性——推行重農、輕徭薄賦，強化中央集權的退縮政策。與此同時，提出與明朝年代相若的西歐，適值文藝復興、資本主義形成、宗教改革，及科學革命，從而產生先進的資本主義社會，並舉荷蘭與英國兩國資本主義社會形成為例，藉以說明。至此西歐則成其為工商業、交通、資訊發達，而具「數目字管理」的先進社會，而明朝中國則相對成為中央集權、農村經濟而不具「數目字管理」的守舊落後社會。[50]

　　進而由大歷史觀點，指出「清朝因襲明朝的成分多而溯本歸原的改革少」，故研究中國近代現代的問題「可以追根究底的追究到明朝去」，[51]然明清兩朝本質沒有很大的差別，其王朝結構，仍屬黃仁宇所謂「潛水艇夾肉三文治」（submarine sandwich）[52]的傳統簡單體制。而透過對此一傳統體制的掌握，對中國近代史中的各問題，遂能迎刃而解，例如道光與耆英籌辦夷務

48　黃仁宇：《黃河青山——黃仁宇回憶錄》，頁115。

49　黃仁宇，同上，頁546。

50　黃仁宇：〈明代史和其他因素給我們的新認識〉，頁64-82。

51　黃仁宇，同上，頁82。

52　黃仁宇，同上，頁63。黃氏借美國人常吃的「潛水艇夾肉三文治」形容明朝的社會形態。其意謂此一三文治，上面一塊長麵包如以四書五經為精神團結的文官集團；而下面另一塊長麵包則為成千上萬的農民；而中間的夾肉配料則為簡單的「尊卑男女長幼的法治基礎及科舉制度」作上下聯繫。並謂此一傳統社會形態，以明朝最為顯著。

的邏輯，「乃因中國的體制，無法容納西方的另一爐竈」；太平天國的失敗，
不僅由於林鳳祥北伐失敗，楊秀清狡詐巫術壞事，「而是在潛水艇夾肉麵包
的組織內，「良心上的自由」（freedom of conscience）沒有本身存在的價
值」；並使曾國藩以此為口實，增強尊卑男女長幼的社會秩序，完成中興大
業；而康有為百日維新沒有出路，如主張發行公債支持改革，因「沒有把自
己的腳跟點看清」。故謂了解明史，「可以使我們從基本的技術角度上把問題
看穿」。[53] 此即黃氏提出明史給我們對近代史的新認識，無疑亦為中國近代史
的上限建議。

其次〈中國近五百年歷史為一元論〉，此文乃由黃氏研究明代財政專
書——《十六世紀中國明代之財政與稅收》所衍生。黃氏提出傳統體制乃由
明代「洪武型」財政制度所創造的「洪武體制」，影響至今。而整個設計，
即產生「不能在數目字上管理」之狀態，其影響為負作用。而近代中國亦因
此一傳統體制，無力或無意轉型成為近代西方資本主義式的社會。由此回溯
前五百年，即可了解「最近中國遭遇困難的淵藪」。[54]

此一影響近代中國發展的洪武體制，黃氏於文中作出詳細描述：稅制乃
定額低稅（輕徭薄賦）而向全民直接徵抽；土地制度為佃賃與土地分割零星
使用；地方政府之官員，有如中央派出之使節，除負責抽稅，維持秩序，
「對各村鎮集團敷行數不盡的各項儀禮」；法律則以儒家道德倫理之節制為
依據；刑法乃以尊卑男女長幼次序及五服為裁判標準；教育則以文化一致；
考試制度以八股文選官，促成社會向上流動，此乃以非經濟方法獲得經濟上
利益；軍事制度——衛所，採行軍籍與民籍分割，但缺乏經濟支援，而後勤
供應不力。從而形成一種獨特的體制，此乃「政治上中央集權、經濟上因各
農村單位而自給自足，文化上全國一致」。[55] 而此一體制，直至近代中外接

---

53 黃仁宇，同上，頁85-86；又參黃仁宇：《黃河青山——黃仁宇回憶錄》，頁93-94。黃氏
   於此再論，指近代中國由鴉片戰爭失敗，基本原因乃「直到本世紀，中國一直近似只
   有農業的社會，大體上是由官僚來管理，國民黨在政府組織上層創造出現代的外觀，
   但底子裡全國仍是村落的結合體，管理方式不可能比明朝或清朝更企業化」。
54 黃仁宇：〈中國近五百年歷史為一元論〉，《放寬歷史的視界》，頁211、218。
55 黃仁宇，同上，頁215-216。

觸，其缺失遂見顯露無遺，最終失敗而產生巨變。

最後尚須一提者，乃黃氏於中央軍校畢業後，出任國軍下級軍官，駐守雲南，獲得實際的觀感，作為其提出上承明史此說之確證。據黃氏所云，當其行軍至內陸農村。所見之組織制度，無非「王氏家祠」和「李氏宗祠」和「松柏惟貞」的節婦牌坊，和過去人物的「神道碑」。前清中試的秀才、舉人，則在門前和祠堂前懸掛「舉人及第」和「文魁」的牌匾，內陸地區與明代社會情景相去不遠。[56]難怪黃氏回憶其駐軍雲南時，謂猶如「必須在明朝的生活條件下過活」。[57]

由此可見，明代社會仍然得見於二十世紀上半葉的中國內陸，中國近代史研究宜其上溯明代，至為明顯。

四　結論

二十世紀中國史研究，在中外學者的倡導下，中國近代史的研究由是受到重視，脫穎而出，逐漸成為國史研究中的顯學。而中國近代史研究其中一項重要課題，即為如何斷限。其中尤以上限，最為史家所關注。先後產生鴉片戰爭說、自強運動說、明末清初說、明代說、宋代說等。其中以鴉片戰爭說最為史學界所接受，宋代說、自強運動說附和者不多。而本文則以明末清初及明代說作為探討對象。明末清初說尤多學者支持，以郭廷以最具影響，而明代說則獨見之於黃仁宇。故本文遂以郭、黃二人之主張為個案，藉以說明明代與近代中國歷史發展的密切關係。

郭、黃二人均透過中西歷史進行比較，分別指出明末清初及明代，同為了解近代中國世變必須具備認知的朝代。郭氏指出明末清初因禁教而西學東傳中阻，使中國未能接觸十八至十九世紀歐洲工業文明而出現近代化的延誤，最終未能適應西方衝擊而遭連串失敗。黃氏則將明代與同時期歐洲資本主義社會形成的歷史進程作出比較，說明近代中國仍存留「潛水艇夾肉三文

---

56 黃仁宇：〈蔣介石的歷史地位〉，《放寬歷史的視界》，頁245。

57 黃仁宇：《黃河青山──黃仁宇回憶錄》，頁10。

治」的傳統體制而不具數目字管理的能力。此皆源起於明代洪武體制，故中國近現代史問題皆宜追溯至於明代。

此外值得注意者為宋代說，全漢昇、劉子健早已指出宋代工商業，科技雖然發達，然始終未能突破，發展出有如西方之工業革命及資本主義社會。宋代的發展只屬傳統內部之新生，為一新傳統時期而難與近代相比擬。[58]

綜上對中國近代史各項上限說之申論，明末清初及明代說之於中國近代史發展，此乃歷史發展之連續性使然。事實上，研究中國近代現代史學者，早已注意需要反溯中國傳統歷史與文化，此費正清素所主張者。[59]除明末清初說已為中外史家所接受外，明代說無疑為此後中國近代史研究作為上限，不容忽視之重要觀點。

---

58 全漢昇：〈略論宋代經濟的進步〉，《大陸雜誌史學叢書》，第2輯第2冊，頁39-42，並參
　劉子健的回應。
59 余英時：〈費正清與中國〉，頁435。

君臣篇

《皇明祖訓》與明代政治
──明世宗繼統的啟示

許振興

香港大學中文學院

一　導言

　　明太祖（朱元璋，1328-1398，1368-1398 在位）在洪武二十八年（1395）閏九月編定成書的《皇明祖訓》是後世君、臣、民行事時動輒援據的「皇明家法」，也是所有皇室成員行為舉止的最終規範。它不單體現了明太祖「以國為家」的治國精神，更充分突顯了皇室「家法」配合朝廷「國法」、皇室「家法」凌駕朝廷「國法」的特點。[1]

　　《皇明祖訓》的編定，緣於明太祖在洪武二十八年（1395）閏九月「庚寅（二十九日）詔更定親王歲賜祿米」[2]後，即「重定《祖訓錄》，名為《皇明祖訓》。其目仍舊而更其〈箴戒〉章為〈祖訓首章〉。」[3]這洪武二十八年閏九月後編定成書的《皇明祖訓》，[4]編纂源頭實可追溯於明太祖在洪武二年

1　參看許振興：〈論明太祖的家法──《皇明祖訓》〉，載《明清史集刊》第3卷（1997年6月），頁69-96。

2　〔明〕夏原吉等纂修：《明太祖實錄》（臺北市：中央研究院歷史語言研究所據國立北平圖書館紅格鈔本微捲影印校刊，1962年），卷242，頁2上，總頁3517，洪武二十八年閏九月庚寅條。

3　同上書，卷242，頁2下，總頁3518，洪武二十八年閏九月庚寅條。

4　張德信（1940-2009）的〈《祖訓錄》與《皇明祖訓》比較研究〉認為目前傳世的《皇明祖訓》「應該是洪武二十八年（1395）十月的定本，或者是洪武二十九年（1396）十二月的定本。」載《文史》第45輯（1998年9月），頁154。

（1369）四月為分封諸子而敕令中書編纂、並在洪武六年（1373）五月成書的《祖訓錄》。[5]他在親撰的〈祖訓錄序〉申明：

> 凡我子孫，欽承朕命，無作聰明，亂我已成之法。一字不可改易，非但不負朕垂法之意，而天地祖宗亦將孚佑於無窮矣！[6]

明太祖日後將這序文「今令禮部刊印成書」一語改為「今令翰林編輯成書，禮部刊印」，並刪去「洪武六年五月□日」數字，其餘隻字不易，將全文改題為〈皇明祖訓序〉，置於《皇明祖訓》的書首，[7]從而使《皇明祖訓》正式取代《祖訓錄》成為明朝君主必須世代遵守的皇室「家法」。[8]論者嘗指出：

> 在〈序〉（〈皇明祖訓序〉）中，太祖提及律令是天下臣民的法典，《祖訓》是聖子神孫的家法。則此家法，它既是政策指導，也是法律文件。既然開國之君已編定傳世的家法，為人臣子輔弼君王，自然更需時時提醒君王謹守「萬世所當遵」的《祖訓》。[9]

5　參看《明太祖實錄》，卷41，頁2下，總頁818，洪武二年四月乙亥（十一日）條；卷51，頁5下-6上，總頁1000-1001，洪武三年（1370）四月乙丑（初七日）條。

6　〔明〕朱元璋撰：《明朝開國文獻》（臺北市：臺灣學生書局，1967年），《祖訓錄》（據原國立北平圖書館藏明鈔本影印，原書未標頁碼），〈祖訓錄序〉，總頁1674。

7　參看同上書，《皇明祖訓》，〈皇明祖訓序〉，頁1上-2上，總頁1579-1581。

8　有關《祖訓錄》更名為《皇明祖訓》的歷程與簡中原因，譚家齊的〈從《太祖皇帝欽錄》看明太祖修訂《祖訓錄》的原因〉，載《中國文化研究所學報》第44期（2004年），頁83-102；嘗作解說，可參看。有關《皇明祖訓》的成書，參看石原道博（1910-2010）：〈皇明祖訓の成立〉，載清水博士追悼記念明代史論叢編纂委員會編：《清水博士追悼記念明代史論叢》（東京：大安株式會社，1962年），頁1-36；川越泰博：〈《皇明祖訓》編纂考 ──《祖訓錄》との關係について── 〉，載《中央大學アジア史研究》第7期（1984年），頁1-28。

9　吳智和（1947-2012）：〈明代祖制釋義與功能試論〉，載《史學集刊》1991年第3期（總第44期，1991年8月），頁24。

由於《皇明祖訓》具備皇室「家法」指導國策的鮮明特色，是以對明代政治的發展一直產生巨大的影響。[10]它與明世宗（朱厚熜，1507-1567，1521-1567 在位）繼統一事的關係尤備受後世關注。[11]本文即擬就明世宗刻意扭曲《皇明祖訓》相關條文的意義，罔顧宗藩「入嗣」必須承擔的統嗣並繼任務，無風起浪地製造連串政治事端的來龍去脈試作探析。

二　明世宗繼統不繼嗣

明世宗繼統緣於正值壯年、時年只三十一歲、膝下猶虛的明武宗（朱厚照，1491-1521，1505-1521 在位）猝然於正德十六年（1521）三月丙寅（十四日）崩於豹房。[12]《明武宗實錄》載：

> 丙寅，上崩於豹房。先一夕，上大漸，惟太監陳敬、蘇進二人在左右，乃謂之曰：「朕疾殆不可為矣。爾等與張銳可召司禮監官来，以

---

10 《皇明祖訓》對明代政治發展的影響，涉及內政、外交、制度、儀禮等不同層面。學者在二十世紀的相關研究，可參看許振興：〈明太祖家法的研究與價值 ——《祖訓錄》與《皇明祖訓》論〉，載方克立等主編：《中華文化與二十一世紀》（北京市：中國社會科學出版社，2000年），頁905-915。二十一世紀的相關研究，目前所知，計有許振興的〈《皇明祖訓》與明置交趾布政使司〉，載《明清史集刊》第9卷（2007年9月），頁1-26、〈《皇明祖訓》與鄭和下西洋〉，載《中國文化研究所學報》第51期（2010年7月），頁67-85；與〈宋明時期的「中國與世界」——《皇明祖訓》的啟示〉，載《明清史集刊》第11卷（2015年3月），頁1-18；袁斌的〈從《皇明祖訓》到《明會典》——簡論明代藩王的繼承制度〉，載《湖南工業職業技術學院學報》第10卷第2期（2010年4月），頁71-72、97；與李龍的〈明朝後世皇帝對《皇明祖訓》的背叛〉，載《赤峰學院學報（漢文哲學社會科學版）》第31卷第10期（2010年），頁15-17。

11 明世宗繼統與「大禮議」事件息息相關，研究者每將兩事結合處理，相關的研究成果主要可參看尤淑君：《名分禮秩與皇權重塑：大禮議與嘉靖政治文化》（臺北市：國立政治大學歷史系，2006年），頁4-17；胡吉勛：《「大禮議」與明廷人事變局》（北京市：社會科學文獻出版社，2007年），頁2-55。

12 參看〔清〕張廷玉等撰：《明史》（北京市：中華書局，1974年），卷16，〈武宗本紀〉，頁212。

朕意達皇太后，天下事重，其與內閣輔臣議處之。前此，事皆由朕而誤，非汝眾人所能與也。」俄而上崩，敬、進奔告慈壽皇太后（張皇太后，1471-1541），乃移殯於大內。是日傳遺旨，諭內外文武群臣曰：「朕疾彌留，儲嗣未建。朕皇考親弟興獻王（朱祐杬，1476-1519）長子厚熜年已長成，賢明仁孝，倫序當立，已遵奉《祖訓》『兄終弟及』之文，告於宗廟，請於慈壽皇太后，即日遣官迎取來京嗣皇帝位，奉祀宗廟，君臨天下。」又傳慈壽皇太后懿旨，諭群臣曰：「皇帝寢疾彌留，已迎取興獻王長子厚熜來京嗣皇帝位。一應事務，俱待嗣君至日處分。」於是司禮等監太監谷大用、韋霦、張錦，內閣太學士梁儲（1453-1527）、定國公徐光祚（？-1526）、駙馬都尉崔元（1478-1549）、禮部尚書毛澄（1460-1523）奉金符以行。[13]

身處安陸[14]的興獻王長子朱厚熜便是藉著明武宗東宮舊臣楊廷和為首的內閣大學士擬議，[15]明孝宗（朱祐樘，1470-1505，1487-1505 在位）皇后、同時也是明武宗生母的慈壽張皇太后首肯，[16]才能以宗室身分登上帝位。楊廷和

---

13 〔明〕徐光祚等纂修：《明武宗實錄》（臺北市：中央研究院歷史語言研究所據國立北平圖書館紅格鈔本微捲影印校刊，1966年），卷197，頁4下-5上，總頁3680-3681。

14 《明史》卷44〈地理志‧五〉載：「承天府，元安陸府，屬荊湖北道宣慰司。太祖乙巳年（元至正二十五年，1365）屬湖廣行省。洪武九年（1376）四月降為州，直隸湖廣布政司。二十四年（洪武二十四年，1391）六月改屬河南，未幾還屬。弘治四年（1491），興王府自德安府遷此。嘉靖十年（1531）升州為承天府。十八年（嘉靖十八年，1539），建興都留守司於此。領州二，縣五。東南距布政司五百七十里。」（頁1076）

15 楊廷和曾於弘治二年（1489）「侍皇太子講讀」，《明史》，卷190，〈楊廷和傳〉，頁5031。

16 《明史》，卷114，〈孝宗孝康張皇后傳〉載：「成化二十三年（1487）選為太子妃。是年，孝宗即位，冊立為皇后。」（頁3528）同書卷16，〈武宗本紀〉復載：「（明武宗）孝宗長子也。母孝康敬皇后。弘治五年（1492），立為皇太子。」（頁199）《明史》，卷114，〈孝宗孝康張皇后傳〉載：「武宗即位，尊（明孝宗張皇后）為皇太后。五年（正德五年，1510）十二月，以寘鐇（安化王朱寘鐇，？-1510）平，上尊號曰慈壽皇太后。世宗入繼，稱聖母，加上尊號曰昭聖慈壽。嘉靖三年（1524）加上昭聖康惠慈

等藉明武宗諭內外文武群臣的遺旨申明朱厚熜「倫序當立,已遵奉《祖訓》『兄終弟及』之文,告於宗廟,請於慈壽皇太后」[17]的目的,正為了盡速確立朱厚熜的新君地位,而「嗣皇帝位,奉祀宗廟,君臨天下」則是皇太后與內閣諸輔臣一致認同新君必須承擔的三項任務。

　　楊廷和等便是根據此共識草成明武宗駕崩後兩天才向天下臣民頒布的明武宗遺詔。《明武宗實錄》載:

> （三月）戊辰（十六日）,頒遺詔,詔曰:「朕以菲薄,紹承祖宗丕業,十有七年矣。圖治雖勤,化理未洽,深惟先帝付托。今忽遘疾彌留,殆弗能興。夫死生常理,古今人所不免。惟在繼統得人,宗社生民有賴。吾雖棄世,亦復奚憾焉!皇考孝宗敬皇帝親弟興獻王長子厚熜,聰明仁孝,德器夙成,倫序當立,已遵奉《祖訓》『兄終弟及』之文,告於宗廟,請於慈壽皇太后,與內外文武群臣合謀同辭,即日遣官迎取來京嗣皇帝位,內外文武群臣其協心輔理,凡一應事務率依祖宗舊制,用副予志。嗣君未到京之日,凡有重大緊急事情,該衙門具本暫且奏知皇太后,而行喪禮遵皇考遺制,以日易月,二十七日釋服。毋禁音樂、嫁娶;宗室親王藩屏攸繫,毋輒離封域;各處鎮守、總兵、巡撫等官及都、布、按三司官員,各固守疆境,撫安軍民,毋擅離職守。聞喪之日,止於本處哭臨三日,進香遣官代行。廣東、廣西、四川、雲南、貴州所屬府、州、縣並土官,及各布政司、南直隸七品以下衙門俱免進香。京城九門、皇城四門務要嚴謹防守。威武團練營官軍已回原營,勇士並四衛營官軍各回原營,照舊操練。原領兵將官隨宜委用。各邊放回官軍每人賞銀二兩,就於本處管糧官處給與。宣府糧草缺乏,戶部速與處置。各衙門見監囚犯,除與逆賊宸濠（1479-1521）事情有干,凡南征逮繫來京,原無重情者,俱送法司

壽。已,改稱伯母。十五年（1536）復加上昭聖恭安康惠慈壽。二十年（1541）八月崩,諡曰孝康靖肅莊慈哲懿翊天贊聖敬皇后,合葬泰陵,祔廟。」（頁3528）

17 《明武宗實錄》,卷197,頁4下,總頁3680。

查審明白，釋放原（還）籍。各處取來婦女，見在內府者，司禮監查
放還家，務令得所。各處工程除營建大工外，其餘盡皆停止。但凡抄
沒犯人財物及宣府收貯銀兩等項，俱明白開具簿籍，收貯內庫，以備
接濟邊儲及賞賜等項應用。詔諭天下，咸使聞之。」[18]

遺詔全文五百多字，除扼要交代喪制安排與相關後事外，最主要的重點在強
調迎立新君是「遵奉《祖訓》『兄終弟及』之文，告於宗廟，請於慈壽皇太
后，與內外文武群臣合謀同辭」[19] 的結果。當時，皇太后與內閣諸輔臣早已
達成新君必須承擔「嗣皇帝位，奉祀宗廟，君臨天下」三項任務的共識，而
先決條件正是他們已一廂情願認定新君必毫無疑問同意以明孝宗子嗣的身分
入繼大統。但他們萬料不到依遺詔被迎取來京「嗣皇帝位」的新君明世宗竟
在四月壬寅（二十一日）車駕抵京城外、駐蹕行殿時橫生枝節，拒絕禮部原
擬請他以皇太子身分入宮即位的安排。[20] 他的理據便是「遺詔以吾嗣皇帝
位，非皇子也。」[21] 張皇太后為顧全大局，避免事情鬧僵，遂改命文武百官
赴行殿奉箋勸進。明世宗經百官三番勸進、自己兩番假意推辭後，方貌若無
奈地應允於四月癸卯（二十二日）即皇帝位。[22] 他一直堅持自己「繼統不繼
嗣」的立場，實已為日後擾攘多年的「大禮議」事件掀開幔幕。[23]

　　「大禮議」事件是關於明世宗生父興獻王尊號的爭議。此事在明世宗即

---

18 同上書，卷197，頁6上-7上，總頁3683-3685。

19 同上書，卷197，頁6上-6下，總頁3683-3684，正德十六年三月戊辰條。

20 參看〔明〕張居正等纂修：《明世宗實錄》，（據國立北平圖書館紅格鈔本微捲影印校
　　刊，臺北市：中央研究院歷史語言研究所，1966年），卷1，頁2下，總頁4，正德十六
　　年四月壬寅條。

21 同上註。

22 參看同上書，卷1，頁2下-4下，總頁4-8，正德十六年四月壬寅條。

23 「大禮議」事件結束的時間，有：止於嘉靖三年九月議定興獻王尊稱，止於嘉靖七年
　　（1528）七月修成《明倫大典》，止於嘉靖十七年（1538）九月尊興獻王為睿宗、祔太
　　廟與止於嘉靖二十四年（1538）七月尊興獻王正式升祔太廟四種說法，參看《名分禮
　　秩與皇權重塑：大禮議與嘉靖政治文化》，頁21。

位的第六天已被提上日程。事緣明武宗猝崩時既無子嗣、又無親弟可以繼承
皇位，[24]而他亦未有事先安排過繼嗣位的人選。張皇太后與大學士楊廷和等
為免皇位虛懸，在議決繼位人選時便不得不在《皇明祖訓》「兄終弟及」的
既有準則規範下設法別闢蹊徑。根據《皇明祖訓》的規定：

> 凡朝廷無皇子，必兄終弟及，須立嫡母所生者。庶母所生，雖長不得
> 立。若姦臣棄嫡立庶，庶者必當守分勿動，遣信報嫡之當立者，務以
> 嫡臨君位。朝廷即斬姦臣。其三年朝覲，並如前式。[25]

他們遂將「兄終弟及」的對象上溯至明武宗父親明孝宗的弟弟。明孝宗的父
親明憲宗（朱見深，1447-1487，1464-1487 在位）生有兒子十四人，「萬貴
妃（萬貞兒，1428-1489）生皇第一子，柏賢妃（？-1527）生悼恭太子祐
極」，[26]俱早殤。明孝宗以第三子繼位後，傳至長子明武宗便告絕嗣。當時，
明憲宗諸嫡子都已去世。[27]他們便只能選取明憲宗諸庶子中倫序最長的庶四
子興獻王朱祐杬繼位。[28]由於朱祐杬已於正德十四年（1519）夏天辭世，[29]

---

24 明武宗有親弟一人，早天。《明史》，卷119，〈諸王傳·四·孝宗子蔚王厚煒〉載：「孝
　宗二子。武宗、蔚王厚煒，俱張皇后生。蔚悼王厚煒，孝宗次子，生三歲薨。追加封
　諡。」（頁3643）
25 《明朝開國文獻》，《皇明祖訓》，〈法律〉，頁28上-28下，總頁1633-1634。
26 《明史》，卷119，〈諸王傳·四〉，頁3640。
27 《明史》，卷104，〈諸王世表·五〉載：「憲宗十子。孝宗外，悼恭太子及他皇子俱未
　名殤。其得封者十王，曰興獻王祐杬，曰岐惠王祐棆，曰益端王祐檳，曰衡恭王祐
　楎，曰雍靖王祐橒，曰壽定王祐楮，曰汝定王祐梈，曰涇簡王祐橺，曰榮莊王祐樞，
　曰申懿王祐楷。」（頁2942）當中只有兩嫡子：「岐惠王祐棆，憲宗嫡五子，成化二十
　三年（1487）封。弘治八年（1495）就藩德安府。十四年（1501）薨。無子，封除。」
　（頁2944）「雍靖王祐橒，憲宗嫡八子，成化二十三年封。弘治十二年（1499）就藩衡
　州府。正德二年（1507）薨。無子，封除。」（頁2974）
28 參看同上書，卷104，〈諸王世表·五〉，頁2942-2943；卷115，〈睿宗興獻皇帝傳〉，頁
　3551。
29 參看同上註。

他唯一存活的兒子朱厚熜自然成為理所當然的繼承人。[30]當時，朱厚熜年方十三，「攝治府事，事皆有紀，府中肅然。」[31]楊廷和等內閣輔臣便打算按倫序把新君過繼到明孝宗一系，以便合理地延續朱明皇朝的統治。這樣的安排本應不會出現亂子。但楊廷和等擬定的明武宗遺詔，卻只要求新君「嗣皇帝位」，而未有申明朱厚熜以何種身分登位。箇中關鍵，實緣於本來要求新君「嗣皇帝位，奉祀宗廟，君臨天下」的訊息在傳達過程中未被悉數傳達。因為三月十四日明武宗駕崩至三月十六日明武宗遺詔頒布的兩日間，朝廷曾先後頒布三道關涉此事的文件，計為：

日期	三月十四日	三月十四日	三月十六日
文件	明武宗遺旨（諭內外文武群臣）	慈壽皇太后懿旨（諭群臣）	明武宗遺詔（諭天下臣民）
內容	「朕皇考親弟興獻王長子厚熜年已長成，賢明仁孝，倫序當立，已遵奉《祖訓》『兄終弟及』之文，告於宗廟，請於慈壽皇太后，即日遣官迎取來京嗣皇帝位，奉祀宗廟，君臨天下。」[32]	「已迎取興獻王長子厚熜來京嗣皇帝位。一應事務，俱待嗣君至日處分。」[33]	「皇考孝宗敬皇帝親弟興獻王長子厚熜，聰明仁孝，德器夙成，倫序當立，已遵奉《祖訓》『兄終弟及』之文，告於宗廟，請於慈壽皇太后，與內外文武群臣合謀同辭，即日遣官迎取來京嗣皇帝位，內外文武群臣其協心輔理，凡一應事務率依祖宗舊制，用副予志。」[34]

這三道文件極可能全出於楊廷和等人的手筆。張皇太后的懿旨正是明廷要求

30 《明史》，卷115，〈睿宗興獻皇帝傳〉載：「獻帝有長子厚熙，生五日而殤。嘉靖四年（1525）贈岳王，謚曰懷獻。」（頁3553）

31 《明世宗實錄》，卷1，頁1下，總頁2。

32 《明武宗實錄》，卷197，頁4下-5上，總頁3680-3681。

33 同上書，卷197，頁5上，總頁3681。

34 同上書，卷197，頁6上-6下，總頁3683-3684。

新君由「嗣皇帝位，奉祀宗廟，君臨天下」變為「嗣皇帝位」的過渡文件。由於遺旨、懿旨與遺詔的頒布對象都以內外文武群臣為主，他們既已知悉遺旨的內容，便不難認定懿旨與遺詔申明迎取新君來京「嗣皇帝位」只是「嗣皇帝位，奉祀宗廟，君臨天下」的先決條件，因而未有深究遺旨、懿旨與遺詔三者的語意差異。當明世宗據遺詔咬文嚼字、藉詞拒絕繼嗣以繼統時，張皇太后與內閣諸臣便頓感束手無策。

三　《皇明祖訓》與明世宗繼統

　　明世宗「繼統不繼嗣」一事毫無疑問是內閣楊廷和等輔臣草擬遺詔時疏於考量的結果。事件的源頭則是無子、無弟的明武宗猝然駕崩，張皇太后與楊廷和等內閣輔臣受遺命確立皇位繼承者。他們受制於《皇明祖訓》的約束，只能在「兄終弟及」的準則規範下選立新君。論者早已指出明世宗的登位有違《皇明祖訓》的本意。王崇武（1911-1957）嘗稱：

> 明代諸帝於法祖口號雖相沿遵守，而事實方面殊難循舊規，武宗之傳位世宗，熹宗（朱由校，1605-1627，1620-1627在位）之傳位思宗（朱由檢，1611-1644，1627-1644在位），遺詔並引《祖訓》「兄終弟及」之文。沈德符（1578-1642）云：「兄終弟及，蓋指同父弟兄，如孝宗之於興獻王是也。若世宗之於武宗，乃同堂伯仲，安得援為親兄弟？」因譏楊廷和草武宗遺詔之失檢，（見《野獲編》貳「引《祖訓》」條）實則《祖訓》注重之點，不特在同父兄弟，抑且在正后嫡產，孝宗母紀后，興獻王母邵妃，（世宗即位，尊為太后。）熹宗母王后，思宗母劉淑女，（思宗即位，追尊為太后。）故以興獻王（原文誤作「主」）繼孝宗之統及以思宗繼熹宗之位，皆與《祖訓》不合。又光宗（朱常洛，1585-1620，1620在位）母王妃，而正后王氏無出，神宗（朱翊鈞，1563-1620，1572-1620在位）之稽遲立儲，固別有用心，（欲立鄭貴妃子）至所引《祖訓》待嫡之說，則求嘗無

理，而廷臣之爭國本者，反支離其詞，曲解原義。然則《祖訓》真諦，即明代淹貫故實之人，已不甚明瞭矣。明正后生子者少，庶嫡之限久不為後人重視，宜乎成祖（明成祖朱棣，1360-1424，1402-1424在位）冒嫡之久被忽略也。[35]

明太祖在《皇明祖訓》確立皇位乏嗣時需於嫡子間採「兄終弟及」的繼位準則，目的只在藉宗室制度保障朱明政權的萬世不替。但明代君主乏嫡乏嗣者不在少數，[36]明武宗、明熹宗正是箇中例子。這遂使「有嫡立嫡，無嫡立長」成了日後君臣均已接受的皇位繼承規則。[37]明武宗駕崩後，明世宗雖以宗室身分成為皇位繼承的「被選者」；[38]他的條件卻實在無法符合《皇明祖訓》「兄終弟及」的條件，也無法滿足君臣長期接受的「有嫡立嫡，無嫡立長」規定。如果張皇太后與楊廷和等在確立皇位繼承者時放棄採用別闢蹊徑的變通方法，則明代的皇位繼承勢必戛然中絕。這結果恐非明太祖確定《皇明祖訓》內容時始料可及。

　　明世宗利用楊廷和等草擬遺詔時思量欠周的失誤製造「繼統不繼嗣」的事實是明目張膽節外生枝的行為。《皇明祖訓》「兄終弟及」的規定本是明太祖解決日後子孫皇位乏嗣時確立的繼承準則，而此準則卻在明成祖時已被朝廷率先應用於解決親王乏嗣的難題。自是以後，庶兄、從子、從弟嗣位者陸續出現。[39]明世宗既是宗室出身，自已熟知親王乏嗣需由旁支繼承時，繼位者必無選擇地既繼嗣、又繼統。[40]明武宗便曾因鄭康王朱祐枔無嗣而詔以他

35 王崇武：〈皇明祖訓與成祖繼統〉，《明靖難史事考證稿》，頁123。

36 參看 Frederick W. Mote and Denis Twitchett (eds.), *The Cambridge History of China*, Volume 7, *The Ming Dynasty, 1368-1644*, Part 1 (Cambridge: Cambridge University Press, 1988), "Genealogy of the Ming Imperial Family," p. xxii.

37 參看袁斌：〈明代藩王繼承中的特恩現象〉，載《溫州大學學報（社會科學版）》第23卷第3期（2010年5月），頁79。

38 Carney Thomas Fisher（費克光）的 *The Chosen One: Succession and Adoption in the Court of Ming Shizong* (Sydney: Allen & Unwin, 1990)，便是以「被選者」形容明世宗。

39 參看袁斌：〈明代藩王繼承中的特恩現象〉，頁80。

40 參看同上文，頁83。

的從弟朱祐檡襲封，而隨後朱祐檡三度上疏奏請將他的父親端惠王追封入廟
都遭到禮部否決。《明武宗實錄》載：

> （正德九年〔1514〕八月壬寅〔十二日〕）先是，鄭康王祐枔薨，無
> 嗣，詔以其從弟祐檡襲封為鄭王。蓋簡王之孫而東垣端惠王之子也。
> 鄭王嘗為其父奏請追封入廟，凡三上疏，禮部屢覆鄭王以旁支入繼親
> 王，不得顧其私親。詔如議。至是復以為請，下禮部議，以鄭王懇疏
> 雖出於孝，然非以禮事其親者，執議如初。詔曰：「既於禮有悖，其
> 已之。」[41]

> （正德十二年〔1517〕三月）丁亥（十二日），鄭康王祐枔薨，無
> 子，從弟東垣王祐檡進封鄭王。至是，請以庶長子厚烔襲東垣王，奉
> 其父端惠王祀。下禮部議，謂鄭王以旁支進封，既不得伸尊親之孝，
> 宜令厚烔襲封東垣王，即其府第歲時廟享以代將祀之誠。詔許之。[42]

張皇太后與楊廷和等內閣諸臣都有目共睹此鮮活事例。他們都已深知統嗣並
繼正是旁支入繼親王的前設條件，而他們要求被迎取來京「嗣皇帝位」的明
世宗「嗣皇帝位，奉祀宗廟，君臨天下」亦是朝野理所當然的共識。明世宗
以親王入繼大統，正跟鄭王以旁支進封親王的情況相若。箇中相若情況為：

41　《明武宗實錄》，卷115，頁3上，總頁2329。
42　同上書，卷147，頁1下，總頁2866。

第一代	鄭靖王瞻埈 「仁宗庶二子，永樂二十二年封。宣德四年就藩鳳翔府。正統九年移懷慶府。成化二年薨。」[43]		明英宗祁鎮 「宣宗長子也。」[44]	
第二代	鄭簡王祁鍈 「靖嫡一子，成化四年襲封。弘治八年薨。」[45]		明憲宗見深 「英宗長子也。」[46]	
第三代	鄭世子見滋 「簡嫡一子，成化七年封世子。十五年薨。以子祐枔襲封。追封王，諡曰僖。」[47]	東垣端惠王見� 「簡庶四子，成化十年封。弘治十六年薨。」[48]	明孝宗祐樘 「憲宗第三子也。」[49]	興獻王祐杬 「憲宗庶四子，成化二十三年封。弘治七年就藩安陸州。正德十四年薨。後以子嗣大統，追尊獻皇帝，廟號睿宗。」[50]
第四代	鄭康王祐枔 「僖嫡一子，弘治十四年襲封。正德	懿王祐樗 「東垣端惠王嫡一子，初襲東垣	明武宗厚照 「孝宗長子也。」[53]	明世宗厚熜 「憲宗孫也。父興獻王祐杬，國

43 《明史》，卷103，〈諸王世表・四〉，頁2853-2854。
44 同上書，卷10，〈英宗前紀〉，頁127。
45 同上書，卷103，〈諸王世表・四〉，頁2853。
46 同上書，卷13，〈憲宗本紀・一〉，頁161。
47 同上書，卷103，〈諸王世表・四〉，頁2853。
48 同上書，卷103，〈諸王世表・四〉，頁2859-2860。
49 同上書，卷15，〈孝宗本紀〉，頁183。
50 同上書，卷104，〈諸王世表・五〉，頁2942。

	二年薨。<u>無子，從弟祐樗立。</u>」[51]	王，正德四年嗣封。 十六年薨。」[52]	「（正德十六年三月）丙寅，崩於豹房，年三十有一。遺詔召興獻王長子嗣位。」[54]	安陸，正德十四年薨，帝年十有三，以世子理國事。十六年三月辛酉，未除服，特命襲封。丙寅，<u>武宗崩，無嗣</u>，慈壽皇太后與大學士楊廷和定策，……以遺詔迎王於興邸。」[55]

明武宗時禮部已申明鄭王以旁支進封，不得伸尊親之孝，而特准庶子朱厚炯襲封東垣王以代祀。因此，當明世宗即位後旋「命禮部會官議興獻王主祀及封號以聞」[56]時，禮部尚書毛澄等便理直氣壯地指出明世宗既以興獻王獨子「入繼大統，奉祀宗廟」，[57]則可命明憲宗第六子、興獻王異母弟益端王祐樏的嫡二子「崇仁王厚炫主興獻王祀」。[58]這樣的安排無疑合情合理，只是明世宗挾君主的威勢、固執地強伸尊親的要求、妄興糾纏二十多年的「大禮議」事件，終令父親興獻王得以升祔太廟。他的如此行徑，又豈符合明太祖敕編《皇明祖訓》的初衷。

53 同上書，卷16，〈武宗本紀〉，頁199。

51 同上書，卷103，〈諸王世表・四〉，頁2853。

52 同上書，卷103，〈諸王世表・四〉，頁2854。

54 同上書，卷16，〈武宗本紀〉，頁212。

55 同上書，卷17，〈世宗本紀・一〉，頁215。

56 《明世宗實錄》，卷1，頁24上，總頁47，正德十六年四月戊申（二十七日）條。

57 同上書，卷2，頁24上，總頁105，正德十六年五月乙亥（二十四日）條。

58 同上註。

四 結語

　　《皇明祖訓》是明太祖悉心編定、用以協助繼位君主治國安民的「皇明家法」，繼位君主理應義無反顧唯命是從。但南明唐王（隆武帝朱聿鍵，1602-1646，1645-1646 在位）在隆武元年（1645）七月初一日頒布的〈御製恭刻《皇明祖訓》跋〉稱：

> 世有神聖之君，必具人師之智，此我大明太祖高皇帝之御製《皇明祖訓》所繇作也。《訓》內自心而身、而家、而國、而天下，精微廣大，萬世當遵，士子鮮聞，服官無據。兩京之陷，二帝（明思宗與南明福王〔朱由崧，？-1645，1644-1645在位〕）之傷，皆繇朝野不習《祖訓》、不遵聖制之過也。朕以高皇少子九世，封國南陽，文武同忠，擁立福建，追痛禍階，不彰《祖訓》，故令儒臣較刻，頒於學宮，用以課士，變此囂風。首頒宗國文、武，咸令熟誦力行。朕若有違此《訓》，天下明指朕非，顯責朕躬；臣民有違此《訓》，則朕定格炤《祖制》律條，輕不具論，重則必殺無赦。嗚呼！朕今痛思一統，必定首重本源。《祖訓》是朕在上之本源，民生是朕在下之本源。遵《祖訓》，作清官，毋於三尺。大法釀成，萬國人和，是朕與宗藩、文、武同心，交泰共朝。朕與爾等，君臣傳代於無窮。嗚呼！《祖訓》之欽頒，其敬之哉！[59]

他清楚將兩京失陷、二帝殉國的責任歸咎於過往君臣不習《皇明祖訓》、不遵明太祖所訂的家法。明武宗、張皇太后、內閣諸輔臣就新君選立作出的種種決定與安排固已有違《皇明祖訓》的規定，而明世宗堅執繼統不繼嗣、強興「大禮議」更是肆無忌憚摧毀《皇明祖訓》的權威地位。張居正（1525-

---

59 此跋載於日本尊經閣文庫藏南明唐王刊刻的「明隆武版」《皇明祖訓》。今迻錄自石原道博：〈皇明祖訓の成立〉，頁26-28。

1582）等任總裁官纂修的《明世宗寶訓》，目的固在利用「寶訓」的獨特體裁彰顯君主的「嘉言」、甚至「善行」。[60]但他們竟將明世宗繼統不繼嗣、藉「大禮議」將興獻王升祔太廟的一系列相關言行列為「聖孝」的表現。[61]這無疑是將明世宗肆意違反《皇明祖訓》的行徑列為嗣位者適宜仿效的行為。[62]個別論者或許疏於考索明武宗遺詔頒布的來龍去脈，未有充分重視明世宗刻意挑戰《皇明祖訓》的反叛行徑，才會貿然以為「武宗遺詔的頒發，從法律上正式宣告了孝—武帝系的徹底斷裂，並因此確立了朱祐杬、朱厚熜一系稱

---

60 「寶訓」的編纂，始於宋仁宗（趙禎，1010-1063，1022-1063在位）天聖五年（1027）十月乙酉（十九日）監修國史王曾（978-1038）奏請仿效唐代史官吳兢（670-749）編《貞觀政要》的先例編修成書的《三朝寶訓》。自此，「寶訓」既成為宋廷記載君主嘉言善行和治國經驗的一種嶄新史書體裁，也成為嗣位君主在經筵講讀時學習祖宗事蹟的一種創新帝王學教材。相關研究，參看王德毅：〈宋代的聖政和寶訓研究〉，載《書目季刊》第20卷第3期（1986年12月），頁13-24；孔學：〈宋代《寶訓》纂修考〉，載《史學史研究》1994年第3期（總第3期，1994年9月），頁56-64；許振興：〈宋代《三朝寶訓》篇目考〉，載《古籍整理研究學刊》1998年第4、5期（總第74、75期，1998年7月），頁84-85；許振興：〈《三朝寶訓》與《經幄管見》：論宋代帝王學教材的教學價值〉，載單周堯等主編：《東西方文化承傳與創新：趙令揚教授榮休紀念論文集》（新加坡：八方文化創作室，2004年），頁87-96；王盛恩：《宋代官方史學研究》（北京市：人民出版社，2008年），頁241-244。詹同與宋濂（1310-1381）在明太祖洪武七年（1374）合編成書的《皇明寶訓》正是明代延續「寶訓」編纂的先鋒。相關研究，參看許振興：〈《皇明寶訓》考索〉，載《明清史集刊》第8卷（2005年12月），頁1-21。

61 參看〔明〕張居正等纂修：《明世宗寶訓》（臺北市：中央研究院歷史語言研究所，據國立北平圖書館紅格鈔本微捲影印刊刊，1966年），卷2，〈聖孝·一·尊親〉，頁1上-27下，總頁67-120；卷2，〈聖孝·二·尊親〉，頁27下-49下，總頁120-164；卷3，〈聖孝·三·養親〉，頁1上-20上，總頁165-203。

62 自明成祖永樂年間編纂《明太祖實錄》（原稱《大明太祖高皇帝實錄》）與《明太祖寶訓》（原稱《大明太祖高皇帝寶訓》）時採用共修並進的方式，此後繼位君主一直依循不替。這遂使寶訓被認定為實錄的分類節要本，具有垂訓嗣位者的教育功用。因此，編纂大臣們共同甄選匯輯的寶訓內容，在門類安排與條目內容的篩選上都不可避免地反映著當時君臣的心意。相關闡說，參看許振興：〈《皇明祖訓》與鄭和下西洋〉，頁75-77。

帝的合法性。」[63]清聖祖（愛新覺羅・玄燁，1654-1722，1661-1722 在位）的〈閱《皇明祖訓》偶書〉嘗稱：

> 朕遐稽載籍，近考前朝。凡裨治理之書，必殫精深之蘊，豈徒以其文焉而愛悅之已哉！《皇明祖訓》一書萃列后之謨，兼眾智之美；至於去邪納諫之規，勤政慎刑之誠，內而宮闈之禮教，外而朝堂之政令，胥盡於斯焉！迨其後世子孫，漸至於陵替者，豈其貽謀之未臧歟？由不能善守之故也。朕披覽之際，心焉景慕，常以為鑒，因書以記之。[64]

後世子孫的人謀不臧，實非先祖可以預先機關算盡，南明唐王與清聖祖的論斷竟是如此不謀而合。繼體君主因私心自是或左右移意而變更祖制，無疑是人謀不臧的一大根源；[65]而深層原因則緣於《皇明祖訓》的內容缺乏靈活應對現實需要的空間。[66]因此，《皇明祖訓》自頒布後，便在明代政治上遭受種種人謀不臧的考驗，而明世宗繼統尤為個中典型。

---

63 田澍：《嘉靖革新研究》（北京市：中國社會科學出版社，2002年），頁44。

64 〔清〕清聖祖撰：《聖祖仁皇帝御製文集》（據文淵閣《四庫全書》影印，臺北市：臺灣商務印書館，1986年），卷29，頁2上-2下。

65 參看吳智和：〈明代祖制釋義與功能試論〉，頁27。

66 參看李龍：〈明朝後世皇帝對《皇明祖訓》的背叛〉一文。

嚴嵩遺世著作及其有待探稽的人與事

馬楚堅

香港大學中文學院

一　導言

　　先聖孔子治上古史至夏殷之際，而有之杞之宋而嘆其無徵者，以文獻之不足故，蓋欲稽而無從耳。是示典籍之存沒，繫於世道大矣。孟子又有盡信書不如無書之垂教後世，治學須據直接典籍，勿信改寫而欠客觀之作也。此古今擅史學者，莫不羅網文獻以資參稽，爰加考正訛舛，以求其真之由也。余嘗讀史至明世宗朝，觀史事、人事交錯，其發展脈絡，有坦明易通者，亦有微妙難解者，何以如斯？難者疑生，積為聚訟，乃思有以析疑相質，又慮《明史》之修為「正史」壓軸者，序事之法媲美於前修之筆，恐妄意失真，迺推本事，復師孔子之道，廣徵文獻，體孟子之旨，《實錄》之外，縉紳先生所撰著與經國幹事所記述詩文題奏，漫欲以并觀其全，侈哉博乎參互考證其異聞，質疑問難於其中，冀叩鳴觸發，疑義相析，探稽其史實之掛漏互異，其大小偏全之別，殘缺泯沒，次節不倫，異喙爭鳴，意氣於門戶、政見利益致偽者奪真，真者棄為偽之豕亥魯魚，訛舛之疵所在，指陳貫串，以發抒於學術論文中，復史之原貌，論世知人，以盡學者事也。

　　所謂縉紳、經國者，就嘉靖朝言，若石瑤（？-11528）、李夢陽（1473-1529）、王守仁（1472-1529）、楊廷和（1459-1529）、楊一清（1454-1530）、桂萼（？-1531）、王瓊（1459-1532）、費宏（1468-1535）、李時（1471-1538）、張聰（1475-1539）、梁材（1470-1540）、王廷相（1471-1544）、歐陽鐸（1487-1544）、毛伯溫（1482-1545）、薛侃（1486-1545）、翟鑾（1477-

1546)、夏言（1482-1548）、霍韜（1487-1548）、翁萬達（1488-1552）、張經
（？-1555）、李默（？-1556）、鄒守愚（？-1556）、湛若水（1466-1560）、
鄒守益（1491-1562）、嚴嵩（1480-1565）、胡宗憲（？-1565）、楊博（1509-
1574）、高拱（1512-1578）、張居正（1525-1582）、徐階（1503-1583）、海瑞
（1514-1587）、汪道昆（1525-1593）、徐渭（1521-1593）、茅坤（1512-
1601）、蕭大亨（1532-1612）等。[1] 其中嚴嵩所著尤具重要，蓋其出仕五十七
載（弘治十八年至嘉靖四十一年。1505-1562），其間內閣預機務（嘉靖二十
一年至四十一年五月。1542-1562），前後居亞輔六年，為首揆十五秋，其所
及著作，既涉大局之人與事，尤以其於京為巨卿碩輔二十六年（嘉靖十五年
至四十一年五月，1536-1562）中所著，尤關係氣運推遷至鉅。故取之與時
公私文獻、史篇相質互證，疑義迭異者相與析也，必可窺新見而開拓精研深

---

1 按餘尚有邊貢（1476-1532）、薛宗鎧（1498-1535）、馬卿（1499-1536）、顧鼎臣
（1473-1540）、王艮（1483-1540）、錢德洪（1498-1540）、吳一鵬（1460-1542）、溫仁
和（1471-1543）、方獻夫（？-1544）、李廷相（1481-1544）、張璧（1475-1545）、毛紀
（1463-1545）、林大欽（1511-1545）、唐龍（1477-1546）、周用（1476-1547）、賈詠
（1464-1547）、羅欽順（？-1547）、許贊（1473-1548）、曾銑（？-1548）、費宷
（1483-1549）、張治（1488-1550）、王九思（1468-1551）、陸粲（1494-1551）、戚賢
（1492-1553）、歐陽德（1496-1554）、王以旂（1496-1553）、包節（1506-1556）、萬表
（1498-1556）、沈鍊（1507-1557）、趙文華（1503-1557）、楊慎（1488-1559）、楊名
（1505-1559）、王慎中（1509-1559）、黃弘綱（1492-1561）、李本（？-1561）、聶豹
（1487-1563）、羅洪先（1504-1564）、袁煒（1508-1565）、林潤（1530-1569）、李攀龍
（1514-1570）、胡松（1490-1572）、趙貞吉（1508-1576）、雷禮（1505-1581）、潘恩
（1496-1582）、王畿（1498-1583）、李春芳（1510-1584）、黃光升（1507-1586）、陳以
勤（1511-1586）、王世貞（1526-1590）、趙錦（1516-1591）、郭朴（1511-1593）、張瀚
（1511-1593）。參見〔清〕張廷玉等：《明史》（北京市：中華書局，1974年），各相關
〈傳〉。
〔明〕焦竑：《國朝獻徵錄》（上海市：上海書店，1987年），各相關篇章。
〔明〕雷禮：《國朝列卿記》（臺北市：成文出版社，1970年），各相關篇章。
〔明〕王世貞：《嘉靖以來內閣首輔傳》（收入《景印文淵閣四庫全書本》第452冊，臺
北市：臺灣商務印書館，1986年），各相關〈傳〉。
〔明〕王世貞：《弇山堂別集》（北京市：中華書局，1985年），卷45，〈內閣輔臣年
表〉，頁839-843；卷47，〈六部尚書表〉，頁885-887。

究之客觀學術天地。

惟古今之論史、論人，不無受正史傳統蓋棺論定導向因素之牽連，致鉅細無遺所蒐集資料受此先入為主之無形執著所支配而變相為負面主觀論析而失其客觀性，致其課題研究不無失其真相之大者。大抵知人論世，非客觀難以明澈今古，蓋昔人之褒貶，有繫於位顯之慕於時，有滲滲乎門戶政見之異釀，有以去位權削之炎涼，有以新朝為舊朝人物蓋棺定論，雖健筆者不無受前人成見與當朝定位負面之影響，益有為干祿富貴之思者，亦難免附會支離，泯泯棼棼，客觀史實之傳徵，庶幾熄乎，致偽者奪真矣，不知者遂以為原貌，以之為研究之起點，旁解博引受成見滲滲之文，尤以雜偽奪其真本，煽偽誣之風熾，而反以舛錯為創見者有之。史事既有奪真為偽，人之臧否代謝，不無隨之，其所著文獻遂因而湮沒或流傳不廣。故無徵之可歎，不但如杞如宋已也。是則文獻不可以因人而廢也，雖云嚴嵩為一歷史爭議人物，且受子惡而彰彰名甚，然其與嘉靖大政並進，其詩文、題奏與時互動，窺其所蘊，究非他者可比，在在皆足以補是朝文獻之闕逸，且其著作皆及身先後刊於世，其欲掩己之疵，修改其前所上疏奏等明欺世人及帝，當不可能，此亦吾先後搜集分宜所著於中外者。迨細按其文，與時獻、《實錄》相稽，非如《明史》貶筆所書僉壬致極，一無是處，其著所蘊實有以徵嘉靖大政之鉅者，為此稽其遺世之著及其內容涵蓋面所及，姑舉一二言之。

二 嚴嵩行誼之一二

嚴嵩行誼，[2]《明史》定稿本傳、王世貞《嘉靖以來內閣首輔傳》本傳

---

2 〔清〕嚴一銳等：〈少師公行實〉，《介橋嚴氏族譜》（清分宜毓慶堂清雍正四年〔1726〕重修本），卷首，頁9-15。

馬楚堅：〈《介橋嚴氏族譜》資料與正史《嚴嵩傳》所載之歧異〉，於1994年12月12-13日香港大學與臺灣國學文獻館主辦《第十二屆亞洲族譜學術研討會》上發表，後收入氏：《明清人物史事論析》（南昌市：江西高校出版社，1996年），頁353-404。

嚴氏：〈少師公豁傳〉，《介橋嚴氏族譜》（毓慶堂民國三年〔1914〕刊本），〈家傳〉卷1，頁46-51；

所敘作蓋棺論定，相應以奸邪之基準為文，主觀筆下，似不少客觀史實為之脫沒，茲稽要徵實一二見之。

　　嚴嵩，字惟中，號介谿，江西袁州府分宜縣（今江西分宜縣）袁嶺介橋村人，介橋一名介谿，世因稱其分宜、介谿。承十世祖四川右布政司方伯，孟衡（？-1446）清廉之遺澤，[3]生於憲宗成化十六年（1480）正月二十二日，其祖驥（1430-1508），以嵩為方伯長房元孫而呼曰「宗孫」。驥承父漣（1405-1564）教，力遵方伯臨終所屬「宜勗德懋善，以延世脈」[4]遺命，父子相繼「惟明德之賢，夙稟家庭之訓，儲祥孔厚，蓄善為爾」，「承德象賢」，[5]「儉朴純誠，仁慈謹厚」；[6]子淮（1453-1492）亦承而「孝友忠信。正大剛方，世德作求，家衍詩書之澤，直躬表俗」，[7]殆嵩能言，即躬為啟蒙，「坐置膝上口授之書，督課寒署不輟」，欲以一經遺之，訓曰「用世澤物其在此矣。」故嵩五歲即以家教有義方，及其個人天賦所及，而有「神童」之譽。及年十六（1495），父逝，[8]驥乃繼以親培育嵩讀方伯儲書，及其著《家訓》、《分關手經》、《鄉闈中式中錄》諸手澤。[9]嵩亦遵父遺命、祖教以承高祖學緒之用心，而凝志奮發，取介谿為號，標「志居他」。並取「介者，戒也，谿者，欺也」之義，貫而為追求「《大學》論誠意以毋自欺為戒」之準繩，作為其「守己，事君、交友之鹹砭藥石」，且「日誦之以有焉。」[10]家學外，八歲繼入邑學為博士弟子，餼于庠，弘治八年（1495）丁

　　〔清〕張廷玉：《明史》，卷308，〈嚴嵩傳〉，頁7912-7920；

　　曹國慶：《嚴嵩評傳》（上海市：上海社會科學院，1989年）；

　　張顯清：《嚴嵩傳》（合肥市：黃山書社，1992年）。

3　〔清〕嚴一銳等：〈方伯平庵公行實〉，《介橋嚴氏族譜》，卷首，頁9-11。

4　同上揭書。

5　同上揭書，〈封誥〉卷1，〈晉秩少師誥命·曾祖〉。

6　同上揭書，〈封誥〉卷1，〈晉秩少師誥命·祖父〉。

7　同上揭書，〈封誥〉卷1，〈晉秩少師誥命·父〉。

8　《嚴氏介橋族譜》（民國本），〈嘉林阡表〉，頁3。

9　同上揭書，〈遺文〉卷末，〈敕修槀林祖墳紀恩之碑文〉，頁1-8。〔明〕嚴嵩：〈題先高祖鄉闈中式小錄後〉，《直廬稿》（明刊本），卷5，頁17。

10　〔明〕嚴嵩：〈別號志〉，《鈐山堂集》（景印明刊本，南京市：江蘇南京古舊書店，1986），卷22，頁7。

憂後復師事清江錢慎先生三年，[11]再進國子監深造。

（一）初任官職

　　孝宗弘治十八年（1505）遂以「國子生，治詩經」再預流會試，登第二甲二名。[12]受卷官張經川[13]「見其制策驚人，擊節稱賞」，[14]進呈原擬第一，繼而不獲殿試讀卷官劉健[15]及帝之贊同嵩之論調，而抑置二甲第二名。張氏為此有所感慨，贈詩以勉左卷於未來[16]云：

> 回首玉堂天上游，驚看玉樹過南州。
> 登科豈必傳三唱，受卷曾知讓一籌。
> 館閣栽培他日地，文章經濟古入流。
> 湘山夜雨皇華驛，傾倒能令老病瘳。

嵩感然拜訓而復詩[17]云：

> 曾隨玉署瞻先達，愧謁龍門已後時。
> 往事殷勤勞唔語，非才流落負心知。
> 湘山夜雨留觴久，灘浦春波放棹遲。
> 別後雙魚難定覓，但吟佳句一相思。

---

11 嚴氏：〈少師介谿公傳〉。
12 〔明〕劉健等：《弘治十八年進士登科錄》（收入《明代登科錄選編》，第5冊，臺北市：臺灣學生書局，1969年），嚴嵩條，總頁2434，頁8。
13 同上揭書，總頁2414，頁1。
　〔明〕雷禮：〈南京兵部尚書行實·張澯〉，《國朝列卿記》，卷50，頁3308。
14 〔明〕張澯：〈贈詩并序〉，收嚴嵩：《鈐山堂集》，卷6，〈詩〉，頁4。
15 〔明〕張懋、李東陽、毛紀等：《明孝宗實錄》（臺北市：中央研究院歷史語言研究所，1962年），卷222，弘治十八年三月庚子條，頁4192-4193。
16 同註14。
17 〔明〕嚴嵩：〈拜訓涇川公見贈〉詩，《鈐山堂集》，卷6，〈詩〉，頁3-4。

三月，翰林院庶吉士試，嵩以〈雨後觀芍藥詩〉獲選。其詩云：

> 禁園新雨看芳叢，邂逅濃花照眼紅，
>
> 玉露乍凝仙掌動，香風輕拂彩雲空。
>
> 栽培自趁陽和力，裁翦從教造化工。
>
> 不獨揚州誇盛事，年年春色玉尚中。

　　自是讀書中秘三年，「究治亂本之本源，窮天人之蘊奧」，[18]深造於張元楨、劉機等。[19]因而涵養益宏，視野高人一等，首揆李東陽而下「咸偉其才」，[20]特重其「沉潛經笥，翰苑校藝淵」，「博約是兼，文行雙漸」之修為。[21]正德二年（1507）十月卒業，戊寅即授編修，為其入仕之首任官職，然自其遷入庶吉士時，「已群目為儲相」[22]。

　　既得實職，「入官翰林」，立即迎母晏氏來京「就養，居二年」，其祖驥逝於五月二十八日，乃請丁憂假，奉母回里治喪守制；又明年（1509），母氏亦逝於六月二十五日，遂繼請丁內艱假，「家居」守孝[23]，隱讀鈐山七年餘。故與之同朝名士雷禮直書其為「退居林下」，[24]明季史家何喬遠則直書

18　〔明〕顧清：〈翰林院書室壁記〉，《東江家藏集》（收入《景印文淵閣四庫全書》，第1261冊，臺北市：臺灣商務印書館，1983年），卷21，頁1。

19　〔明〕李東陽、焦芳、毛紀等：《明孝宗實錄》，卷222，弘治十八年三月辛亥，頁4206-4207。

20　〔明〕崔銑：〈鈐山堂集序〉，《鈐山堂集》，卷首，頁12-13。

21　〔明〕湛若水：〈嚴少師介谿公贊〉，《嚴氏介橋族譜》（民國本），〈題贈〉卷，頁30。

22　〔清〕張廷玉：《明史》，卷70，〈選舉二〉，頁1702。

23　嚴氏：〈少師介谿公傳〉，《嚴氏介橋族譜》（民國本），〈家傳〉卷，頁46-51。

　　〔明〕世宗：嘉靖二十五年（1546）〈勅修棗林祖墳紀恩之碑〉，《嚴氏介橋族譜》（民國本），〈遺文〉，卷末，頁1-3。

　　〔明〕嚴嵩：嘉靖二十六年〈慈德阡表〉（同上，頁5）。

　　〔明〕崔銑：〈贈光祿大夫太子太保禮尚書兼翰林院學士嚴公（驥）神道碑〉，見氏《洹詞》（收入《景印文淵閣四庫全書》，第1267冊，臺北市：臺灣商務印書館，1983年），卷12。

24　〔明〕雷禮：《國朝列卿紀》，卷13，頁953，〈殿閣大學士‧嚴嵩〉。

「請告歸」，[25]明清之際之史家查繼佐則作「請告」，[26]萬斯同則於未定稿《明史》書「請歸」。[27]然而與雷禮同時之名士王世貞卻以「數移疾告歸」；[28]《明史稿》、《明史》定本承王氏鴻緒作「移疾歸」，[29]則守制盡孝之史實真相為之曲移。

嵩自幼多病，身體羸弱，[30]祖、母相連逝世之打擊，疾病時作，遂讀書鈐山養氣療痾，雖逾守制六年之期仍未愈，殆幾八年，始以詔書敦迫，不得不起於正德十一年（1516）三月離山應催赴闕，七月十四日抵京，「二任復除本院編修」。[31]正史、史稿、《罪惟錄》誤載其讀書「十年」，至若還朝年代，與王世貞、雷禮、何喬遠同闕言。

讀書鈐山七、八年[32]間固以繹業讀書養氣而「疾愈」，然於學問胸襟亦因

---

25 〔明〕何喬遠：〈嚴嵩傳〉，《名山藏》（臺北市：成文出版社，1971年），第18冊，頁5587。

26 〔明清之際〕查繼佐：《罪惟錄》（杭州市：浙江古籍出版社，1986年），卷30，〈奸臣列傳‧嚴嵩〉，頁2652。

27 〔清〕萬斯同：《明史》（收入《續修四庫全書》，史部第331冊，影印圖書館藏清抄本，上海市：上海古籍出版社，1996年），卷41，〈奸臣列傳‧嚴嵩傳〉，頁338-339。

28 〔明〕王世貞：《嘉靖以來內閣首輔傳》（收入《景印文淵閣四庫全書》，第452冊，1964年），卷4，〈嚴嵩傳〉，頁462。

29 〔清〕王鴻緒：《明史稿》（收入景印清初敬慎堂《橫雲山人集‧史藁》刊本，臺北市：文海出版社，1985年），〈列傳〉一八一一，〈嚴嵩傳〉，頁15-21。
   〔清〕張廷玉：《明史》，卷308，〈嚴嵩傳〉。

30 〔明〕嚴嵩：《鈐山堂集》，〈予少孤多病恒有憂生之嗟今年四十矣日月于邁祿不逮養學未有聞使經衡山適遇初度矢痛申情爰成茲詠焉〉三首，卷6，頁5；卷2，〈乙亥年雪〉，頁10；卷27，〈北上志〉，頁1；卷2，〈將赴京登郡城春壺作〉、〈將赴京作〉，頁11。

31 嚴氏：〈少師介谿公傳〉：「築東堂在縣學之左，日讀書其中……（正德）十一年丙子，挈家赴闕，瀕發有詩云：『七看梅發楚江濱，多難空余一病身。』」「七」，即七年。

32 〔明〕王維楨：〈鈐山堂詩序〉，「居鈐山之東堂，而繹業焉，蓋七年往也。」見嚴嵩：《鈐山堂集》，卷首，〈序〉九，頁15-16。
   〔明清之際〕錢謙益：《列朝詩集小傳》（上海市：上海古籍出版社，1959年），〈丁集中〉〈嚴少師嵩〉：「居鈐山之東堂，讀書屏居者七年。」，頁535-536。
   〔明〕嚴嵩：《鈐山堂集》，卷27，〈雜記〉，〈北上志〉，「予臥鈐山閱八稔，正德丙子春三月，疾愈，治裝將如京師」，頁1。

其「耽書履素」，「閑甘脆而茹檽」，[33]「窮研不倦」，[34]「堅苦績學，以邃其所
蓄」；[35]益以「銳意名山大業，攬勝尋幽」；[36]詩文尚周秦漢唐宋，[37]尤「取頤諸
性情」，[38]「研精韞櫝之深」，[39]「斯業益臻」。[40]詩文皆「根諸德性，學術之造
詣者深乎極矣」，於是發為辭，「旨」皆「沖淡」。[41]同朝時人王廷相評其詩為
「思沖邃閑遠，在孟襄陽伯仲之間」。[42]張治品為「其聲鬱律而不恍，其出甘
淡而有餘」；「聲歌所發，亦足抒軸天人經緯，風雅百代之下」。[43]唐龍以為乃
「古之遺音」。李夢陽品為「淡石潭」，乃「和平之音」。[44]黃綰推為「沖淡沉
婉，清新雋永」[45]。崔銑品為「清而且綺，不浮其質，斯肥於山林者」。[46]孫
偉評為「格致高古，韻度深遠，略無齊、梁之光景，及近時膚脆之習」，「出

按：嵩於正德三年（1508）五月丁憂，隱讀至十一年（1516）三月，計七年多，約算
可作七年、八年。

33 〔明〕崔銑：〈鈐山堂集序〉，《洹詞》（收入《景印文淵閣四庫全書》，第1267冊，臺北
市：臺灣商務印書館，1986年），卷11，頁45-47。

34 〔明〕皇甫汸：〈鈐山堂詩選序〉，《皇甫司勳集》（收入《景印文淵閣四庫全書》，第
1275冊），卷35，頁6-8。

35 〔明〕唐順之：〈鈐山堂集序〉，嚴嵩：《鈐山堂集》，卷首，〈序〉十二，頁21-23。

36 〔明〕嚴嵩：〈北上志〉。

37 〔明〕楊慎：〈鈐山堂集序〉「蓋其志則師乎陶、伯、周、召，而其體與詞，則又友乎
韋、匡、沈、三、二張、兩李也。」，見嚴嵩：《鈐山堂集》，卷首，〈序〉十，頁17-18。
〔明〕趙貞吉：〈鈐山堂集序〉，同上，〈序〉十一：師法歐陽修等，「立言有法，能得
其意指之所在……」，頁19-20。
〔明〕黃綰：〈序〉，同上，〈序〉六：「文……嘗師法韓、歐……詩，……則嘗出入盛
唐諸家……」，頁10-11。

38 〔明〕嚴嵩：《鈐山堂集·自序》：「歷覽唐賢諸家，曾未涉其津涯，惟取頤諸性情」。

39 〔明〕黃綰：〈序〉（同上揭書）。

40 〔明〕皇甫汸：〈鈐山堂詩選序〉（同前揭書）。

41 〔明〕王廷相：〈序〉，見嚴嵩：《鈐山堂集》，卷首，〈序〉三，頁7。

42 同上揭〈序〉。

43 〔明〕張治：〈序〉，見嚴嵩：《鈐山堂集》，卷首，〈序〉二，頁4-6。

44 〔明〕唐龍：〈序〉，見嚴嵩：《鈐山堂集》，卷首，〈序〉五，頁8。

45 〔明〕黃綰：〈序〉，見嚴嵩：《鈐山堂集》，卷首，〈序〉六，頁10-11。

46 〔明〕崔銑：〈同前揭書〉。

鳴大和,以備一代之雅」。[47]唐順之推為「詩多道巖壑函居之趣」,至是一革「煩繩削」於「鍛鍊組織,求合古調」之為,更為率意而為,於是其詩臻於「雄深古雅,渾密天成,有商、周郊廟之遺」,此皆「鈐山深蓄之力也」。[48]何良俊評為「秀麗清警,近代名家鮮有能出其右者。」[49]明清之際名士錢謙益品為「清麗婉弱,不乏風人之致。」[50]其文,同朝時人湛甘泉評其於鈐山「得天之氣,受地之質,氣質合一」之妙,為「文之本也,其形於詠歌、文章,皆能「緣根而幹、而枝、而葉、而華實,以參天」,故其文「所以為文矣,水也。」[51]張治評「其文益工,輔陳帝躬,經制人文,祗應明命,陳說化理,咸中典則,雖震衝盤結,事匪故常,罔不取裁,衷臆油然有餘力也。」[52]王廷相推為「文致明潤宛潔,揆之歐陽子稍益之奇,未嘗不歡服其體格古雅,而卒澤於道德之會也。」[53]黃綰評其文「峻潔簡練,豐腴委曲」,符合「古之為文者,其大先於言行之實,其次則在事物之情」,「故其精實簡確,惇厚含蓄,平易明白,使千載之下,讀之猶足興起。」[54]趙貞吉推為「立言有法,能得其意旨之所在」,致「有康濟之氣,倫吹詔鳴,無搖胸擢腎之陋,韜光芒於深泓之內,行紆徐於雅健之中,半詮而備庶德,一言而通眾,方酌之不竭,而引之彌長。」[55]何良俊品為「典雅嚴重」。[56]稍後史家何喬

---

47 〔明〕孫偉:〈鈐山堂詩序〉,見嚴嵩:《鈐山堂集》,卷首,〈序〉八,頁14。

48 〔明〕唐順之:《鈐山堂集序》(同前揭書)。

49 〔明〕何良俊:《四友齋叢說》(北京市:中華書局,1959年),卷26,〈詩三〉,「嚴介老之詩」,頁239。

50 〔明清之際〕錢謙益:《列朝詩集小傳》,〈丁集中〉,「嚴少師嵩」。按:以下簡曰錢《小傳》,頁535。

51 〔明〕湛若水:〈鈐山堂集序〉,見嚴嵩:《鈐山堂集》,卷首,〈序〉一,頁1-3。

52 〔明〕張治:〈序〉,同前揭〈序〉二。

53 〔明〕王廷相:〈序〉,同前揭〈序〉三。

54 〔明〕黃綰:〈序〉,同前揭〈序〉六。

55 〔明〕趙貞吉:〈序〉,同前揭〈序〉十一。

56 〔明〕何良俊:《四友齋叢說》,卷26,〈詩三〉,「嚴介老之詩」,頁239。

遠、[57]查繼佐、[58]萬斯同[59]稱其「文章清潤雅票」，在在「成一家言」，[60]尤以其悟「知天之所以為天」，「文王之所以為文」，其「之文」亦「所以為文矣」。即「辛甘調劑之，宜履歷於艱難」以輔天子，「良工苦心，人莫與知」，[61]致臻「至治」，[62]「弗以富貴淆厥志也，君子立言而垂不朽者」，[63]「以道輔世佐聖惠民」[64]為經編綱領，積之久，業益厚，故當其發為協贊「大禮樂典章」，「煥然以備，北虜南倭，時有兵革，舉賢援能，密授廟算，罔不奏功。」[65]

由此窺之，鈐山隱讀，為其胸襟、詩文、學問、思想脫穎而出，大器自成家言之轉捩期，亦為聞望日昌，致「交游皆名士」，若邵寶、李夢陽、王守仁諸先生之「率先造訪為訂縞紵交，聲名傾一時」，[66]「而朝士大夫慕焉」，[67]於是早已賞識其器者遂觸思而引用薦於朝，使其成就巨卿碩輔之蓄力階梯。

明名士唐順之對當世嚴氏作品特著墨於其價值[68]云：

> 嘉靖初，公起南院，……故其為詩，多紀留都冠蓋之盛。……自南宮入閣，……大禮樂典章，……，北虜南倭，時有兵革，舉賢援能，密

---

57 〔明〕何喬遠：《名山藏》（揚州市：江蘇廣陵古籍刻印社，1993年），〈臣林雜記〉四，〈嚴嵩傳〉，頁4-10。以下簡曰「名山藏」。

58 〔明清之際〕查繼佐：《罪惟錄》，卷30，〈嚴嵩傳〉，頁2652-2654。按：以下簡曰查《錄》。

59 〔清〕萬斯同：《明史》抄本，卷401，〈嚴嵩傳〉。按：以下簡曰萬《抄本》。

60 〔明〕黃綰：〈序〉，同前揭〈序〉六。
　〔明〕趙貞吉：〈序〉，同前揭〈序〉十一。

61 〔明〕湛若水：〈鈐山堂集序〉，見嚴嵩：《鈐山堂集》，卷首，〈序〉一，頁1-3。

62 〔明〕孫偉：〈鈐山堂詩序〉，同前揭〈序〉八，頁14。

63 〔明〕王維楨：〈鈐山堂詩序〉，前揭〈序〉九，頁15-16。

64 〔明〕趙貞吉：〈鈐山堂集序〉，同前揭〈序〉十一，頁19-20。

65 〔明〕唐順之：〈鈐山堂集序〉，同前揭〈序〉十二，頁21-23。

66 嚴氏：〈少師介谿公傳〉。

67 〔明〕王維楨：〈序〉，同前揭〈序〉九，頁15-16。

68 〔明〕唐順之：〈鈐山堂集序〉，同前揭〈序〉十二，頁21-23。

授廟算，罔不奏功，往往自為詩以紀其盛，至於一時人才，公所獎拔
而布列者，亦彬然畢見于公之詩。公詩有《翰苑稿》、《使粵稿》、《留
院稿》、《使郢稿》、《留省稿》、《南銓稿》、《南宮稿》、《直廬稿》。
公於詩文各極其工，而尤喜為詩。公所寓必有詩，若以自紀其進退隱
顯之跡，而讀詩者，則以論世也。杜少陵一老拾遺，俇然無所與于
世，以其忠義所發為，多紀時事，故謂之「詩史」，而唐人又為少陵
詩譜以論其世。況公詩所紀當世之故，國家大事皆身所歷，而自為之
者。少陵詩謂之「詩史」，然則公之詩，謂為「時政紀」亦可也。
《毛‧鄭詩譜》以譜眾人，則詳于其世，而人繫之少陵詩譜，以譜一
人，則詳于其人，而世繫之必有譜。公之詩者，則公進退隱顯之跡，
益以明，而世益可論矣。

是嚴氏在南都之作，與遷北京，既為巨卿碩輔，其種種詩文、奏章所紀，
皆是與師友「近退隱顯之跡」及其身歷「當世之故，國家大事」，讀之，則
可知人，可論世，洞悉時代休明衰替變化之真相。故其後所歷任之官，又不
可不略為稽要，以明其親歷時代官職及其自紀之跡以作互動之考焉。

雖明名士王世貞另以角度評嵩「好為詩，清雅有態，然弱而不能為沈雄
之思，文亦類之。」[69]清初傅維鱗襲其句，[70]錢謙益品其「《直廬》制作，篇
章庸猥，都無可稱。」[71]然皆無礙嵩所著所蘊論世，以探稽人與事真相之所
在。

---

69 〔明〕王世貞：《嘉靖以來首輔傳》（收入《景印文淵閣四庫全書》，第452冊），卷4，
　　〈嚴嵩傳〉，頁1。

70 〔清〕傅維鱗：《明書》（臺北市：華正書局，重刊，1974年），卷149，〈權臣傳‧嚴嵩
　　傳〉，頁1-31。

71 〔明清之際〕錢謙益：〈丁集中‧嚴少師嵩〉，《列朝詩集小傳》，頁535。

　　按：以下王世貞：《嘉靖以來首輔傳》，簡曰正世貞《傳》；傅氏《明書》，簡曰傅維鱗
　　〈傳〉；查繼佐《罪惟錄》，簡曰查《錄》；何氏《名山藏》，直呼《名山藏》；萬斯同
　　《明史》抄本，簡曰萬《抄本》；王鴻緒《明史稿》，簡曰王《稿》；張廷玉等《明
　　史》，簡曰張《定本》；錢氏《列朝詩集小傳》，簡曰錢《小傳》。

（二）二任官職

正德十一年（1516）七月十四日低京，出而復除為翰林編修，是為「二任」，王氏《傳》，查《錄》，傅《書》，萬《抄本》、王《稿》、張《明史》皆脫還朝時間、二任職名，然稽《族譜》有「二任復除本院編修」及「十一年有賜誥」之載，[72]可資徵信。

此期間，重要政治活動，有十二年二月，禮部會試，奉命充同考官，「分校」《詩經》，取士二十六人。[73]十一月二十一日，受命教內館。[74]十三年七月充封宗藩副使如廣西靖江府冊封朱經扶襲靖江王位，[75]十四年春返京，二月中途患病，奏准回鄉調理，遂作二度歸隱山林。[76]值寧藩亂起，應王守仁之招，贊成大議平亂，與有力焉。亂靖，返「臥家，復兩歲，十六年春「還京」。[77]十六年七月召「兼經筵官」，預世宗首次經筵。[78]

（三）三任官職

《實錄》明書正德十六年八月乙巳（二十六）日（1521 年 9 月 26 日）：

72 《嚴氏介橋族譜》（民國本），卷首，〈少師介谿公傳〉；〈封誥〉卷，頁3。《族譜》（雍正本），〈封誥〉卷1，頁3。

73 〔明〕嚴嵩：《鈐山堂集》，卷27，〈雜記〉，〈南省志〉，「正德十二年丁丑，禮部會試」條，頁17。
  〔明〕俞憲：《皇明進士登科考》（臺北市：臺灣學生書局，1969年），頁661。

74 同上揭《堂集》，卷27，〈雜記〉，〈內館志〉，「正德丁丑十一月二十一日」條，頁19。

75 同上揭《堂集》，卷27，〈雜記〉，〈西使志〉，「正德十三年秋」條，頁8-15。

76 〔明〕嚴嵩：《歷官奏表》（清嘉慶十七年〔1812〕重刊本），卷9，〈奏為辯誣枉以全名節〉疏，頁1。
  嚴氏：〈少師介谿公傳〉，十三年戊寅條。

77 同上揭〈傳〉，「己卯，歸次里門，值寧藩之亂，應陽明先生招，贊成大議，與有力焉。事平，王公致宴席彩帛以酬。」
  〔明〕嚴嵩：《鈐山堂集》，卷6，〈移疾慧力方丈呈郡中諸君子（夾注）：「時有寧藩之變」〉，頁6；〈不寐〉，頁6-7。

78 〔明〕呂調陽等：《明世宗實錄》，卷4，正德十六年七月壬申條，頁194-197。

「陞翰林院編修嚴嵩為南京翰林院侍讀，署掌院事。」[79]

同朝時人雷禮亦作是年，惟脫月份、「署」字及誤「侍讀」為「侍講學士。」[80]而《族譜・行實》略去年代，意同《實錄》，脫「署」字；《族譜・家傳》亦意同，脫「署」字、卻係年舛作「壬午，嘉靖改元」，王世貞《傳》、傅維鱗〈傳〉、萬斯同《抄本》、王鴻緒《稿》、皆脫年期；《明史》定本亦闕年代，並承雷禮之誤作「侍講」。《名山藏》、《罪惟錄》則全闕。

九月起赴南京，途逢世宗生母進京，撰〈奉迎慈聖歌〉。[81]嘉靖元年（1522）春三月，祈雨神樂觀，[82]以應「命順天府擇日齋戒祈雨」及「臣工一體修省山人春分雨澤愆」之敕也。[83]三年秋，久旱南國，忽獲降甘霜，命名「喜雨」，為之自稱「吏隱」撰詩以頌祈民倉箱富足以樂生，奉詩約友胡瓚、汪俊、郭維藩諸友郊遊以相賀。[84]十一月十七日返鄉休假。四年（1525）四月返南京。[85]

79 〔明〕呂調陽等：《明世宗實錄》，卷5，正德十六年八月「乙巳」二十六日，「陞翰林院編修嚴嵩」條，頁238。

80 〔明〕雷禮：《國朝列卿紀》，卷13，〈殿閣大學士行實・嚴嵩〉，頁953；卷22，〈南京翰林院掌署院事年表〉，頁1410、1421頁。

81 〔明〕嚴嵩：《鈐山堂集》，卷7，〈奉迎慈聖歌〉，頁2。

82 〔明〕嚴嵩：《鈐山堂集》，卷7，〈翰林齋宿〉，頁3；〈禱雨曉出神樂觀〉，頁2-3。

83 〔明〕呂調陽等：《明世宗實錄》，卷12，嘉靖元年三月癸亥條，「命順天府擇日齋戒祈雨」，頁438。

84 〔明〕嚴嵩：《鈐山堂集》，卷7，〈留院橋〉，〈喜雨〉一、二，頁10；〈喜雨與胡都督憲（瓚）〉，〈喜雨和汪宗伯（俊）〉，〈喜雨和郭司業（維藩）〉，頁11。

85 嚴氏：〈少師介谿公傳〉。按：以下簡曰：〈家傳〉。
   〔明〕嚴嵩：《鈐山堂集》，卷8，〈至日信州懷寄汪石潭宗伯（俊）〉；卷19，〈贈石潭汪先生敍〉；卷26，〈祭袁翁（璋）文〉，頁1-2；卷31，〈拙齋袁翁（璋）墓誌銘〉；卷8，〈遊洪陽洞〉，〈曉濟鄱陽湖〉，〈泊弋陽江〉，〈夕會顧宮諭（鼎臣）兄姑蘇驛下〉，頁2-3；〈姑蘇王少傅怡老園子貞中舍邀集〉，頁3。

（四）四任官職

　　四任為國子監祭酒，陞於嘉靖四年五月己巳十一日（1525 年 6 月 6 日），《實錄》有載，[86]雷禮〈北京國子祭酒年表〉亦列於「四年任」，[87]〈家傳〉亦係四年，〈行實〉、王世貞《傳》、萬《抄本》、王《史稿》、張《定本》皆無年代，稽之《實錄》可榷其年月日。

　　主理國子監育英才外，並直經筵，「與費采同講《尚書·說命》、《孟子·國君進賢》以勉帝為明君」。[88]六年（1527）二月條陳監學事宜，請「止納銀以清士流」、「復月糧以充士之養」、「減歷以蘇士之困」、「革欺偽以端士之民」，召准議行。[89]五月，帝納楊一清等經筵講學之變通，乃於初九乙酉，召嵩與溫仁和、桂蕚、張璁等「更值進講」。[90]十月廿二丙寅（1527 年 11 月 15 日）請准兩京國子監恢復舊規，嚴考貢，革弊端，師生同分予膳金。[91]

　　嵩之陞長監，同朝有忌者，物議為賴首輔費宏與新貴桂蕚以鄉誼相結所薦，故王世貞《傳》特為大書特書[92]云：

　　　　嵩於資薄，不當祭酒，輔臣費宏其鄉人，私之。

　　實則費、華二氏以議禮、擠楊一清而驟貴，嵩對之敬而遠之，「委的隨眾交虛往還，不能避遠形跡」而已。[93]物議既流，「言官及之」，[94]以責斥

86　〔明〕呂調陽等：《明世宗實錄》，卷51，嘉靖四年五月己巳條，頁1277-1278。

87　〔明〕雷禮：《國朝列卿紀》，卷159，〈年表〉，頁7630。

88　〔明〕嚴嵩：《鈐山堂集》，卷8，〈經筵呈館閣察長是日予與費宮贊（案）講《尚書·說命》、《孟子·國君進賢》二篇〉，頁6-7；〈經筵進講畢還至國庠會察屬諸生聽講〉，頁6。

89　〔明〕嚴嵩：《歷官表奏》，卷1，〈條陳監學事宜〉，頁3。

90　〔明〕呂調陽等：《明世宗實錄》，卷76，嘉靖六年五周乙酉條，頁1695-1697。

91　同上揭書，卷81，嘉靖六年十月丙寅，「國子監祭酒嚴嵩請復舊規」條，頁13。

92　〔明〕王世貞：《嘉靖以來首輔傳》，卷4，本傳，頁1。

93　〔明〕嚴嵩：《歷官表奏》，卷9，〈秦乞休致疏〉，頁20。

費、嚴以鄉親私援掖升之咎。嚴嵩為之疏辯，上〈奏乞休致疏〉以釋嫌疑。[95]
帝納而留之，「進為禮部右侍郎。」[96]帝之所以挽留，大抵以其任內〈請復舊
規以惠生徒〉、〈修陳監學事宜〉之建言鼎新，[97]與經筵講學啟沃帝「治天莫
貴於知人之明」，「節用愛人，勤恤民隱，圖惟治道」，「上以誠愛下，下以誠
事上」。[98]諸修德治國平天下者，在在皆具才能而重之之故。

（五）五任官職

其陞轉禮部，王世貞《傳》、傅《書》、〈行實〉，皆闕年代，《正史》、王
《史稿》、張《定本》，雷《列卿紀》，[99]〈家傳〉作七年，查《錄》、《名山
藏》則全不及；稽之《實錄》七年四月廿九庚午（1528 年 5 月 17 日）[100]則
云：

> 陞國子監祭酒嚴嵩為禮部右侍郎。

據此，可確知，嵩之陞職在七年四月廿九日。五月，承敕督帝父顯陵
禮臧事。[101]七月，同朱麟賷冊寶祭告加上恭睿尊諡。[102]冬十二月十五丁酉歸
抵京，帝為之目送，百官送達承天門外，九卿，摯友為餞別於報國、勝泉二

---

94 〔明〕王世貞：《嘉靖以來首輔傳》（收入《景印文淵閣四庫全書》，第452冊），卷4，
〈嚴嵩傳〉，頁462。
95 同上揭《奏表》，卷9，頁20。
96 同上揭王世貞《傳》，卷4，頁1。
97 同上揭《奏表》，卷1，頁1-2、頁3-5。
98 同上揭《堂集》，卷25，〈經筵講·四書〉，頁7；〈無逸殿講章〉，頁14。
99 〔明〕雷禮：《國朝列卿紀》，卷13，〈行實·嚴嵩〉，頁953；卷44，〈禮部左右侍郎年
表〉，頁2848，〈嚴嵩〉。
　　按：以下書名，簡曰雷《列卿紀》。
100 同上揭《實錄》，卷87，嘉靖七年四月庚午條，頁1987-1988。
101 同上揭《堂集》，卷26，〈雜文〉，〈恭題敕諭下方〉，頁1。
102 同上揭《實錄》，卷90，嘉靖七年七月戊寅條、「禮部又言」條，頁2054-2056。

寺。[103] 殆疏報大禮已畢，並請勒石紀棗陽出白石；[104] 復疏〈使過河南見所在災荒奏〉，直言沿途旱荒，飢殍載塗，甚至不少處人相殘食，旬日凍死二千餘人之災饉。又疏〈論驛傳困弊〉，請添撥繁忙衝驛馬匹，增設呂堰，豐樂驛遞，以蘇民困，以暢交通。[105]

（六）六任官職

王世貞《傳》、傅《書》、王《史稿》、張《定本》於右侍郎陞遷俱同出一轍，闕年代；〈少師介谿公行實〉[106] 亦然，僅作「轉國子監祭酒，禮部右、右侍郎」；〈少師介谿公傳〉[107] 則作「己丑轉左」。己丑，即八年，稽之雷《列卿紀》有「八年轉左」之筆；[108]《族譜・封誥》有「六任禮部左郎，嘉靖九年有賜誥」[109] 之文；《實錄》八年三月乙丑[110] 有「以禮部右侍郎嚴嵩為本部左侍郎」之載。由此互證可稽「遷禮部左侍郎」在嘉靖八年三月卅乙丑（1529 年 5 月 7 日）。按查《錄》、《名山藏》則全闕焉。

（七）七任官職

《明史稿》、《明史》載：

---

103 同上揭《堂集》，卷26，〈恭題敕諭下方〉；卷九，〈詩・使郢薰〉，〈發京六部都察院通政司大理寺諸公會餞于報國寺〉，〈寅長方李二公董徐二少宰至勝泉寺餞別〉，頁1；卷1，〈祗役賦〉，頁2；〈恭祭顯陵文〉，頁1-6。

104 同上揭《實錄》，卷96，嘉靖七年十二月丁酉，「禮部右侍郎嚴嵩以題顯陵工成」條，頁13-14。

105 同上揭《表奏》，卷1，〈使過河南見所在災荒奏〉、〈論驛傳困弊〉，頁6-8。

106 嚴一銳等：〈少師介谿公行實〉。按以下簡曰〈行實〉，不復注出。

107 嚴氏：〈少師介谿公傳〉。按以下簡曰〈家傳〉，不復注出。

108 〔明〕雷禮：《國朝列卿紀》，卷13，〈行實・嚴嵩〉，頁953；卷44，〈禮部左右侍郎年表〉，〈嚴嵩〉，頁2848。

109 嚴氏：《嚴氏介橋族譜》（民國本），〈封誥〉卷，頁3。

110 同上揭《實錄》，卷99，嘉靖八年三月乙丑條，頁2359-2360。

遷吏部左侍郎。

《家傳》載：

辛卯，改吏部。

辛卯，嘉靖十年（1531），雷禮〈行實〉係「十年，改吏左」，與〈吏部左右侍郎年表〉[111]同。《實錄》則係於十年辛巳，[112]載：

改禮部左侍郎嚴嵩為吏部左侍郎。

惟王世貞《傳》特載，給事中陸粲等論輔臣桂萼罔上行私，復及嵩。嵩奏辯，復得留，尋遷左侍郎。[113]然而考諸《實錄》，陸粲之疏劾桂萼事在八月十三丙子，[114]嚴嵩以粲等辭及己為萼子之師，比罔為奸致援，乃疏辯己非為萼子之師，登第「二十五年，循歷資序以至今」，全「非因萼所得」，[115]並繼以十三道御史吳仲等劾王瓊亦語及嵩，嵩皆屢「乞致休」以證清白，皆不許。[116]是王《傳》於此有曲筆之嫌。嵩陞職之資，當為督視修帝父朱祐杬於松林山效天壽山制之顯陵禮儀，及回報陵成禮就，因言白石出棗陽請准帝立碑紀祥，並疏言沿途所見災情、驛弊以蘇民生、以暢交通之敢言經世才勞，此從《實錄》所載，[117]帝嘉納其言，於八月「增設襄陽縣呂堰運遞所、安陸

111 〔明〕雷禮：《國朝列卿紀》，卷13，〈行實‧嚴嵩〉，頁953；卷29，〈禮部左右侍郎年表〉，頁1866。
112 〔明〕呂調陽等：《明世宗實錄》，卷130，嘉靖十年十月辛巳條，頁3013。
113 同上揭王世貞《傳》，卷4，頁1。
114 同上揭《實錄》，卷104，嘉靖八年八月丙子條，「工科給事中陸粲」劾張璁、桂萼「罔上行私，專權納賄，擅作威福，報復恩讎」，頁2443-2446。
115 同上《表奏》，卷9，〈奏乞休致疏〉，頁20。
116 同上揭《實錄》，卷104，嘉靖八年八月乙酉條、丙戌條、壬辰條，頁2459-2460、2470。
117 同上揭《實錄》，卷96，嘉靖七年十二月丁酉條，頁2258-2260。
　　同上《表奏》，卷1，〈使過河南見所在災荒奏〉、〈論驛傳困弊〉，頁1-12。

州異河驛」，詔有司議改善衛輝府凢村以南諸驛額焉。[118]〈家傳〉云：

> 還京，以所在旱荒狀上聞，又疏均驛傳數事，皆切民利病，上深嘉
> 納，發京儲數十萬賑之，有「所言委出忠赤」之褒，蓋上向用公，實
> 自此始云。

由此相稽，可見嵩之陞遷固賴此，而其為帝視其忠赤，上向用公之特重
信，亦自始。而後之史家、史官，卻以修督顯陵禮、白石出棗陽勒石為阿諛
諂媚之始、代表性行誼，《史稿》與《定本》更著墨勒石祥瑞以顯其和媚稱
旨，全略其為民生請救災，釋驛困之作為。按當時朝議因大禮議尊謚之爭，
時臣各有站邊，此等著墨於祥瑞，當為史觀站於反大禮議之邊，忽視嵩切民
利病之為，反以此標示其和媚致上位，不無失客觀史筆，似有誤導之嫌，而
萬《抄本》於此則不載，顯見萬斯同史觀視野高人一等。

（八）八任官職

王世貞《傳》、傅《書》、張《抄本》、王《史稿》、張《定本》、〈行實〉
皆乏明言進南京禮部尚書於何時。查《錄》、《名山藏》於職名、時間全闕，
《實錄》則僅言南缺，詔嚴嵩等推薦，於十年十一月十五乙亥帝所薦者不合
其意，「仍令再推」。[119]所推何人？何時上任？自後皆缺錄。反觀〈家傳〉、
雷《列卿紀》[120]則係嵩十年拜任，復稽明清之際史家談遷《國榷》[121]十年十
二月庚寅有云：

---

118 同上揭《實錄》，卷97，嘉靖八年正月甲辰條，頁2261。
119 同上揭《實錄》，卷132，嘉靖十年十一月乙亥條，頁3139-3140。
120 〔明〕雷禮：《國朝列卿紀》，卷13，〈殿閣大學士・嚴嵩〉，頁953。按：卷42，〈南京
　　禮部尚書行實・嚴嵩〉則作十一年任，誤，頁2630。
121 〔明清之際〕談遷：《國榷》（臺北市：鼎文書局，1978年），卷55，十年十二月庚寅
　　條，頁3457。

　　吏部右侍郎嚴嵩為南京禮部尚書。

　　據此，則可確知世宗終不滿意所薦各人，最後遂躬擇合其意之嚴嵩於十年十二月十一庚寅日（1532 年 1 月 17 日）。殆明春正月十五日起程赴南都，九卿會餞於萬福庵時，「正逢春郭煙花麗」之際。[122]

（九）九任官職

　　陞為南京吏部尚書，十任為吏部尚書、兼翰林院學士，十一任為太子太保、禮部尚書、兼翰林院學士，十二任為少保、兼太子太保、禮部尚書、翰林院學士，十三任為少保、兼太子太保、禮部尚書、武英殿大學士，十四任為少保、兼太傅、禮部尚書、武英殿大學士，十五任為少保、兼太子太傅、吏部尚書、謹身殿大學士，十六任為光祿大夫、柱國、少傅、兼太子太傅、吏部尚書、謹身殿大學士，十七任為少師、兼太子太師、吏部尚書、謹身殿大學士，十八任為光祿大夫、少師、兼太子太師、吏部尚書、謹身學士，十九為任特進光祿大夫、少師、兼太子太師、吏部尚書、華蓋殿大學士，二十任為特進光祿大夫、柱國、少師、兼太子太師、吏部尚書、華蓋殿大學士，與正史、與王《首輔傳》等皆有所異同，於此則略之不贅。然由此可窺，蓋棺定論不無曲筆，讀之不可盡信書，有待徵信、分析也。

三　遺世著作及其所涵蓋待探稽人與事之問題

（一）有待探稽論世及研求之人與事

　　予觀分宜奏疏，屢有替君試藥石幾危者，竊怪世所稱奸臣之尤者，竟能輒為主先嚐丹藥，雖危復嚐，嚐復危，危而殆改良再嚐無恙有效，而後呈主

122　同上揭《堂集》，卷9，〈赴任南禮部九卿會餞于萬福庵次韻留別〉，頁9。

服以療該隱疾。夫既貴為公卿碩輔，而能慕君父若慕父母之患，翛然若蛻而引者，考諸古今傳記為人臣而位稍通顯，第歷公卿密勿者，替君先嚐新藥以己軀作臨床試驗者，未諸聞也，若就子孝於親，煽湯進藥，先試冷暖則有之，先試驗療效而後治親病亦罕有載。第神農嚐百藥以後，嚐藥者，醫家所為，史傳所載，蓋亦寥寥矣。若此者，豈古今位涉卿相貴近者所能，則世宗褒以「壽君愛國」者，因果有由，非純受憸巧所蒙所進，可明矣。是世宗久寵信而委以大任，甚至獨相多年，非相狎也。從而知世宗之玄修求長生，積年不視朝，君臣隔絕，恩威不測，惡聞過失，尤疾直諫，動輒誅戮，以重典繩下者，與其身患隱疾有關焉。是則箇中輻射所向，交錯所致於一代氣運者，實值同好關注，探而究之也。

入仕晉京，若麋鹿猊兕之在苑囿，飽豐草而有所麇有所置，有所競歂。有為國為民之讜論，有為植黨行私，假公報怨之煽火，有為新舊禮制而起干戈，有為理學捍守，有為心學之推揚，有為北虜南倭之見，謇諤敷奏，競爭所見，朝端水火，戈矛時起，則比比皆是，於是盛衰之勢日異，體制積弊叢現，識者有世道之憂焉。予間按分宜《堂集》、《疏》，其應制出仕以來，優於服政，與眾競而脫穎出，繼夏言而拜相，委婉當國，格心致主。人臣事君，題奏抗旨固難，而周旋於上有陽為無為，陰為英察自信，威柄自持於隨其疾情心緒波動觸發之君，下有讜論風起而抗旨諫君劾相者，或以政見利益彈己者間，已難，何況面對前朝累積隱憂弊習萌發，致世風日乖之時，當國尤難。然而能於此際使之政行如常，邊事憂患未致不可收拾者，勿論對策匡弼之處，用人之能，臧否其人如何？若按其諸所著，世宗朝人與事之迹幾可見之，以其他史料互證，則當時是非隱患及諸關國計氣運者，當有所發現於客觀研究之中。

就中涉及經濟民生者，觀其〈贈嚴明府序〉、〈都察院右副都御史高公墓誌銘〉、〈明通議大夫兵部左侍郎贈都察院右都御史潘公墓誌銘〉、〈明故通議大夫兵部左侍郎陶公神道碑〉、〈明故資政大夫都察院左都御史贈太子少保吏部尚書謚莊靖宋公神道碑〉、〈明故兵部尚書兼都察院副都御史贈太子太保謚襄毅潘公神道碑〉諸文蘊有賦役改革及嚴嵩之予以支持，是示賦役制度改革

潮之肇興，莫論嚴季祥、高琬、潘珍、陶諧、宋景、潘鑒，以至潘季馴、龐
尚鵬諸所行新法、所奏條鞭法者分宜皆未阻撓，而支援於中樞。後發展為張
居正當國首務者，不無淵源有自。餘之以防為禦之邊政及撫禦兼施之海策、
安南征撫棄守與剿安西南，乞減賦安民、施粥濟眾於時疫之際，經筵講章與
貴冑教育，禁納貢以清士流，推教育至邊陲、處理書院以蔭受劾之湛甘泉、
王陽明先生，議無足道者與已建之私人書院改正匾為地方社學之所謂得旨禁
創書院事真相；他者有關政、經發展，犯顏弼直，鳳鳴風采，正言弗忌，補
牘顯過，主忤匡激，跡暌心諒，譴薄恩孚，門戶黨爭之跡者不知凡幾，余經
目自得者有下數者，皆有其彌足珍貴處，誠值一提也。

（二）遺世著作之簡介

（1）《鈐山堂集》，有嘉靖廿四年（1545）刻本，卅二卷，附錄一卷，
十六冊，北圖藏；同年有四十卷、附錄一卷，十冊，北圖藏，今收《續修四
庫全書》第一三三六冊；又三十年、三十七年自刊（1558）四十卷，十二
冊，南京大學藏，一九八六年景印行世；又刊有三十六卷本，美國會圖藏，
內別增刻四卷；清嘉慶十一年（1806）重刊四十卷，十冊，香港大學有藏。
是書於其正德間南歸之活動；十二年（1517）參予會試閱卷、執教內館；十
三年封冊宗藩；嘉靖朝祗役獻陵、升任南禮、南吏、北禮、拜相入閣間所觸
發賦詠凡一○七一首佳什、及交游、墓銘諸雜文一九○篇，皆有以小見大與
補史闕漏之價值在。

（2）《鈐山堂詩鈔》，嘉靖間刻本，二卷，藏北圖。據卷首趙文華嘉靖
己亥年（1539）序，知是書為昆山盧楗因周雨所編歷代詩選中分宜一七○餘
首詩予以獨立另刻行者，並得唐龍批，孫偉評，箇中於分宜詩學、為人、交
游、時事皆有跡可尋。

（3）《鈐山詩選》，嘉靖三十二年刻本，七卷，四冊，藏北圖。為楊慎
輯校批點，蓋愛其清雅有態，並為序。中所蘊，史料之外，可見其典雅莊
重，詩學傳承與時代關係之一斑。

　　（4）《振秀集》，嘉靖丙辰年（1556）刻本，二卷，選錄分宜佳作恰如陸機〈文賦〉「啟夕秀於未振」者一五〇首，乃顧起倫於丙辰年據楊慎初選、皇甫汸復選者而重編，中皆有孫偉、楊慎評點，今藏北圖。詩者，心聲所發也，故論古人，先誦其詩，當可窺其心志之一二，而後始可論世。從楊氏等之評，其詩理致清贍，詞旨和雅，文行並重，當日為文壇尊宿、槳敦風流，與歷朝誌老爭鳴於世。則讀其詩，知其不徒以詩見，所蘊有裨論世者非少也。

　　（5）《南宮奏議》，嘉靖廿年（1541）嚴氏鈐山堂自刊本，三十卷，收十五年至廿一年分宜掌禮部所題疏本，北圖藏，今列《續修四庫全書》第四七六冊；清初有鈔本，凡三十卷；復有活字印本，亦三十卷。書中於朝廷擬制典章涵蓋及大禮之明堂秋享、尊祖稱宗、御制或問、郊內外圖位、上冊尊號，大慶之冊立東宮、千秋賀儀、東宮啟本、冊封貴妃淑嬪、皇子命名剪髮，大恤之顯陵合葬，太后尊諡、皇室喪禮，大狩之車駕巡幸承天、東宮監國、親王朝見、致祭古帝王祠廟，詔免承天田租，宣慰百姓、回鑾奏謝，郊社之神位儀注、穹宇樂舞，宗廟之廟建事宜、祭祀禮儀，陵寢之皇陵祭祀、題碑尊號、護林事宜，祀典之太廟、孔廟及配享位次，朝賀之御殿受禮，燕享之賜宴慶成，修省之廟災、星變、旱災等與修省，宗藩之王府襲替、恩推封養，學校之教育興革，選舉之科舉會試、薦舉人才、用人，邦典之大閱大射、《應天府志》及士禮申明，官政之申明職掌、查革譯字生及選通事、太醫院之人才、藥物之議，褒勸之立祠樹額，恩恤之大臣或其父母祭葬，夷情之勘問夷情、日本朝貢、預備征討、善後及周鄰外交事宜等，在在皆足補《實錄》、史籍之略之闕者也。

　　是書二十七年（1548）又刻有節錄本之《南宮疏略》八卷，四冊，北圖、日本名古屋蓬左文庫、美國會圖有藏。

　　（6）《嘉靖奏對錄》，嘉靖間刻本，十三卷，四冊，錄分宜於十八年五月至卅九年二月（1539-1560）柄政間每年每月所題疏議之三四五篇原件彙編，其於內政、經濟、民生、外交、邊防海事、人事、制度皆有奏對建議取向，中尤以「庚戌之變」逐日紀要，虜倭變態之禦撫，及祭祀、財用、巡邊

南幸、廟建、文武進退、刑律施行等皆可供史證之相稽,而分宜昌言婉諫,以柔化激流之匡弼,與世宗就其敷奏而發為決策廟算所簽具之批示,為世宗朝遺留之一批原始史料,其價尤在《實錄》上,而分宜讜論之匡時輔主導嚮,未嘗不為史家提供另一角度之參考者也。北圖、上海圖、南大圖有藏。

(7)《歷官表奏》,嘉靖二十三年(1544)刻本,十卷,計七類,凡一六二通,今未審世尚有明刻存本否;清嘉慶十七年(1812)分宜七世孫秉章重刊,十六卷,四冊,北圖、江西省圖有藏;清有寫本,十六卷,四冊;復有活字印本,十六卷。其所收有建議之教化、交通、災民救濟等奏請與御批七八通,題奏之改革團營、軍政邊策,禦虜平倭、論救罪臣,諫君寬心訥諫者卅八通,辭免之懇請免擢陞、封蔭、求退與對論劾己之辯駁者卅五通,餘則稱賀、題請、避言者卅八通,皆有世宗御批,嘉靖大政發展中之機密訊息無處不見,尤足彌貴。

(8)《直廬稿》,嘉靖三十年(1551)刻本,二卷,為分宜入閣後內直所作票擬、敕諭、神壇祭祀之「青詞」。卷一外制,錄六部與各省巡按御史,及守邊將帥諸公卿敕諭凡四四通;卷二內制,收冊文、塘志、祭祀、青祠者十二通。

卅二年又自刻十卷本,凡四冊,內分:外制,內制,碑記,序銘贊、告祭文、題識,雜文,書簡各一卷,卷七至十為詩,皆其寓直十二載之疏札獻對,事關贊弼皇猷密務者,於研究尤具史價。北圖藏。又有舊抄本。

(9)《南還稿》,嘉靖間刻本,一卷,藏北圖。所錄為分宜罷相於四十一年(1562)六月二日返里沿途至鄉邦所賦佳什廿六篇,於研究嚴氏晚年生活、削職後之交游、思想者,堪稱彌足珍貴者也。

上皆余先後搜得,並嘗運用於研究論著之中,[123] 惟據《介橋嚴氏族

---

123 馬楚堅:《翁萬達研究》(書稿);

馬楚堅:〈翁萬達的機權決策與經略交廣〉,載馬楚堅:《明清邊政與治亂》(天津市:天津人民出版社,1994年);

馬楚堅:〈《介橋嚴氏族譜》資料與正史《嚴嵩傳》所載之歧異〉,載馬楚堅:《明清人物史事論析》(南昌市:江西高校出版社,1996年);

譜》、諸錄目錄》，分宜著作十數種，所知尚有《鈐山堂集》廿六卷本、《嚴介溪文集》、《鈐山堂集》七十二卷、八十二卷本、《嘉靖疏議》、《直廬續稿》、《留院逸稿》、《續南還稿》等，[124]皆未經目，訪得與否？則端賴書緣矣。

四　結語

予搜訪嚴氏遺世之書，僅得九種，皆原原本本，年代序次，每種，可相聯貫，無異藕斷絲連，頗具苦心，大便同好、後學研讀之需，有裨學術開拓所趨也。蓋各種所蘊為關乎一代氣運之原始資料，中「待發之覆」者，比比皆足供絕不以世之耳目所向者為堙，而抑不欲以舊習式《明史》、王氏

馬楚堅：〈知人論事，由小見大──從《嚴嵩年譜》說開去〉，載陳文華編：《江西歷史名人研究》（北京市：中國人事出版社，1995年）；

馬楚堅：〈從胡宗憲死後榮辱看其與海氛張弛的功罪〉，發表於1995年8月「國際徽學學術討論會」論文；

馬楚堅：〈翁萬達、胡宗憲靖邊攘外的勝利與嚴嵩在中樞的支持〉，發表於1995年12月香港大學「明史國際研討會」；

馬楚堅：〈翁萬達為明蒙開太平之追求及其於戊庚風暴中之效應〉，《明清史集刊》第5卷（2001年，慶祝香港大學九十週年紀念專號）。

124 嚴嵩撰著類如上外，尚有撰修類：

a. 正德《袁州府志》，正德九年（1514）纂修，十四卷，北圖、上海圖有藏，一九六三年天一閣藏本景印行世。

b. 嘉靖《袁州府志》，嘉靖廿五年（1546）纂修，二十卷，天一閣、上海圖皆有藏有殘本。

讀卷類則有：

（a）《嘉靖十七年進士登科錄》，嘉靖間刻本，二卷。北圖藏，臺北有景印本行世。

（b）《嘉靖二十三年進士登科錄》，嘉靖間刻本，二卷。美國國會圖書館藏，臺北有景印本行世。

（c）《嘉靖四十一年進士登科錄》，嘉靖間刻本，二卷。美國國會圖書館藏，臺北有景印本行世。

編刻類則有：

《雲臺編》，唐鄭谷撰，嚴嵩刻，一冊，十行二十字，《四庫總目》卷一五一著錄，後有席氏刊本、汲古閣舊鈔本、豫章叢書本版本。

《傳》成見而別具史眼者燃犀筆以發硎也。故以為若能將權奸者著作不可觀之念，作出高術視野於客觀角度上作史料觀之，以之研鑽，合同時朝野縉紳之著作及當朝文獻等互稽，作史學新課題以探究之，必有所得，足遺以他日史林為模範者。楚堅非意於為嚴氏反案，而是以為凡一切著作，皆是史學，而其刊行在當世，所開雕皆為稍前題奏所賦「時政紀」詩文，更可視為檔案文獻，既可傳，亦為研求互稽嘉靖史事最有價之第一手史料；而其詩皆因事自紀兼及人與事者，其價亦可比美於少陵「詩史」、《毛詩鄭詩譜》以論世也。是則嚴氏之遺世著述，豈但一姓之文獻也哉！蓋嚴氏雖然為一歷史爭議人物，惟其於弘治十八年至嘉靖四十一年（1505-1562）出仕間，尤自十五年（1536）遷回北京為禮部尚書，至二十一年（1542）入內閣，至四十一年（1562）五月十九日，以與徐階等政爭失敗罷免止，在京凡二十六年，其職務與嘉靖朝大政並進，其詩、文、題奏與時互動，跡其所蘊時政、史料，非他者可比，在在足以補是朝文獻，其亦可作史料觀用。嘗以所得細按其時務之詩、文、題奏，與時獻相稽，非如王世貞《嘉靖以來首輔傳》、張廷玉等《明史》貶筆以誅奸，口伐僉壬而書其致極，一無是處，實則其著所蘊，為待來者以徵嘉靖大政，知人論世之史料萃藪，爰書所見，以供同好參考，以其著作可為史料與開拓研稽人與事等之新課題，諒當為史家、雅博君子所樂聞也。

縉紳庶民論

從吳江到新昌

——莫旦（1429-1510s）與明代前期的方志纂修

林麗月

臺灣師範大學歷史學系

一　前言

　　莫旦，字景周，號鱸鄉，明代蘇州府吳江縣人。成化元年（1465）舉人，初授浙江新昌縣學訓導，後遷南京國子監學正。成化二十一年（1485）以母喪乞歸，年八十餘卒於鄉。父莫震（1409- ？），字霆威，正統四年（1439）進士，正統六年授湖廣嘉魚知縣，任內修成《嘉魚志》三卷，後遷浙江海鹽知縣，陞福建建寧府通判、延平府同知，年六十二致仕。

　　莫旦平生著作有《鱸鄉集》、《大明一統賦》、《吳江志》、《新昌縣志》等。[1] 其中弘治元年（1488）刊刻的《吳江志》是吳江現存最早的縣志，莫旦參與修志始於景泰五年（1454），前後經過五次修改增刪，歷時三十餘年始成。清初潘檉章（1626-1663）讚譽之曰：「旦始為諸生，即考論掌故，搜采舊聞。積三十年，始成《吳江志》，典雅可觀。」[2] 此外，並增修其父莫震

1　康熙《吳江縣志》，卷35〈人物〉稱，莫旦「平生著作甚多，所存有《鱸鄉集》，新昌、嘉魚、吳江三志。」乾隆《吳江縣志》，卷32亦謂：「平生著作甚多，所存有《鱸鄉集》，《新昌》、《嘉魚》、《吳江》三志。」唯據莫旦撰〈大明進士奉政大夫福建延平府同知致仕由庵先生莫公震〉：「平生製作有由庵錄19卷，詩文集22卷，嘉魚志3卷，石湖志4卷，日記6卷，家禮節要1卷，惟嘉魚志板行於時。」（莫震：《石湖志》〔明刻本〕，卷4，〈鄉賢〉）莫震於正統六年（1441）授嘉魚縣知縣，嘉魚志為其任內所修，康熙《吳江縣志》、乾隆《吳江縣志》所載為誤。

2　〔清〕潘檉章：《松陵文獻》（收入江柏慶主編：《江蘇人物傳記叢刊》，第36集，影印

所撰《石湖志》；[3] 擔任浙江新昌縣訓導期間，又主纂成化《新昌縣志》，地
方志堪稱莫旦一生學問志業之所在。

經過長期的傳承發展，地方志的修纂至宋元漸趨完備。明代開國之初，
為昭示一統與資治教化，朝廷除了展開一統志的編修，並不斷詔令各地修撰
志書，明成祖即位後，對纂修地方志更為重視，先後於永樂十年（1412）、
十六年（1418）頒布〈修志凡例〉十七則和〈纂修志書凡例〉二十一則，此
為現存最早的有關編修地方志書的官方條令，既為《大明一統志》編修之
用，也為地方修志所遵循。景泰、天順年間，又先後下詔各地修志，「命文
臣纂修一統誌以頒行海內，先取郡邑誌以備採錄。」[4] 這一方面顯示明廷對
修志工作的高度重視，進一步確立了方志的官書地位，另一方面則促進了州
縣志書編纂的興盛和體例的規範。[5]

方志不僅是記述地方風土民情的「一方之全史」，也是表彰鄉邦典範、
宣導國家教化的載體，其內容之取捨定奪，除了彰顯志書的思想理念，也攸
關主持編纂者的立場甚至階級利益，因此在朝廷明訂的類目凡例之外，各地

清康熙三十二年〔1693〕潘耒刻本，揚州：廣陵書社，2011年），獻集卷9，人物志9，
文學，頁7b-8a。

3 石湖是吳縣與吳江縣交會的一個大湖，據《石湖志》，卷2〈總敘〉稱：「石湖在蘇州盤
門外一十二里，上承太湖之水，下流遇行春橋以入於橫塘，南北長九里，東西三、四
里。北屬吳縣靈巖鄉界，南屬吳江縣范隅鄉界，蓋兩縣交會之間也。」今存明刻本《石
湖志》署名「里人莫震纂，男旦增修，男昊繕寫」，6卷，前有缺頁，刊刻年月不詳。據
馮桂芬《(同治)蘇州府志》（中國地方志集成：江蘇府縣志8，影印清光緒九年〔1883〕
刊本，南京市：江蘇古籍出版社，1991年），卷36載：「石湖鄉賢祠，在石湖上，祀
〔宋〕范成大、莫子文、盧瑢，〔元〕盧廷瑞、盧守仁，〔明〕薛某、袁繭、袁敝、顧
亮、金問、莫諟、莫禮、莫轅、陳堯道、朱應辰、吳文泰、張璹、王行、李鼎、盛
寅、莫震。弘治六年吳縣知縣史俊建。嘉靖七年，吳縣知縣蘇佑修，增祀莫旦、盧
雍。」可知此志刊刻至少應在弘治六年以後。

4 〔明〕劉啟東重修，賈宗魯纂：嘉靖《高淳縣志》（收入《天一閣藏明代方志選刊》，
影印嘉靖五年〔1526〕修四十一年〔1562〕重刻本，上海市：上海古籍書店，1963
年），卷首，〈正德九年（甲戌）頓銳序〉，頁5a-5b。

5 關於《大明一統志》的編修及其對明代地方志體例的影響，詳參張英聘：〈論《大明一
統志》的編修〉，《史學史研究》2004年4期，頁48-56。

方志仍頗多歧異，不少地方菁英之消長亦潛藏於此。從地方史文本的「生產」來說，鄉紳名士與方志編纂之間的關係，其間反映的地方社會圖景，遠比方志文獻表面呈現的要豐富得多，應為探究明清地方菁英與地方文化不可忽略的面向。

濱島敦俊曾透過崇禎《烏程縣志》、萬曆《湖州府志》與順治《湖州府志前編》三部方志的比較，探討地方志所留下的史料的意義。這三部明末清初湖州地方編纂的方志，屬於編纂水準較差的作品，頗與江南地區地方志一般的狀況不符。濱島分析此與萬曆年間湖州府的均田均役改革有密切的關係。明末「困役」成為江南最重要的社會問題，「困役」問題的直接原因是鄉紳擁有免役特權，造成徭役分配不均。萬曆年間，以朱國禎（1558-1632）為首的士紳在湖州府進行均田均役制的改革，企圖限制鄉紳的優免特權，這一改革引起了鄉紳與庶民的對立，造成了大規模的民變，最後以失敗結束。由於這個原因，此時期編纂的三本地方志完全沒有「里甲正役」的內容，正反映修志的階層－地方士紳的利益。作者指出，地方志反映地方的利益與需要，但因為方志的編纂是地方菁英所為，往往也就直接表現或只有表現出修志階層的利益與需求。[6]美國學者包弼德（Peter K. Bol）在有關明代金華的研究中，觀察明代金華地區文化菁英與地方行政權力的互動關係，強調士人參與地方認同的建構，可以視為文化菁英營造地方領導角色的基礎，而地方認同也提供尋求團體利益的社會空間。[7]不過這個研究關注的焦點主要在透過方志書寫觀察地方傳統的建構。戴思哲（Joseph Dennis）透過萬曆《新昌縣志》的編纂，探討「家族」與「國家」的關係，他發現萬曆《新昌縣志》的編纂者彼此之間兼有血親、姻親、鄉親的關係，大多數人物是透過這些地方菁英有意識的運作而入志，因此縣志既是編纂者奠定其地方影響力的基

---

6 濱島敦俊：〈方志和鄉紳〉，《暨南史學》第6號（2003年7月），頁239-254。

7 Peter K. Bol, "Center for the Study of Local History in Jinhua," *Ming Studies*, 40 (Fall,1998), pp.5-12. "The 'Localist Turn' and 'Local Identity' in Later Imperial China," *Late Imperial China*, 24.2(December, 2003), pp.1-50.

礎，也是他們的後代子孫透過通婚持續發展的場域。[8]戴氏近著更結合書籍史、閱讀史、家族史等議題，探討明代地方志的書寫、出版、流傳與閱讀，由此呈現社會、經濟、文化的多元樣態與地方特色。[9]

　　唯整體觀之，前述相關研究多集中於晚明編修的方志，缺乏明代前期方志與地方社會的討論。這固然因為成化以前尚處於明代州縣志纂修初期，且傳世舊志極少，有其研究困難，然學者長期聚焦於晚明文獻與課題的風習亦有以致之。本文擬以莫旦為例，由弘治《吳江志》與成化《新昌縣志》的纂修，探討明代前期江南士人書寫鄉邦歷史的活動，並由兩部舊志的體例與內容考察莫旦的修志理念與特色，以見明代前期一個地方小儒思想世界之一斑。

二　戀戀桑梓：弘治《吳江志》的編刊

　　吳江古稱松陵。五代後梁開平三年（西元 909 年），由吳縣分地設縣，名吳江，隸屬蘇州。元代曾經編有《圖經》，明洪武十一年（1378）、永樂十六年（1418）、景泰五年（1454）曾奉文編過志書，[10]唯皆未傳世。現存最早的縣志是莫旦編纂的弘治《吳江志》二十二卷。

　　《吳江志》最初的稿本為二十卷本的《松陵志》，據天順元年（1457）三月莫旦〈松陵志序〉載：

> 吳江……舊有《圖經》一編，莫詳創始，而紀載弗經。我朝洪武、永樂中，雖有修者，惜乎舊無刻本，而傳寫舛訛，人亦罕能遍觀盡識。歲甲戌（景泰五年）秋，嘗奉文修纂，意其迫於期限之嚴，未能詳備，

8　Joseph R. Dennis, "Between Lineage and State: Extended Family and Gazetteer Compilation in Xinchang County," *Ming Studies*, 45-46(2002), pp. 69-113.

9　Joseph R. Dennis, *Writing, Publishing, and Reading Local Gazetteers in Imperial China, 1100-1700*. (Cambridge, Mass.: Harvard University Press, 2015) 一書。

10　〔明〕孫顯修，莫旦纂：弘治《吳江志》（收入劉兆祐主編：《中國史學叢書三編》，第四輯，影印國立中央圖書館藏明弘治元年〔1488〕刊本，臺北市：臺灣學生書局，1987年），凡例，事實始末。

覽者病之。旦生斯長斯，忝育庠序，因不自揣，於暇日編而輯之，重
立例目，參以郡志，詢諸故老，述諸見聞，損益補訂，越一載，始克
成編，為卷二十，為類二十有七，類各有序，名曰《松陵志》。[11]

可見莫旦早在景泰五年（1454）為吳江縣學生員時，即開始參與修志。時朝
廷為纂修《大明一統志》，檄文州縣徵稿，吳江縣奉文開局於聖壽寺，莫旦
與縣學生員何昇受命撰稿。稿成進呈後，莫旦有感於志稿迫於期限未能詳
備，於是重立例目，損益補訂，歷時一年編成二十卷本的《松陵志》，於景
泰七年（丙子，1456）呈蘇州府類總。[12]

　　至於弘治《吳江志》的編修刊刻過程，莫旦在弘治元年（1488）正月所
撰〈吳江志序〉有更詳細的敘述。根據這篇序文，景泰進呈《松陵志》稿，
只是配合朝廷編修總志「奉文修纂」，並未刊行。莫旦頗以吳江志書迄無刊
刻者為憾，他說：

　　　　稿成上郡，郡又類總進於朝，時丙戌〔子〕也。後旦二人私相與議
　　　　曰：「奉文纂修者，乃天下之書，其法當署，至其一邑之中，亦自有
　　　　書，其紀宜詳。今署者就緒，而詳者可遂已乎？況吳江為南畿重地，
　　　　迭為州縣餘五百年，而志書未聞有板行者，其疆域、山川、風俗、人
　　　　才、戶口、田賦、學校、科名、牧守、政治與夫城池、坊市、官宇、
　　　　橋梁及詩文著述之類，忍使其日就泯滅乎？泯滅無聞，後人興慨，非

11　〔明〕曹一麟修，徐師曾纂，嘉靖《吳江縣志》，（收入劉兆祐主編：《中國史學叢書三
　　編》，第四輯，影印國立中央圖書館藏明嘉靖四十年〔1561〕刊本，臺北市：臺灣學生
　　書局，1987年），卷首，〈松陵志序〉。
12　弘治元年〈吳江志序〉稱：「昔大明一統志之纂也，朝廷先期遣使采天下事實，吳江縣
　　奉文集者儒開局於聖壽寺，時旦與今致仕何訓導昇俱為邑庠生，為掌教陳先生實所
　　命，往總其事，稿成上郡，郡又類總進於朝，時丙戌也。」唯據寫於天順元年
　　（1457）的〈松陵志序〉：「歲甲戌（景泰五年，1454）秋，嘗奉文修纂，……詢諸故
　　老，述諸見聞，損益補訂，越一載，始克成編」（嘉靖《吳江縣志》卷首），可知〈吳
　　江志序〉「丙戌」應為「丙子」（景泰七年，1456）之誤。

　　吾輩責乎？」[13]

莫旦於是搜得舊圖經一冊，及洪武十一年（戊午，1378）與永樂十六年（戊戌，1418）奉文纂修之志書二冊，補葺刊落，合而成書，凡十卷，此為莫旦第二次修訂吳江志。這個十卷本的吳江志原已獲得士人懷悅捐資準備付梓，後因其父莫震反對刊行而未果。莫震認為：「古人著書多在暮年，如孔子年六十餘方定六經，汝為此書，何遽刊行之驟也。」[14]頗有責其急切草率之意，刊刻之事於是作罷。

　　成化元年（1465），莫旦取得舉人功名，居鄉待命期間，「因暇再加編輯，重立例目，參以郡志諸書，……日積月累，總成二十二卷，比前加詳。」[15]這是莫旦第三次修訂吳江志。此稿得到知縣王迪支持，將以付印，又因王遷官他去而不果。其後並為蘇州知府丘霽取以參修府志，可惜不久丘亦離職，志稿並隨之遺失。

　　成化十二年（1476），莫旦於新昌縣學訓導任上，根據底稿，重錄成書。吳江縣令馮衡欲以刊行，結果「馮亦以事去官，又不果」。這是莫旦第四次修訂整理《吳江志》。到成化二十一年（1485），莫旦以母喪解官返鄉，「因綴拾舊稿，益以新聞新見，再纂成書」，此為莫旦第五次修訂吳江志。因縣令孫顯「捐資梓行」，終得刊刻。總計吳江志從景泰五年開館編纂，到弘治元年刊刻問世，前後歷時三十餘載。其間跌宕起伏，艱苦備嘗，莫旦坦承修纂吳江志之初，「少年氣銳，每有不遇時之歎，屢起屢仆，轉三十五年」，然而他也強調「前日之所以不遇者，蓋天使有待於今日也。不然，安得若是之粗備哉！」[16]印證了其父莫震當年戒其操切的道理。

　　正德二年（1507），莫旦致仕家居期間，重閱前志，又編纂了《吳江續志》三卷，此志雖未傳世，但體例應與《吳江志》同。據吳洪〈吳江續志

---

13 弘治《吳江志》，卷首，莫旦：〈吳江志序〉。

14 弘治《吳江志》，〈吳江志凡例〉。

15 弘治《吳江志》，卷首，莫旦：〈吳江志序〉。

16 弘治《吳江志》，卷首，莫旦：〈吳江志序〉。

序〉稱：

> 余友莫先生景周，昔在庠序時，嘗纂《吳江志》二十二卷，垂三十年，
> 縣尹華州孫君顯始刻以傳。今又二十年，先生以南京國子學正致仕家
> 居，再閱前志，謂舊事有失收者，新事有未備者，宜加續入。方欲舉
> 筆，適太守四會林公思紹聘纂《孝宗敬皇帝實錄》，《實錄》既成，乃
> 取事蹟有關於吳江者，為《續志》三卷，新舊畢錄，可謂備矣。[17]

從《松陵志》、《吳江志》到《吳江續志》，總計莫旦投入吳江縣志的纂修，
前後綿延五十年之久，其畢生心力可謂盡萃於此。

弘治《吳江志》書首有「凡例」，除了說明編輯體例及取材原則，並提
及該書命名《吳江志》是因「吳江迭為州縣，若稱《吳江縣志》則遺其州，
稱《吳江州志》則遺其縣，今只題《吳江志》而已。」[18]一字之差，可見此
志命名之深意。全編二十二卷，唯書首總目將附錄題為二十三卷，「凡例」
又稱：「門類題目凡三十又八」，唯細查全編共有四十類，或為付梓時門類又
有增損所致。除卷一、卷十二外，各卷所含門類二至八類不等，二、三類者
如：卷四分「祀典」、「官學」，卷五記「橋塘」、「坊牌」、「形勝」，卷九載
「鄉賢」、「去思」，八類者如卷二有「沿革」、「疆域」、「鄉都」、「城池」、
「市鎮」、「山川」、「板籍」、「貢賦」。每類之前均有小序敘明該類旨趣，合
共四十編。

值得注意的是，凡例中特別提及志中對莫旦父祖一概稱名不諱，說：
「吳江本旦父母之邦，父祖之名稱於志中有所不諱者，非一家之私書故也，
觀子思稱『仲尼曰』可見。」[19]莫旦作為「父母之邦」的吳江史志的編纂
者，顯然意識到父祖事蹟見於書中乃是不可避免之事。弘治《吳江志》載述
鄉邦人物的類目，主要見於卷八至卷十一，其中記錄吳江本地士人功名事蹟

---

17 嘉靖《吳江縣志》，卷首，〈舊序〉，吳洪：〈吳江續志序〉。
18 弘治《吳江志》，〈吳江志凡例〉。
19 弘治《吳江志》，〈吳江志凡例〉。

的篇章見於卷八的〈科第〉與〈歲貢〉、卷九的〈鄉賢〉，及卷十的〈薦
舉〉。[20] 按，本書卷八所錄洪武至弘治間明朝舉人進士共四十九人，綺川莫氏
有莫震（正統三年戊午科舉人，四年登進士）、莫宏（景泰癸酉科舉人）、莫
旦（成化元年乙酉科舉人）。加上同卷宋朝科第有莫氏先世、宋理宗寶慶二
年（1226）進士莫子文，卷十〈薦舉〉有洪武二十一年（1388）以稅戶人才
授戶部員外郎的莫禮，[21] 莫氏有功名宦歷見於弘治《吳江志》者共五人。其
中除了莫旦本人中舉的「成化元年乙酉科」僅書其名未自述事蹟外，餘皆可
見相關先祖世系，莫子文的傳略尤詳，其文曰：

> 莫子文，字仲武，綺川人。仕至知廣德軍兼內勸農營田事，賜緋魚袋
> 致仕。初知嘉興縣，考滿候代，文奉使王疇行括田之令，公一切不
> 從，以抗拒朝命被黜。理宗兩賜敕諭，以仁人稱之。後吏部尚書趙以
> 夫首言，能拒括田之令，甘心受譴，不以病民中術，授道州通判，美
> 政及人為多。臨終自撰墓志甚詳，年八十二。葬吳縣靈巖鄉宴宮里。
> 子若鼎，嘉興錄事參軍，孫中孚直顯文閣。七世孫禮，洪武中戶部侍
> 郎。[22]

透過「科第」類名氏，莫旦敘明了其曾祖莫禮為南宋莫子文七世孫、莫震為
莫子文九世孫、莫宏為莫震姪。對其父莫震的事蹟，亦著墨甚多：

> 莫震，字霆威，一都綺川人，前子文九世孫。施槃榜進士。歷嘉魚、
> 海鹽知縣，陞建寧通判，旌異，仕至延平府同知。在嘉魚奏革五重

---

20 弘治《吳江志》，卷9包含「鄉賢」、「去思」兩類，卷10共有「薦舉」、「武臣」、「寓賢」
  三類，唯「去思」、「武臣」、「寓賢」所載皆非吳江本地人事蹟。

21 弘治《吳江志》，卷10〈薦舉〉：「莫禮，字士敬，綺川人。洪武二十一年以人才授戶部
  員外郎。」〔明〕王鏊：《（正德）姑蘇志》，卷55、張昶：《吳中人物志》，卷4俱載莫禮
  以稅戶人才授官，雷禮：《國朝列卿紀》，卷35，〈國初戶部侍郎行實〉稱：莫禮「洪武
  中以歲貢入太學」為誤。

22 弘治《吳江志》，卷8，〈科第〉，寶慶二年王會龍榜，頁2b-3a。

湖、河泊所，重建縣治、學校，立仰高亭，修《嘉魚志》。所作有
《由菴集》。[23]

此外，莫氏先祖見於弘治《吳江志》者還有洪武初年的莫轅。轅為莫禮之父，
無功名，成化間入祀鄉賢，弘治《吳江志》卷十有「本朝處士貞孝先生莫功
轅」，傳文多達七百餘字，[24]文長為全志之冠。由此可見，莫旦為吳江這個
「父母之邦」修志，對先祖的記述並非只是謹守體例上的「稱名不諱」而
已，而且是有意地多加著墨以宣揚莫氏的德行功業。方志與族譜關係密切，[25]
其中幽微或即在此。

二　以教為職：成化《新昌縣志》與莫旦的小儒志業

成化元年（1465），莫旦領鄉薦，春闈屢試不第，後授浙江紹興府新昌
縣學訓導。成化十一年（1475）赴任之前，翰林院侍講學士丘濬（1421-
1495）有〈送莫旦赴新昌司訓〉贈詩曰：

　　文場徹棘後，金門拜命初；一官向于越，乃與鉛槧俱。

23　弘治《吳江志》，卷8，〈科第〉，正統三年戊午科，頁5b。
24　弘治《吳江志》，卷10，〈鄉賢〉，頁7b-9a。〔明〕王鏊：《（正德）姑蘇志》，卷53、〔明〕
　　張萱：《西園聞見錄》，卷1、〔明〕過庭訓：《本朝分省人物考》，卷18皆有傳，唯文皆
　　簡略。
25　林天蔚：〈方志與族譜之關係及其聯合研究之價值〉，《中國地方文獻學會年刊》（臺北
　　市：中國地方文獻學會，1982年），頁77-88。王燕飛：〈家譜與方志關係小議〉，《江蘇
　　圖書館學報》2002年6期，頁28-29。戴思哲（Joseph R. Dennis）研究萬曆《新昌縣志》
　　的編纂者指出：新昌縣、潘、俞三大家族利用縣志這個載體來宣揚和保存其家族的業
　　績，形同呂、潘、俞三姓的「公共家譜」。見戴思哲：〈談萬曆《新昌縣志》編纂者的
　　私人目的〉，上海圖書館編：《中華譜牒研究──邁入新世紀中國族譜國際學術研討會
　　論文集》（上海市：上海科學技術文獻出版社，2000年），頁156-162。Joseph R. Dennis,
　　"Between Lineage and State: Extended Family and Gazetteer Compilation in Xinchang
　　County," *Ming Studies*, 45-46 (2002), pp. 69-113.

> 官以教為職，身偕道為徒；開門揖淵騫，登堂講唐虞。
>
> 秩微道則尊，心閒體自舒；況茲新昌邑，山水清有餘。
>
> 衿佩紛濟濟，泮宮高渠渠；名教有真樂，咀嚼皆通駛。
>
> 燕居恆申申，進止何徐徐；雖無驥從多，幸自勉奔趨。
>
> 回看名利場，官味或不如；勉哉踐實地，從人笑吾迂。[26]

詩中說「官以教為職，身偕道為徒」，雖是期勉之辭，卻也頗能如實反映莫旦日後在訓導任上的成績。如前節所述，莫旦於成化十二年（1476）新昌訓導任上，第四次修訂《吳江志》，因知縣馮衡離任未能刊行。同年，莫旦受新昌縣令黃誠夫、紹興府同知黃璧之託，於講授之暇獨力纂修《新昌縣志》，歷時半年餘，於成化十三年（1477）完稿並在新任知縣李楫的支持下付梓。相較於弘治《吳江志》編纂、易稿以至刊刻的曲折，《新昌縣志》的編刊可謂出奇順利。據黃璧〈新昌縣志後敘〉稱：

> 新昌……余嘗以公務至焉，暇或登高遠眺，見其山川如是，人物如是，而圖志則無聞焉，古今事蹟泯無傳焉，深為可慨。因與前令吳江黃君誠夫語及之，誠夫有意於斯，尋拜御史而去而弗果。未幾，其同門友莫君旦以乙榜來為司訓，誠夫以余言屬之，莫曰：「此吾志也，亦吾責也。」遂於講授之暇，重為纂而修之，不期月而成編，凡一十六卷。[27]

---

26 〔明〕丘濬：《瓊臺會稿》（清文淵閣《四庫全書》補配清文津閣《四庫全書》本），卷1，〈送莫旦赴新昌司訓〉，丘濬自述贈詩緣起曰：「松陵莫旦景周，予乙酉（成化元年）京闈取士也。惟淳而謹，留心古學，於古今文體，無不究心焉者，蓋有志之士也。連試禮部皆不如意，今年春，予承命校文，而生又在所試之中，過眼空迷，心甚愧不能買羊沽酒，以效東坡之謝李方，於其赴新昌司訓也，書以贈之。」亦收於李楫修，莫旦纂：成化《新昌縣志》（明成化13年〔1477〕修正德14年〔1519〕刊本），卷2，〈沿革〉，頁6a。

27 成化《新昌縣志》，卷末，黃璧：〈新昌縣志後敘〉，頁1b-2a。

　　全書諸卷又各分門類，合共五十二目，[28]每類之前各有小序敘其要旨，與弘治問世的《吳江志》體例相同。黃璧盛讚此志「有圖像以考山川疆域之遠近，人物衣冠之肖貌，有詩文以修古今之體製，氣運之盛衰。鄉賢有祠，則別賢否而進退之；去思未祠，則定其位號而創始之。」[29]又於「學校、祀典、賦稅、職役之類，莫不各有論斷。」[30]對此志體例嚴整兼重垂教範俗頗為肯定。

　　這也是明代現存最早的新昌縣志，繼之者為呂光洵（1508-1580）重修的萬曆志。呂光洵曾謂成化莫志「敘述詳而乏體要」，張元忭（1538-1588）萬曆《紹興府志》則批評其書「俚甚，學究筆也。」[31]但張氏也直指呂光洵新昌志人物傳「語多夸誕」，如「所謂十進士、六進士云者，考之故籍，無有也。又言石氏義塾延明道為師，而文、韓、杜、呂四相皆出其門，則益誕甚矣。」[32]顯見他對新昌前後兩志都不滿意。耐人尋味的是，張元忭指莫旦新昌志是「學究」之筆，確與莫志特殊的寫作方式有關。書中常見莫旦以師生問答作論，有如縣學授徒之講義，如卷二〈沿革〉於「望新昌縣」條下，以「策問：入太廟，每事問」開頭說：

28　成化《新昌縣志》於卷首「目錄」之後列有「新昌縣志卷目」，僅有三十五目，唯按核實際內容，該書卷目應為五十二，計：卷1：圖像，卷2：沿革、分野、疆域、鄉都、城郭、戶口，卷3：山川，卷4：風俗、田賦、土物，卷5：治所、學校，卷6：義事、典籍，卷7：官宇、祀典、職役，卷8：坊巷、橋梁、村墟、墳墓、形勝，卷9：第宅，卷10：寺觀、祠廟，卷11：氏族、科第、歲貢、官資，卷12：鄉賢，卷13：卿相、師儒、來宦、寓賢，卷14：民牧、臺諫，卷15：郎署、內翰、使臣、魁選、武臣、死節、隱逸、孝子、義士、耆德，卷16：封贈、遺才、女德、仙釋、紀異。卷首「卷目」遺漏卷8墳墓、形勝，卷15、16各目，合計漏列十七目。

29　成化《新昌縣志》，卷末，黃璧：〈新昌縣志後敘〉，頁3a-3b。

30　成化《新昌縣志》，卷末，黃璧：〈新昌縣志後敘〉，頁4a。

31　〔明〕蕭良幹修，張元忭、孫鑛等纂：萬曆《紹興府志》（收入《四庫全書存目叢書》，史部第200-201冊，影印北京師範大學圖書館藏明萬曆刻本，濟南：齊魯書社，1996年），卷50，序志。

32　〔明〕蕭良幹修，張元忭、孫鑛等纂，萬曆《紹興府志》，卷50，序志。

吾夫子非不知而問也，謹之至也。聖人且然，而況於常人乎！新昌為
越上郡，邑諸士子父母之邦也，古今事蹟載諸簡冊、接於見聞者，不
能枚舉，姑摭其尤者以問，願求所以相長之益焉。[33]

接著即問：「仰觀天文分野，□於何度？俯察地理疆域，屬於何州？置縣肇
於何人？納款在於何歲？戶口盛於何代？賦稅豐於何時？……至於仕宦也，
何人為最顯？氏族也，何家為最舊？亭館何者為最勝？土產何者為最珍？之
數者皆考核未詳而不能無疑也。」[34]其後接「對」，以學生語氣逐一回答前述
提問。特別的是，在顯得冗長的學生應答文字之末，還註明「謹對」的生員
姓名徐志獻。[35]

又如，卷五〈治所〉「文昌祠」條下，莫旦也以「策問」形式，從「異
端邪說，人人得而攻之」出發，針對學宮立文昌祠奉梓潼帝君的現象提問：

夫攻異端莫先於毀淫祠，今天下學宮皆奉梓潼之神，果淫祠歟？抑正
神歟？學校，風化之本源也，於風化本源之地立一淫祠，果法所當然
歟？且其人何姓何名？生於何地？顯於何時？有何功德之可崇重歟？
其書有九十七化，事涉妄誕，詞亦鄙俚，果其人自言歟？抑亦淺夫昧
士之所妄撰以欺世歟？……。[36]

其後收有生員張儀廷長篇應答文字，闡述「毀其淫而崇其正」，慨言宜以餘
屋改為去思祠，奉祀來仕新昌的范仲淹（989-1052）、歐陽修（1007-1072）
和流寓此地的程顥（1032-1085）、朱熹（1130-1200），「果能肖其衣冠，分列
牌位，尊崇而奉祀之，其過於奉梓潼也遠矣。」[37]

---

33 成化《新昌縣志》，卷2，〈沿革〉，頁2a。

34 成化《新昌縣志》，卷2，〈沿革〉，頁2a-2b。

35 生員徐志獻應答內容，文長不贅引，詳見成化《新昌縣志》，卷2，〈沿革〉，頁2b-4b。

36 成化《新昌縣志》，卷5，〈治所〉，文昌祠，頁11a。

37 生員張儀廷應答內容，文長不贅引，詳見成化《新昌縣志》，卷5，〈治所〉，文昌祠，
　　頁11b-13b。

值得注意的是，莫旦不僅以上述師生問答的形式闡發儒家義理，更於若干卷目之中直書個人議論，如卷七〈祀典〉於「大成至聖文宣王廟」附論「文廟禮制」，批評宣德十年（1435）元儒吳澄（1249-1333）從祀之不當，認為吳澄於宋度宗咸淳六年（1270）中鄉舉，食宋之祿於先，宋亡，又仕於元，是「反面事讎，不顧名節，與馮道無異」，質疑「道統之傳，果如是乎？歷代相因，坐此大錯。」文末更直抒議論作結曰：

> 竊意禮樂百年而後興，我朝承平餘百年矣，正禮樂可興之日也。安敢私議如此，以俟知者。[38]

不同於稍後方志以鈔錄舊志文獻或前人碑記名篇為常規，莫旦此種自抒個人議論的編寫方式，使得《新昌縣志》雖以官書名義刊刻，然其知識性質則充滿濃厚的私家著述色彩。

綜上可知，成化《新昌縣志》不僅在體例上可見莫旦的自出心裁，顯示其不盡依循朝廷統一則例修志的「非規範性」，而其內容之著重立教化俗，雖然出於「以教為職」的儒學正統，充滿後人批評的「學究」意味，但論書寫形式與直抒私議的「個人風格」，則顯為同時及其後方志所未見。

三 肖貌猶存：圖像志與鄉賢入祠

近人評論明代文人參與修志，有些纂修者倉促從事，考述不精，「有些志書還師心自用，標奇立異」，例如：陳士元纂嘉靖《灤州志》「模擬《春秋》筆法自問自答。莫旦纂弘治《吳江志》，竟置『鄉賢祠諸公像』、『去思祠諸公像』。」都是「標奇立異」的顯例。[39] 其中莫旦修志置「圖像卷」一事，特別值得注意。

按明代志書中置人物像，為莫旦首創，除了弘治《吳江志》，更早刊刻

---

38 成化《新昌縣志》，卷7，〈祀典〉，大成至聖文宣王廟，頁5a。

39 黃葦：《方志學》（上海市：復旦大學出版社，1993年），頁201-203。

問世的成化《新昌縣志》亦以「圖像」為首卷，置有「廟學圖」、「鄉賢祠圖」、「去思祠圖」、「宋知新昌縣林公（安宅）德政圖」、「四相侍講圖」、「克齋會友圖」、「大明孝子胡君（胡剛）之像」、「大明孝子小齋先生呂翁（呂升）之像」，[40] 首創方志全卷以人物繪像成編之體例。[41] 然而，從明代方志體例的規格化來看，成化《新昌縣志》與弘治《吳江志》的「立異」，毋寧更反映明代前期地方志多元自主的特色。

莫旦於成化《新昌縣志》〈圖像〉序中說明該書「以圖像為開卷第一」的目的稱：

> 太古之時，倉頡制字而書法興焉；始皇制畫，而圖像立焉，皆聖人之筆也。周人以畫統於周官，與書法並行，垂憲萬世，其功偉矣。故凡山川之形勝，地理之遠近，都邑之廣狹，宮室器用之等威，人物衣冠之肖貌，忠孝節義之流風，與夫祭祀飲射升降之儀，所以助名教而厚風俗、示勸戒而起觀瞻者，非圖像將何所寓哉！故此書所以以圖像為開卷第一也。彼車馬士女之邀宴，花鳥蟲魚之侈麗，使人溺志盪心而不返，惡可同日語哉！[42]

成化《新昌縣志》第一卷編排了總共三十五幅的圖像，包含十五幅「圖」，依序是：「縣境圖」、「縣市圖」、「縣治圖」、「廟學圖」、「貞烈圖」、「宋知新昌縣林公德政圖」、「陳氏桂山東塾圖」、「禮器圖」、「割牲圖」、「釋奠圖」、「鄉賢祠圖」、「去思祠圖」、「本朝知新昌縣賈公去任圖」、「四相侍講圖」、「克齋會友圖」；以及「宋義士石城先生石公像」（附圖 1）至「大明都察院左僉都御史諡恭惠楊公像」等二十幅「像」。

---

40 本書卷目未列首卷所有圖像之目錄，圖、像名稱詳見成化《新昌縣志》，卷1，〈圖像〉，頁1a-20b。

41 陳光貽指出，成化《新昌縣志》首卷置圖像，「旨在以表形象為重，繪圖成編之方志，亦為莫旦首創。」見氏著：《中國方志學史》（福州市：福建人民出版社，1998年），頁148-149。

42 成化《新昌縣志》，卷1，〈圖像〉，序。

其後，在弘治《吳江志》卷一〈圖像〉的序言中，莫旦更清楚解釋了「圖」與「像」的區別，他說：

> 古者有虞作繪，殷宗形求，後世山經地志之有圖像者，本諸此也。蓋
> 圖所以摹寫其形勝，像所以點照其容儀，使人觀圖則有以知疆域山川
> 之遠近，宮宇祠廟之等威；觀像則有以見衣冠肖貌之猶存，流風餘韻
> 之不泯。一開卷間，森然在目，所以存故實而備考究者在是，所以聳
> 觀瞻而起廢墜者在是，其於世教也豈小補哉！[43]

換言之，「圖」是摹寫疆域、山川、宮室、祠廟之「形勝」，「像」則是點照人物的「容儀」以存其衣冠肖貌。考察各幅圖像之題名，或稱「某某圖」，或稱「某某像」，可以概見其謹守區分圖像與先圖後像之編排原則。

弘治《吳江志》計有圖十九，像二。圖依序為「吳江縣疆域之圖」、「縣市圖」、「縣治圖」、「□□勝跡圖」、「八景圖」、「儒學圖」、「石湖山水圖」（附圖 2）、「范文穆公綺川亭圖」、「鶯湖勝跡圖」、「城隍廟圖」、「風雲雷雨山川壇圖」、「社稷壇圖」、「五高祠圖」、「邑厲壇圖」、「顧公祠圖」、「太湖水神廟圖」、「思鱸返棹圖」、「震澤別業圖」、「顧侍郎著玉篇圖」。像有：「鄉賢祠諸公像」（附圖 3）、「去思祠諸公像」，這二十一幅圖像構成了整個第一卷的內容。

相較於較早刊刻的成化《新昌縣志》，弘治《吳江志》圖像志明顯轉為「圖多像少」，增減的考量為何，不得而知。莫震纂修、莫旦增修的《石湖志》也是以圖像為首卷，該志十五幅圖像中，「圖」僅有三：「石湖鄉賢祠圖」、「宴集圖」、「莫氏壽慶圖」；「像」則有十二：依次為「宋參知政事少師范文穆公像」、「宋朝請大夫廣德知軍莫公像」、「大明徵士居士密先生盛公之像」、「大明戶部尚書郁公之像」、「大明青州府知府薇村□公像」、「大明蘇學訓導寄翁朱先生像」、「大明涿州同知愚菴吳公之像」、「大明戶部左侍郎東村莫公像」、「大明處士南村先生張公像」、「大明處士貞孝先生莫公像」、「大明

---

43 弘治《吳江志》，卷1，〈圖像〉，序。

吏部左侍郎兼左春坊左贊善贈本部尚書吳山許公像」、「大明行在太醫院御醫盛公像」、「大明進士延平府同知莫公像」。其最終一幅「大明進士延平府同知莫公像」（附圖 4）即莫旦父莫震，像之周圍有莫旦女婿刑部郎中趙寬的「像贊」。[44] 雖然由於史料缺略，無法確定這些圖像是否為莫旦增修後所加，但由莫旦主纂的成化《新昌縣志》與弘治《吳江志》皆「以圖像為開卷第一」來看，《石湖志》一樣以圖像為首卷，又特重人物像的編排，應可推斷其體例與取材皆出自負責「增修」的莫旦而非其父莫震。

值得注意的是，吳江傳世志書中的第二部縣志——徐師曾主纂的嘉靖《吳江縣志》。此志係以莫旦弘治《吳江志》為藍本，並參用了吳江士人陳理在莫志基礎上編纂的《吳江志》未成稿，修正了莫志的一些訛誤，其史料價值也遠勝於前志，在明代諸志中，一直被認為是「佳志的代表」。[45] 該書卷首包含「舊序」與「繪圖」兩部分，「繪圖」收錄的圖，依序為：縣境圖、縣郭舊圖、縣城舊圖、縣城新圖、縣治舊圖、縣治新圖、儒學舊圖、儒學新圖、縣境通道圖，共計九幅。其篇名曰「繪圖」而不稱「圖像」，因為按照莫旦的圖、像區分，此書確實只有「圖」，沒有「像」。這也顯示，莫旦以後修纂的吳江志不僅不再於首卷專立「圖像」卷，而且在方志中編排大量人物繪像亦不復見。

成化、弘治間，莫旦先後修成《新昌》、《吳江》二志，加上為其父莫震增修的《石湖志》，都專立〈鄉賢〉類目，如：成化《新昌縣志》卷十二記〈鄉賢〉，弘治《吳江志》卷九分載〈鄉賢〉、〈去思〉，《石湖志》卷四述〈鄉賢〉。[46] 值得追究的是，莫旦修志格外重視圖像，特別是人物像，與成化年間各地儒學奉詔建立「鄉賢祠」的背景有密切關係。

明代州縣鄉賢祠之設立，各地先後不一。從《明實錄》的記述來看，各

---

44 〔明〕莫震纂，莫旦增修：《石湖志》（收入《續修四庫全書》，第729冊，影印明刻本，上海市：上海古籍出版社，1997年），卷1，〈圖像〉，頁15a-21b。

45 吳江區檔案局、吳江區方志辦編，陳其弟點校：嘉靖《吳江縣志》（揚州市：廣陵書社，2013年），校注說明。

46 嘉靖《吳江縣志》人物志共有7卷（卷21至27），唯並未置「鄉賢」卷。

地鄉賢祠的建置，主要集中於成化至嘉靖年間。成化以前，各地廟學中地方名賢的崇祀，基本仍沿襲宋元舊規，也就是「先賢祠」或「鄉先生祠」的性質，有些地方甚至與「忠節祠」混淆不分。成化、弘治以後，隨著地方廟學祀典的制度化，明代「鄉賢」的奉祀具體限定在「生於其地」的「鄉人」，因而與「仕於其地」的「名宦」、「居於其地」的「寓賢」區隔日趨明顯。[47]
莫旦於〈吳江志序〉中提到：成化元年中舉後，居家待次數年期間，因暇「再加編輯，重立例目」，日積月累，總成比前加詳的二十二卷《吳江志》，此時「會提學陳御史選行文立鄉賢祠，時王尹廸詢謀於眾，得前輩之學行卓異者十五人，為之立祠，且以入志。方欲梓行，而王以陞任不果。」[48]足見吳江縣鄉賢的「立祠」與「入志」，是知縣王廸將以付梓的關鍵。其後雖因王廸升官他去而未能如願，但結合「鄉賢」的文字表彰和「圖像」的存其肖貌，可以「示勸戒而起觀瞻」，是莫旦始終如一的修志理念與特色，所以他在成化《新昌縣志》卷六〈義舉〉[49]中讚揚北宋石待旦（985-1042）建石溪義塾、[50]陳祖（生卒年不詳）建桂山西塾[51]之義行，也特別以「鄉賢有祠」與「邑志有像」並舉，說：「大抵廢興成敗由乎命，賢愚善惡由乎人，行法以俟命，此君子之所以為君子也。向使二氏吝而不為此舉，能保其今日之不廢乎？今也，鄉賢有祠，邑志有像，仁聲義聞垂諸無窮而不泯，是亦天理之報之也。」[52]成化《新昌志》、弘治《吳江志》、《石湖志》三書皆「以圖像為開卷第一」且特重人物像，實應由此一背景深入理解。

---

47 林麗月：〈俎豆宮牆：鄉賢祠與明清的基層社會〉，收於黃寬重主編：《中國史新論·基層社會分冊》（臺北市：聯經出版事業公司，2009年），頁327-372。

48 弘治《吳江志》，卷首，莫旦：〈吳江志序〉。

49 卷6篇名「義舉」，卷首目錄及卷目皆作「義事」。

50 石溪義塾，在新昌縣城東南八里，北宋真宗咸平年間（998-1003）新昌士人石待旦建，據成化《新昌縣志》載，義塾「分上、中、下書院，身自設教，後延明道先生典塾事，四方來學者餘數百人，登科者七十六人。」參見成化《新昌縣志》，卷6，〈義舉〉，頁1b。

51 桂山西塾，在新昌縣城東南十五里的平壺，南宋寧宗嘉泰年間（1201-1204）陳祖所建。參見成化《新昌縣志》，卷6，〈義舉〉，頁2b。

52 成化《新昌縣志》，卷6，〈義舉〉，頁1a。

五　結語

　　晚明松江士人何良俊（1506-1573）曾比較蘇、松人才之盛衰，認為與兩地士風不同有關，他說：

> 吾松江與蘇州連壤，其人才亦不大相遠。但蘇州士風，大率前輩喜汲引後進，而後輩亦皆推重先達。有一善則襃崇贊述無不備至，故其文獻足徵。吾松則絕無此風，前賢美事皆湮沒不傳，余蓋傷之焉。[53]

何氏強調松江人才之所以不如蘇州，關鍵在蘇州士人對地方前賢「襃崇贊述無不備至，故其文獻足徵」，因此鄉邦文獻的襃崇與人才多寡的關係至關密切。景泰年間即開始投入縣志編纂的莫旦，前後經過五次易稿增訂，歷時三十餘年始成弘治《吳江志》。若加上正德二年修成的《吳江續志》，總計莫旦投入吳江縣志的纂修，前後綿延五十年之久，其心繫鄉邦文獻，致力地方存史，真如何良俊所謂「戀戀桑梓，正如萎者思起，盲者思視，何嘗頃刻忘之。」[54]其畢生學術志業亦可謂盡萃於斯。

　　莫旦為吳江這個「父母之邦」修志，在凡例中聲明「父祖之名稱於志中有所不諱者，非一家之私書故也。」地方志作為地方歷史文化的載體，本來就具有其「公共性」，莫旦所謂「非一家之私書」意蓋近於此。唯細觀莫旦所纂鄉邦志書，其父祖莫子文、莫轅、莫禮、莫震事蹟不僅見於《吳江志》，亦書於莫震主纂、莫旦增修的《石湖志》，莫子文、莫轅、莫震的傳文，著墨明顯多於他姓，《石湖志》卷四〈鄉賢〉中的莫震傳記，甚至以「先君」直稱傳主，德言事功的敘寫更是格外詳盡。[55]可見莫旦纂修家鄉志

53　〔明〕何良俊：《四友齋叢說》（北京市：中華書局，1959年），卷16，史12，頁134。

54　〔明〕何良俊：《何翰林集》（收入《四庫全書存目叢書》，集部第142冊，影印明嘉靖四十四年〔1565〕何氏香嚴精舍刻本，濟南市：齊魯書社，1995年），卷21，〈與莊小山書〉，頁11a。

55　《石湖志》，卷4〈鄉賢〉，「大明進士奉政大夫福建延平府同知致仕由庵先生莫公震」。

書，對先祖的記述並不僅是謹守體例上的稱名不諱而已，而且是有意地多加著墨以「褒崇贊述」莫氏的德行功業。從這個角度看，莫旦畢生致力纂修方志，可以說既是「為鄉邦」，也是「為父祖」。而明代前期方志書寫與家族發展的關係，也值得深入探究。

莫旦於浙江新昌縣訓導任上獨力修成的成化《新昌縣志》，不僅在體例上可見其自出心裁，顯示明前期舊志的「非規範性」，且往往以師生問答的形式闡述經史，有如學宮講義，其內容著重垂教範俗，充滿後人批評的「學究」意味，但論書寫形式與自抒議論的「個人風格」，則為同時及其後方志所未見。

整體而言，莫旦所纂方志最大特色為「圖像」獨立一卷，《吳江》、《石湖》、《新昌》三志不僅皆「以圖像為開卷第一」，且都明確區分「圖」與「像」，有的像多於圖，有的圖多於像，但三書中描摩鄉邦人物的「像」從未缺席。莫旦修志特重人像，與成化年間詔令州縣學宮建鄉賢祠有關，配合鄉賢入祠與入志，莫旦結合「鄉賢」卷的文字贊述和「圖像」卷的人物肖貌，即所謂「鄉賢有祠」、「邑志有像」，深信可以起觀瞻、示勸戒，大有裨於鄉里教化，是莫旦始終如一的修志理念與特色。

綜言之，從方志體例的規範化來看，成化《新昌縣志》與弘治《吳江志》的「標奇立異」，毋寧更反映明前期方志編者較具自主性的現象。而作為思想史料的方志文本，莫旦不僅可為考掘地方小儒秩序觀念的案例，對有關「地方性」與「正統化」議題的探討，莫旦與明代前期的方志也提示了值得拓展的思辨空間。

＊承蒙香港浸會大學歷史系及近代史研究中心之邀，於二○一五年一月九日至十日出席「明清史──史料與課題研討會」並擔任主題演講「舊域維新：明代文化史研究的幾個新面向」，謹此致謝。本文係據該講題初稿第三節「戀戀桑梓：小儒與地方社會」相關史料及論述增補而成，敬請方家指正。

林麗月謹識

附圖1：「宋義士贈開府儀同三司刑部尚書石城先生石公之像」（左）；

「克齋會友圖」（右）

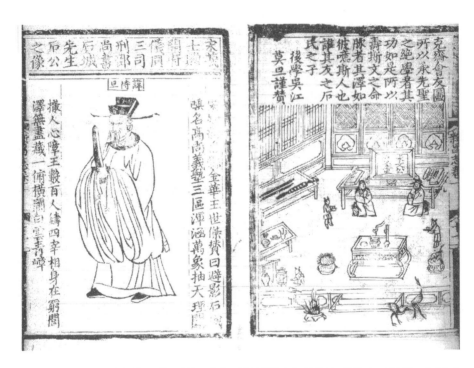

資料來源：〔明〕李楫修，莫旦纂，成化《新昌縣志》（〔明〕成化十三年修，正德十
四年刊本，臺北市：國家圖書館藏微卷）。

附圖 2：「石湖山水圖」（吳縣部分）

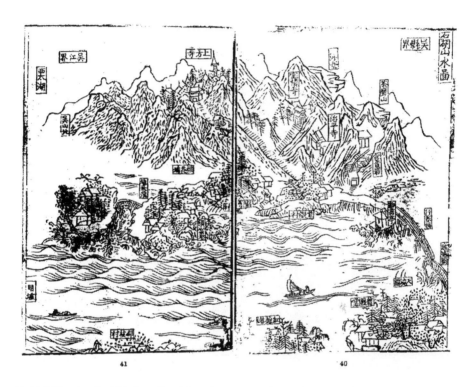

資料來源：〔明〕孫顯修，莫旦纂，弘治《吳江志》（收入劉兆祐主編：《中國史學叢
書三編》，第四輯，影印明弘治元年刊本，臺北市：臺灣學生書局，1987
年），頁 40-41。

附圖 3：「鄉賢祠諸公像」

資料來源：〔明〕孫顯修，莫旦纂，弘治《吳江志》（收入劉兆祐主編：《中國史學叢書三編》，第四輯，影印〔明〕弘治元年刊本，臺北市：臺灣學生書局，1987 年），頁 56-57。

附圖 4：「大明進士延平府同知莫公（震）像」

從文書到族譜與方志
——以明代休寧瑞溪金氏為中心

阿風

中國社會科學院歷史研究所、徽學研究中心

在明清區域社會史研究中，地方志與族譜是兩種重要的史料。在當時人看來，地方志是公籍，族譜則為私籍[1]。不過，無論是公籍，還是私籍，我們在使用這兩種史料時，很有必要了解其編纂背景與史料系統[2]，這樣才能更好地利用這些史料。

明清時代，徽州是地方志編纂最為發達的地區，不僅有弘治《徽州府志》、嘉靖《徽州府志》、萬曆《歙志》、萬曆《休寧縣志》等重要的府縣志，同時還編纂了大量的鄉鎮志，這些方志都是同時代地方志編纂的典範。同時，徽州是現存明清族譜數量最多的地區之一，而且善本居多。中國國家圖書館、上海圖書館收藏的善本族譜中，徽州籍的族譜占到一半以上[3]。

---

1 關於明代人公籍與私籍觀念，參照阿風：〈公籍與私籍：明代徽州人的訴訟書證觀念〉，《徽學》第9卷（合肥市：黃山書社，2013年）。當然，「中古譜牒」與「皇室譜牒——玉牒」則有濃厚的官修色彩，其與近世的私家譜牒有所不同。參照武新立：〈中國的家譜及其學術價值〉，《歷史研究》1988年第6期，頁20-34；陳爽：〈出土墓志所見中古譜牒探跡〉，《中國史研究》2013年第4期，頁69-100。

2 相關的研究參照潘高升：〈史學研究中利用地方志的幾種方法——兼談方志的資料性與學術性〉，《中國地方志》2006年第4期，頁31-35。

3 趙華富：〈徽州族譜數量大和善本多的原因〉，見氏著：《兩驛集》（合肥市：黃山書社，1999年）。章毅根據已經出版的各種家譜目錄的統計分析，指出目前存世的中國宋元家譜中，徽州籍家譜約占六成，而現存的明代家譜，徽州籍則占一半以上。參照章毅：〈明代家譜的著錄及其社會史意義〉，《九州學林》（2006年冬季）（上海市：復旦大學出版社，2007年），頁224-248。

　　不過，現在我們看到的這些族譜與方志，有些內容可以查到其出處，比如說官修正史、私人文集等。有些內容，則不清楚其來源。其中除了有故老相傳的內容外，則與公私文書有著密切的關係。

　　明朝隆慶二年（1568）刊印的徽州府休寧縣《瑢溪金氏族譜》收錄了與先祖科舉、行事有關的公文書，將這些公文書與族譜、方志的記載相互對照，可以看出族譜、方志部分記載的源流。

一　關於瑢溪金氏與《瑢溪金氏族譜》

　　今天安徽省休寧縣陳霞鄉境內，率水迂曲南向處的東岸，有一個被稱為「小瑢」的村落。兩條小溪自東向西在此合流，注入率水。「相傳溪流有瑢珮聲」[4]，故名瑢溪，又名小瑢。金氏是村中的大姓。

　　瑢溪金氏自稱是漢秺侯金日磾的後裔。其先祖唐末避黃巢亂，自長安遷居歙縣之黃墩，繼遷休寧縣之白茅。到了北宋初年，有金夫趙遷居率水之濱的石田（今休寧縣溪口鎮石田村），三世金大，沿率水向下，遷居洲陽干（又稱洲陽圩，今休寧縣溪口鎮陽干村）。南宋初，「有三四府君諱詠者，貲產甲於一鄉」[5]。金詠娶妻徐氏，生金文藻（六十府君），為宋王府學諭，再遷洲陽干斜對岸的瑢溪，是為瑢溪金氏始祖[6]。

　　瑢溪村在宋代屬履仁鄉[7]，在明代則屬里仁東鄉十一都[8]。自金文藻遷居

4　〔明〕金瑤撰、〔明〕汪從龍（金瑤外孫）等校梓《金栗齋先生文集》（收入《續修四庫全書》，集部第1342冊，萬曆四十一年〔1613年〕瀛山書院刻本，上海市：上海書籍出版社，1996年），卷2，〈瑢溪地圖記〉，頁529。

5　參照〔明〕金瑤：〈瑢溪金族譜序〉；〔明〕金彥瑾：〈醉鄉癯仙自敘〉，《瑢溪金氏族譜》，卷13，〈裒翰二‧序〉。按〔明〕蔡紫云：〈元承德郎同知婺源州事金公墓志銘〉，《瑢溪金氏族譜》，卷14，〈裒翰三‧墓志〉所記，瑢溪金氏「系出漢都成侯欽」。

6　〔明〕金瑤纂修《瑢溪金氏族譜》，卷9，〈錄仕〉。

7　淳祐《新安志》，卷4，〈休寧‧沿革‧鄉里〉：「履仁鄉在縣西，其里永康、太平、仁義、仁德、回溪。」

8　弘治《徽州府志》，卷1，〈地理一‧廂隅鄉都‧休寧縣‧國朝〉：「里仁東鄉，十一都、二十六都、二十七都」。萬曆《休寧縣志》，卷1，〈輿地志‧隅都〉：「十一都，共三圖。」其村有石田、金塝、瑢溪、朱（洲）洋（陽）干、霞汉。

璫溪之後，金氏一族代有名人，成為宋元明時代的徽州望族。金文藻長子金修和（1187-1255）「以薦授迪功郎、嚴州司戶參軍」。金修和有從弟金革（號屋山，「宋承信郎、判車輅院諱文淵之季子」，1215-1293）「早失怙恃」，金修和「愛其穎敏，鞠而成立之」[9]。咸淳四年（1268），金革登武舉進士第[10]，成為璫溪金氏宦業興旺的標誌性人物。

金革登武舉進士後，璫溪金氏開始以「富民」、「儒業」、「武功」稱名鄉里。金革之子金應鳳（號桐岡）曾為南宋待補太學生[11]。入元以後，他「築室儲書、延師教子若孫」[12]。應鳳之子金南庚（1280-1344），「嘗輸粟賑濟數郡，時號『江東富民』」[13]。他「游京師，出入王公大人之門，揮金如土。都人號金舍人，聲名籍甚」。當時，包括程巨夫、元明善、鄧文原、劉致中、揭傒斯等人，「皆降節與交」。後被推薦為江陵路把都兒民戶副總管[14]。金南庚之子金震祖（1299-1362）北走上都從軍，「深入朔漠、屢奏奇功」，以功授「忠翊校尉、平江十字路萬戶府鎮撫」[15]。金震祖長子金符午，襲受千戶。次子符申，亦有「勇略」。元至正十二年（1352），南方紅巾軍徐壽輝、彭瑩

---

9 〔元、明〕蔡紫云（玄）：〈新修九龍潭著存觀記〉，見〔明〕金瑤：《璫溪金氏族譜》，卷13，〈袠翰二·記〉。

10 弘治《徽州府志》，卷6，〈選舉·科第·〔宋〕咸淳四年陳文龍榜〉：「金革，休寧人，右科。」

11 〔宋、元〕曹弘齋：〈宋進士成忠郎武岡軍新寧縣主簿金公墓志銘〉（《璫溪金氏族譜》，卷14，〈袠翰三·墓志〉）：「（金革）男三人……應鳳待補太學生。」又《璫溪金氏族譜》，卷9，〈錄仕·三世〉：「淳一府君（應鳳），千一府君長子，宋以書經與解試乙榜，取中待補太學生。」

12 〔元〕胡一桂：〈一經堂記〉，見〔明〕金瑤：《璫溪金氏族譜》，卷13，〈袠翰二·記〉。

13 〔明〕曹嗣軒編撰，胡中生、王儆點校：《休寧名族志》（合肥市：黃山書社，2007年），卷4，〈金·璫溪〉，頁705。

14 〔明〕金瑤纂修：《璫溪金氏族譜》，卷9，〈錄仕〉：「庚三府君南庚，淳一府君長子，元以薦授承事郎江陵路把都兒民戶總管府副總管……晚以子貴，宣封武略將軍。」這段文字後金瑤注曰：「查《元史》無把都兒官，一日偶閱《胡雲峰文集》，載有此官。『把』作『拔』，是《元史》多見拔都兒。」

15 弘治《徽州府志》，卷9，〈人物三·武功〉。

玉部將項奴兒（又名項明威）自婺源進犯江東、浙西，時稱「蘄黃盜亂」。
此次「盜亂」，「徽州受害尤大」，而「休寧得禍最深」[16]。金符申「以義士領
丁壯從軍，因率鄉人擒執（項）奴兒……功授寧國等處榷茶副提舉」[17]。因
此，金震祖一家被旌為「忠義之門」。此外，金南庚之弟南召、南周分別被
授元江浙行宣政院宣使、續溪縣儒學教諭，金南召之子金觀祖亦以「擊賊有
功，授祁門縣尉、升婺源州判官，又以功升婺源州同知」[18]。

元代的璜溪金氏亦崇尚學術，與當世名儒相交。元代徽州著名理學家陳
櫟就曾在璜溪金氏作館十餘年[19]，他與金革之孫金南庚是好友，曾應金南庚
請求，為其父親金應鳳撰寫過墓誌銘[20]。元末明初，金震祖與徽州儒士趙
汸、鄭玉、朱升等交遊。朱升曾受金震祖之邀，在璜溪為童蒙師[21]。他曾代
金震祖作有《祭鄭師山（玉）先生文》[22]。

明朝建立後，璜溪金氏多人先後以薦辟入官。例如，洪武十一年
（1378），金彥瑾「以才舉授廣西賓州判官，廉介著聲，薦調知襄樊，轉上
猶縣」。洪武十三年（1380），金彥清「舉賢良孝弟，授大同府同知」。洪武
二十二年（1389），金彥初「舉人材，知河南汲縣」[23]。到了永樂二年

---

16 〔元〕趙汸：〈克復休寧縣碑〉，萬曆《休寧縣志》，卷7，〈藝文志・紀述〉。

17 萬曆《休寧縣志》，卷5，〈選舉志・材武・金符申〉。

18 〔明〕金瑤纂修：《璜溪金氏族譜》，卷9，〈錄仕〉。

19 〔元〕陳櫟：《定宇集》（《景印文淵閣四庫全書》，第1205冊。臺北市：臺灣商務印書
　　館，1986年），卷9，〈處士南山戴君行狀〉：「皇慶壬子（1312），同邑桐岡金聘予為熟
　　師。」頁281。又《璜溪金氏族譜》，卷13，〈裒翰二・序〉收錄了陳定宇〈送赫翁學
　　正北上序〉，前有陳定宇小傳：「（陳定宇）櫟，字壽翁……嘗主予家西塾十餘年。」

20 〔元〕陳櫟：《定宇集》，卷9，〈桐岡金先生墓誌銘〉。

21 萬曆《休寧縣志》，卷8，〈通考志・佚事・璜溪記驗〉載：「朱學士允升，微時為璜溪
　　童蒙師。」又《璜溪金氏族譜》，卷13，〈裒翰二・序〉收錄了朱升撰寫的〈贈金生德
　　基歸新安序〉，前有朱升小傳：「（朱）升，字允升，本號風滿林，又號隆隱，回溪人。
　　贊歙石門，幼有美質，家貧，武略公（金震祖）邀至予家一經堂誨之。及長，遂主予
　　家西塾。」

22 〔元、明〕朱升〈祭鄭師山先生文（代金震祖作）〉，見〔明〕程敏政輯《新安文獻
　　志》，卷46。

23 萬曆《休寧縣志》，卷5，〈選舉志・薦辟〉。

（1404），金輝（1381-1420）登進士第，成為金革之後，璜溪金氏又一位進士。金輝曾任江西臨江府推官，升廣東道監察御史，「以風節著稱」。[24]

金輝之後，璜溪金氏雖亦有出仕者，但多是選貢出身，出任府縣訓導、縣丞、軍衛經歷之類小官，宦業並不顯赫。不過，明代中後期，璜溪金氏卻出現了很多學者，金瑤就是其中的代表。

金瑤（1495-1588），字德溫，號栗齋。其父金通正（1471-1546），字時正，號實齋。「少綜墳典，習為儒」，不過「弱冠喪父」，遂棄儒經商，「以販槎（艖）為業」。但「訓二子以經傳。朝夕汛掃館舍，延禮師賓甚篤。」[25]金瑤少有才名，「弱冠以詩補邑廩士，郡守鄭公首拔入紫陽書院」[26]。明嘉靖十一年（1532），選貢生[27]。後九次科考未中。於是「謁選銓曹」，先後出任會稽縣丞、廬陵縣丞。又擢升廣西桂林中衛經歷，以母老不赴，致仕林居三十年，享年九十四歲。在鄉期間，金瑤「日惟談道著述，仿先哲，誘後進，言動遵矩矱，婚喪定儀禮，鄉人服從之」。金瑤著有《周禮述注》、《六爻原意》、《十七史摘奇》等書數百卷，並有《栗齋先生文集》十一卷存世。所以時人稱其「經學擬（鄭）康成，行年蹝伏生，止足同（陶）元亮，著作並（金）履祥」[28]。這雖是溢美之詞[29]，但也表明金瑤著作等身，於經學有一定造詣。

金瑤除了研究學問、吟詠詩文外，也致力於地方宗族建設，編纂《璜溪

---

24 萬曆《休寧縣志》，卷6，〈人物志・宦業〉。

25 〔明〕沈鍊〈實齋處士傳〉，見《璜溪金氏族譜》，卷14，〈哀翰三・傳・續錄〉。

26 〔明〕范淶《金栗齋先生文集序》，收錄於《金栗齋先生文集》，（《續修四庫全書》集部第1342冊），頁485-488。「知府鄭公」當為明嘉靖朝徽州知府鄭玉。嘉靖《徽州府志》，卷6，〈名宦傳・鄭玉〉：鄭玉，字于成，福建莆田人，在任期間，「興教紫陽書院，命訓導舒柏課之，拔其雋者時進之郡齋，字而不名或與講論，夜分送之治門外乃別。嘗出行春臨文學方玄靜之廬，于於忘去。其禮士如此。」

27 萬曆《休寧縣志》，卷5，〈選舉志・歲貢〉。

28 萬曆《休寧縣志》，卷6，〈人物志下・文苑〉。

29 《四庫全書總目》，卷178，〈集部三十一・別集存目五〉評論《栗齋文集》云：「文頗有軼宕之致，其闡發經義之作，大抵空言多而實際少，蓋其說《易》、說《周禮》，即多以臆斷云。」

金氏族譜》就是他的重要貢獻之一。王作霖為《璫溪金氏族譜》所作的後序
中寫道：

> 桂林衛參軍璫溪金君，辭檄師，歸林岩。懼宗譜舛遺，無以敦家範、
> 延芳英也。乃群宗人敏者、博者，紀志有體者，搜稽纂構，閱十三載
> 而譜成。[30]

　　金瑤歸林下之後，花費十餘年時間潛心纂修族譜。為了搜集資料，金瑤
「躬加搜討」，「間有一疑，遂至於數月不能決者。有一缺略而數時不能補輯
者。既繹之心，又詢之父老，稽之載籍」。[31]在編寫族譜過程中，他非常重視
與先祖宦業有關的勅、誥、牒等公文書。他將這些文書與「先儒名筆」一起
編為〈袞翰〉六卷，「蓋將以是為後人進修之助，不徒以征文獻為也」[32]。對
於這些文書的來源，金瑤有專門的說明：

> 此冊多王言，譜宜載而舊譜[33]不載。至祥二府君譜[34]始載。此冊祥二
> 府君時，諸璽書猶在。先君嘗目見云：篆紅如新，濃豔欲流。己巳
> （正德四年，1509年）之災，揚為飛灰。使非此冊存，不亦譜中一闕
> 典邪？祥二府君有功於譜，此其大者。故特著之。[35]

---

30 〔明〕王作霖《璫溪金氏族譜後序》。根據隆慶二年金瑤所作的〈璫溪金氏族譜序〉，
　　可知族譜始修於嘉靖三十四年（1555），歷經14年於隆慶二年（1568）最終完成。王作
　　霖的〈後序〉作於嘉靖四十五年（1566），如果按照嘉靖三十四年（1555）始修的話，
　　當為12年，而不是13年。

31 〔明〕金瑤：〈璫溪金氏族譜序〉。

32 《璫溪金氏族譜》，卷12，〈袞翰一〉。

33 「舊譜」是指洪武年間金瑜（韞一府君）編修的族譜。《璫溪金氏族譜·凡例》云：
　　「譜內所稱舊譜，韞一府君譜也。」

34 祥二府君即金希宗（1396-1484），璫溪十六世，行祥二，字景望，號琴山，正統五年
　　曾編修族譜。參照金希宗〈璫溪金氏族譜序〉（《璫溪金氏族譜》舊譜序）及《璫溪金
　　氏族譜》，卷4，〈敘族二·總管公支〉。

35 《璫溪金氏族譜》，卷12，〈袞翰一〉。

這些文書在祥二府君修譜時，開始加載族譜。當時這些文書原件猶在，金瑤的父親曾經親眼所見，「篆紅如新、濃豔欲流」。不過，正德四年大火，原件被焚。幸好有祥二府君譜，這些文書得以存世。金瑤照依祥二府君譜，將這些文書收入新譜。構成族譜的重要內容。

二　文書與族譜、方志的關係

《璜溪金氏族譜》卷十二〈哀翰一〉有〈三朝勅制、誥制及歷世入官政績文樞〉收錄了與璜溪金氏家族有關的宋代公文書八件（其中三件僅存題名）、元代公文書十五件以及明初公文書二件。該書卷十五〈哀翰四‧代金鎮撫祭文〉還附錄了一份元至正五年（1345）御史台的呈文，共計公文書二十六件。除三件僅存題名的文書及附錄的第二十六件文書外，其他二十二件文書均照原樣抬頭、空格，押印處也一一注明。透過這些文書，不僅有助於分析當時各類公文書的形制及文書制度的變化，而且這些文書記載的內容與當時的一些重大歷史事件有關，為重新認識這些事件提供了新的證據。可以說，《璜溪金氏族譜》所收宋元明公文書的發現，極大地豐富了南宋至明初公文書研究的內容[36]。

以下就是璜溪金氏族譜所收公文書的目錄：

（1）宋封補中大武學生千一府君父五府君某職勅命（寶祐二年，1254年，缺）

（2）宋封補中大武學生千一府君母程氏孺人勅命（寶祐二年，1254年，缺）

（3）宋封補中大武學生千一府君妻楊氏孺人勅命（寶祐二年，1254年，缺）

---

36 關於這批文書的詳細討論，參照阿風、張國旺〈明隆慶本休寧《璜溪金氏族譜》所收宋元明公文書考析〉，《中國社會科學院歷史研究所集刊》第九集（北京市：商務印書館，2015年）。

（4）宋授五府君嚴州司戶參軍牒（寶祐二年，1254 年）

（5）宋給千一府君省試公據（咸淳四年，1268 年）

（6）宋給千一府君進士年甲公據（咸淳四年，1268 年）

（7）宋給千一府君印紙（咸淳六年，1270 年）

（8）千一府君令狀（咸淳九年，1273 年）

（9）元授震一府君鎮撫宣命（至元四年，1338 年）

（10）元封震一府君祖母黃氏休寧縣太君宣命（至元六年，1340 年）

（11）元封震一府君父江陵路把都兒民戶總管府副總管庚三府君男爵宣
命（至元六年，1340 年）

（12）元追封震一府君母汪氏休寧縣君宣命（至元六年，1340 年）

（13）元追封震一府君妻胡氏休寧縣君宣命（至元六年，1340 年）

（14）元擬授麟二府君榷茶副提舉咨（至正十三年，1353 年）

（15）元建德路總管府優恤震一府君關（至正十三年，1353 年）

（16）元授麟二府君副提舉執照（至正十三年，1353 年）

（17）麟一府君襲職咨（至正十三年，1353 年）

（18）元徽州路總管府舉授麟一府君正千戶關（至正十四年，1354 年）

（19）元總制都元帥請震一府君還徽州路批（至正十六年，1356 年）

（20）元徽州路總管府請震一府君還本路牒（至正十六年，1356 年）

（21）元建德路總管府催請震一府君還徽州路牒（至正十六年，1356 年）

（22）元徽州路總管府保升震一府君治中牒（至正十六年，1356 年）

（23）元授震一府君治中割付（至正十六年，1356 年）

（24）明授貞一府君楚府典儀副勅命（洪武十年，1377 年）

（25）明仁四府君鄉試公據（永樂元年，1403 年）

（26）至正五年御史台呈文（至正五年，1345 年）

這些文書涉及到璣溪金氏的金革、金南庚、金震祖、金符午、金士賢、
金輝等多位先祖，這些人在地方志、族譜中均有記載。通過這些相關的人物
的事蹟，從中可以出文書與族譜、方志之間的互動關係。

（一）金革

弘治《徽州府志》卷六〈選舉·科第·（宋）咸淳四年陳文龍榜〉記載：「金革，休寧人，右科。該書卷八〈人物二·宦業·金革〉則有璜溪金氏先祖金革的傳記：

> 金革，字貴從，休寧璜溪人。咸淳間登武舉進士，授武岡新寧簿。廉謹自持，嚴於撫緝。其地蠻獠雜處，民賴以安。邑有大囚，積久不決。憲使文天祥諉以詳讞，一驗得實。文嘉歎，欲薦用之，革固辭，退老於家。

地方志的記載與族譜中收錄的第五、六、七、八四件文書有著密切的關係，例如文書五是金革咸淳四年（1268）登武舉進士的省試公據：

> 門下中書後省覆試所照會到，近准咸淳四年三月日尚書省劄子節文：奉聖旨：過省士人並令就本省覆試，劄付本人。今據兵部解至徽州武舉過省士人金革覆試，除已於本月二十七日請省官聚廳引試，本人文理合格，湏至給據者。
> 右出給歲字號公據，付進士金革收執照應，趨赴
> 御試。
> 　咸淳四年四月　印　日給
> 朝散郎、監察御史、監試陳　押
> 奉議郎、試起居舍人兼國史院編脩官、實錄院檢討劉　假
> 朝請郎、守起居郎兼權直學士院兼國史院編脩官、實錄院檢討兼侍講危　押
> 朝奉郎、守軍器監兼權直太史院兼權侍左郎官兼樞密院編脩官、暫兼右司郎官盧押
> 　朝請郎、新除秘書省著作郎兼權侍左郎官兼崇政殿說書章　押

朝請大夫、權尚書工部侍郎兼刑部侍郎暫兼權給事中兼權直院馮 押

文書七則是咸淳四年吏部授官的「印紙」

　　行在尚書吏部據

　　　勅賜武舉進士出身金革狀，准告擬補承節郎、差權武岡軍新寧縣尉
　　兼主簿，監稅，搜捉銅錢下海出界、私鑄銅器、偽造會子、鈺銷錢
　　寶，系監當資序。
　　　右印紙付本官有合批書事，於所在州依式批書（在京於所屬）。
　　　得替或到選繳納考功。
　　　咸淳六年五月　印　日守當官張顯宗給
　　　新除大常丞兼權侍右郎官王　押
　　　新除侍郎方　未上[37]

　　前一件文書是金革省試合格後，門下中書後省發給的公據，以作為參加
御試（或稱殿試）的憑證。後一件文章則是金革就職之前前往禮部本選照檢
所得印紙。通過這兩件文書可以知道金革是咸淳四年武科進士，授官武岡軍
新寧縣尉兼主簿。這也成為弘治《徽州府志》兩條有關金革史料來源的重要
憑據。
　　此外，隆慶刊《璫溪金氏族譜》卷十四《哀翰三·墓志》收錄了曹弘齋
（淫）撰有《宋進士成忠郎武岡軍新寧縣主簿金公墓銘》，其中寫道：

　　　武岡隸湖南，去家二千里而迥。新寧在萬山間，土廣戶繁，峒蠻雜
　　處，易以生變。又荒寂，仕者仰職田為俸，計其勺合。談官況者左
　　之。公曰：世豈有不可為之官，不可理之民……自公至，踐言如初，

---

37 此處有雙行小字註：「侍下疑有『左』字。」此處「未上」應當是未就職之意。例如，
　《宋史》，卷430，《列傳》第一百八十九《道學四·黃榦》：「（黃榦）以提舉常平、郡
　太守薦，擢監尚書六部門，未上，改差通判安豐軍。」《宋史》，第36冊，頁12778。

民畏以懷，無變容動色者……邑有大囚，積十六年不決，官吏被罪相踵。憲使文公天祥選使甚嚴，以委公。公懲前弊，躬審之，不為疲悴，一驗得實。文公閱申嘉歎，遣門士劉大同携書詣公，褒勞甚誠也。

　　這段曹弘齋撰寫的墓銘，其中提到「邑有大囚，積十六年不決」、「憲使文公天祥選使甚嚴，以委公……一驗得實」，在弘治《徽州府志》中則是「邑有大囚，積久不決。憲使文天祥諉以詳讞，一驗得實」，從文字上可以兩個文本之間有著密切的淵源。當然，所謂曹弘齋的《墓銘》目前僅見於隆慶本的族譜中，尚不能完全認定《墓銘》早於《府志》。不過，《墓銘》的記載更為詳實，似乎也非抄自於府志。

（二）金震祖

　　弘治《徽州府志》有璜溪金氏的金子西、金震祖及金符午、金符申祖孫三代四人的傳略：

金震祖，字寶暘，璜溪人。父子西，有志略，為江陵路副總管。震祖幼穎悟好學。年十五，受《易》於胡雲峯，以奇疾廢業數載。走上都，用薦從丞相太師秦王荅剌罕，深入朔漠，屢奏奇功。宣授忠翊校尉、平江十字路萬戶府鎮撫。時元運將終，紀綱漸紊，歲入蘆柴三萬，議隱三之一焉。震祖曰：欺君辱身，吾不為也。委疾東歸。後同僚皆以是獲譴。晚號柴扉，避兵石門山中，又寓嚴陵者。五年（應為至正十五年（1355）──筆者），平章三旦八克復徽州，復聘守本郡治中。子符午，字彥忠，號竹洲漁隱，襲受千戶。符申，字彥直，號璜溪釣叟，有勇略，以討賊功授寧國等處榷茶副提舉……平章嘗奏請旌表金氏忠義之門。符午、符申能詩文，有《竹洲漁隱》、《璜溪釣叟》二集。[38]

---

[38] 弘治《徽州府志》，卷9，〈人物三·武功〉。金震祖之子金符午撰有〈元忠翊校尉十字

　　地方志記載中的相關內容則主要來自於文書十四至文書二十三。

　　例如文書十四〈元擬授麟二府君榷茶副提舉[39]咨（至正十三年，1353年）〉：

　　　皇帝聖旨裏，江浙等處行中書省：准平章政事三旦八榮祿咨：「見遵
　　承朝命，勦捕徽、饒等處反賊，近師次建德。云云。議得蘄、黃反逆
　　賊首偽元帥項奴兒等糾集逆徒，鼓煽凶焰，侵越江浙，攻焚省治，殘
　　破江東、浙西州縣四十餘處。似此大惡，罪不勝誅。有休寧縣義士金
　　申自備衣財，倡義率眾備禦，奮身向前，親獲賊首偽元帥項奴兒等解
　　官。論其功績，難同捕獲常盜，理宜優加擢用。及義士汪序、汪子
　　淵，雖是一體獲賊，終因金申首先擒獲，然後從而加力，擬合量加擢
　　用。開申。得此。詳得義士金申雖是擒獲反逆賊首偽元帥項奴兒等，
　　緣本賊始因克復廣德，大勢官軍殺散逃竄，到來休寧縣，及被本縣官
　　典追蹤襲捕，眾敗食盡，力不能支，致被金申率眾擒獲。若依勦捕反
　　賊事例授與五品流官，即與身先士卒、臨陣對敵擒獲不同。合將金申
　　量與從七品流官。其汪序、汪子淵從而加力擒獲以次賊首偽千戶趙普
　　實、偽鎮撫蔣普義等六名，量於巡尉內任用。除將金申等委任後項職
　　名，出給執照，令各官即便領職署事，照會寧國等路榷茶提舉司及徽
　　州路依上施行。外，據所受文憑，咨請備咨，頒降施行。」准此。本
　　省合行移咨，伏請照詳施行。須至咨者。
　　　總計獲功人三名，擬任下項職名
　　　　金申擬充寧國等路榷茶提舉司副提舉，任回，依例流轉。
　　　　汪序擬充徽州路休寧縣南嶺巡檢。
　　　　汪子淵擬充徽州路歙縣王干巡檢。

　　路萬戶府鎮撫金公（震祖）行狀〉，見程敏政輯《新安文獻志》（明弘治刊本），卷97。

39 萬曆《休寧縣志》，卷1，〈輿地志・沿革〉：元世祖至元二十三年丙戌（1286）冬，「徙
　　寧國榷茶司於我縣」。又同書卷8，〈通考志・古蹟〉：「元，寧國等路榷茶提舉司，在縣
　　譙樓前正街。」

右　　　　　　　答

中書省伏請照詳，謹呇。

至正十三年　月 印 日具官某 押

又如文書十七〈麟一府君襲職呇（至正十三年，1353 年）〉

皇帝聖旨裏，江浙等處行中書省：據平江十字翼萬戶府申：「近准徽
州路關：據休寧縣申：准忠翊校尉、前鎮守平江十字翼萬戶府鎮撫金
震祖關該：『會驗當職，徽州路休寧縣附籍民戶。元統三年六月內因
為上都唐其勢等叛亂，跟隨右阿速衛捨住指揮一同隨從大師秦王荅剌
罕右丞相與剌剌、和尚等對陣相殺。有剌剌等敗陣，在逃赴北，當職
與捨住指揮跟隨馬札兒台荅剌罕知院將引官軍前往迤北怯魯倫地面出
軍，跟捉荅里、剌剌、和尚。晝夜相殺，生擒荅里等，押赴上都。自
備財力，多負勞苦。蒙樞密院於至元四年四月十一日阿保禿怯薛第
日，延春閣後咸寧殿內有時分，速古兒赤拜拜、必闍赤沙剌班、云都
赤脫脫、寶兒赤怯薛官人篤憐帖木兒、殿中教化、給事中當道驢、亦
思剌瓦僧吉等有來，本院官馬札兒台荅剌罕知院、哈八兒委大尉知
院、潑皮知院、福定知院、只延不花同知、阿魯灰帖木兒同知、只兒
駭副樞、當僧同簽、阿剌不化參議、阿魯灰經歷、定住都事、客省副
使兀奴罕、教化、蒙古必闍赤太平、也先等奏，交金震祖於江浙行省
所轄十字路萬戶府鎮撫趙衍致仕闕里，就帶前官牌面做鎮撫。委付
呵，奉

聖旨：那般者。欽此。當日交付火者禿滿迭兒

大皇大后根底啟呵。奉

懿旨：那般者。敬此。除欽遵外，當年八月十二日欽受

宣命，授忠翊校尉、平江十字翼萬戶府鎮撫。依奉上司照會，已於至
元五年四月初三日到於平江路十字翼萬戶府鎮撫所之任請俸勾當。至
元六年二月二十六日，奉省堂鈞旨，仰本職立便赴省，有事委用。奉

此。行至杭州聽候間，痔瘡舉發，關請醫治不痊，已成廢疾，不勝任職。親出三男。長男金午，正室張氏親生嫡長兒男，見年二十歲，年當少壯，弓馬熟閑，並無癈疾，不犯十惡、姦盜過名，合令依例承替本職管軍勾當。今將原受

宣命抄連似本在前，關請備申上司施行。准此。據十一都里正金南翁、主首朱伯振、房親金復祖、社長金公輔、隣佑金伯三等保結相同，當官令彩畫宗支圖本，依例相視。金午年壯無病，弓馬熟閑，堪以管軍，保結申訖照詳。得此。行據蒙古字學申：教授宋不花辨驗宣命，別無詐偽。所據金震祖原簽籍本路，於至正十二年四月十二日被反賊殘破城池，文卷燒毀，無憑揭照。為此，本路今將前事備申，定奪施行。准此。照得金震祖患病作缺，令男金午承替，未經照勘，似難憑准。行下鎮撫所，照勘相同。得此。府司今將徽州路并本府保勘事件用日字二號半印勘合書填前去開坐，申訖施行。得此。移准刑房付：近因賊人突入杭城，燒毀省治，卷冊不存，無憑查照。至正十二年七月以後至今，本人別無到房過名，替人金午亦無經犯十惡、姦盜等罪，移付照驗。」准此。送據左右司呈：令蒙古必闍赤普顏辨憑無偽，本省今用神字十號半印勘合書填，抄連所受文憑、宗支圖本籍面在前開坐，合行移咨，請照詳定奪施行。

右　咨

樞密院

至正十三年　月　日具官　押

神字十號

　　對比文書與地方志，可以看出地方志關於金震祖的事蹟出要來自於文書的記載。此外，隆慶刊《璫溪金氏族譜》卷之八〈征賢〉中有〈元徽州路總管府添設治中柴扉公事徊〉，也就是金震祖的傳略，則明確了相關事蹟的來源。

公諱震祖，字寶暘，號柴扉。幼從定宇陳先生學，比長，受易於胡雲峯（出《新安學系錄》全文，見〈存述〉）。嘗因講學，居宿於外。若有妖祟逼床幃，公叱之，忽失聲數載不治。一夕夢一羽衣謂曰：「子疾非世劑可療，吾以還丹相遺，可拜服之，乃長唫三十六年，如夢覺百千萬里，得官歸」之句而去。既覺，舉身流汗，神爽而聲清矣。至元元年，公年三十七，乃思夢中之句，遊上都，識者深加器重，薦之太史院（出〈行狀〉全文，見〈存述〉、《新安文獻志》摘下）。時左丞相唐其勢等謀不軌，公與右阿速衛指揮捨住隨右丞相、太師苔剌罕掩捕其勢，誅之。和尚剌剌等戰敗北奔。公與捨住復隨知院馬扎兒台苔剌罕追及剌剌苔里於怯魯倫戰一晝夜，生擒苔里等押赴上都。苔里其勢從父剌剌其黨也，至元四年四月論功，七月授公忠翊校尉、平江十字路萬戶府鎮撫。至元五年四月之任（出《學系錄》及〈麟一府君襲職咨〉，〈咨〉見〈裒翰〉）。勤於職事，正身率物。時元運蹙，紀綱漸紊，府課歲應入蘆柴三萬，當事者議隱，其一公俛首不言，退而嘆曰：「知進退存亡而不失其正者，其惟聖人乎。欺君賣友，皆所不能。」即有去志。至元六年二月，省堂有旨，召用公，行至杭州，告病歸（〈行狀〉）。是年冬，朝廷以大慶覃恩父承事郎江陵路把都兒民戶總管府副總管庚三府君封武畧將軍、江浙等處行中書省副都鎮撫、飛騎尉、休寧縣男。母汪氏追封休寧縣君，諭葬。妻胡氏追封休寧縣君，諭葬。祖母黃氏以公繼室張氏讓封休寧縣太君（各有〈宣命〉，全文見〈裒翰〉）。至正十一年秋，蘄黃盜起，十二年二月，破江州，掠南康、鄱陽。四月，由婺源犯我縣（出《縣志》）。公時家居已十年，一聞盜起，即發鄉丁從縣守亭障。募間遠行覘盜虛實（《篁墩文集》，元吳萬戶與程北山詩跋稱元季之亂，公與萬戶皆以知兵受薦，分道扞禦，未知何據，審爾當在是時）。知事不可為，乃遣長子午挈家累晦跡於杭，獨與仲子申駐石門山中。盜攻陷郡邑，殘虐逾甚。獨不得公所在。盜帥項奴兒勢尤猖獗，即盜中呼項明威。既對人自言名奴兒，殘郡邑四十餘所者也。奴兒至我縣，遣其徒索金鎮撫甚急。公

不為動，從奴兒來有孫哲者，收兵邑南里中，為里人吳相言家實殘於
盜，所以不死者，欲得其當為父報仇耳。相入其言，以告所善。同邑
諸故名家子弟及歙邑大姓得壯士可二千人逆賊於郡西七里溪，戰敗，
諸子弟壯士殲焉。相、哲皆死之。始相有謀告人曰，金鎮撫許我千夫
矣，故從之者眾。時事起倉卒，公初不知也，奴兒於是益自猖獗，遂
爾長驅（出趙東山〈贈金彥真授官序〉，全文見〈存述〉）。七月，午
在杭，浙東道宣尉使司同知副都元帥八爾思不花領兵隨本省右平章政
事光祿教化克復杭州路治。午備鞍馬願隨大軍征進。十月至獨松關，大
軍與賊對敵連日，午身先士卒，攻破獨松關，克復安吉縣治（出〈麟
一府君授千戶保章〉，全文見〈哀翰〉）。是月某日，奴兒眾潰，於廣
德間道來奔，公募民義潘社二等若干人，令申率之，授以方畧。至十
三都生擒渠魁偽元帥項奴兒、偽千戶趙普實、偽鎮撫蔣普義等獻轅
門，主將奪其攻，以畀所私。公不辨。不旬日，賊復攻陷我郡邑，求
執項奴兒者甘心焉。即公鄉里，殺公親弟謙，從兄祖壽（查譜，逸此
人）民義火佃寧童、宋福等一百餘人，燒毀房屋二百餘間，公因轉駐
遂安，隨改於建德城中（雜出〈授提舉序〉、〈擬授提舉咨〉、〈建德路
優恤關咨關〉，全文見〈哀翰〉）。十二月，午隨八爾思不花進兵昱
嶺，至大佛橋，午殺賊二人，至深渡，殺賊一人，割獲首級解官，不
願受賞。是月二十某日，午隨軍克復徽州路（〈授千戶保章〉）。至正
十三年二月，本省左平章政事榮祿三旦八引火兵至，檄召公及申，公
與申復隨榮祿，午鄉導徽州路泰翼路萬戶府萬戶趙德昊軍馬為前驅，
共克復休寧縣治（〈優恤關〉、〈授千戶關〉）。榮祿按失守之罪，始得
賊讐公事蹟，復以功歸公父子。據剿捕反賊例應授申以五品流官，但
以其非臨陣對敵因而擒獲，乃降授七品寧國路権茶副提舉。公猶請辭
再三，榮祿嘉之達於朝，奉詔命八爾思不花及徽州路總管府鄭傳翼旌
表金氏忠義之門（《授提舉序》、《擬授提舉咨》、《行狀》）。不花時兼
領徽州路泰翼萬戶府事（〈授千戶保章〉）。某月，公以疾告授鎮撫職
蔭（〈襲職咨〉）。至正十四年某月，不花敘公蔭男午前後功績，保陞

午常熟千戶所正千戶（〈授千戶保章〉）。公得授，以餘寇未平，懼有前日之變，仍留建德不敢歸。至正十六年五月，鄭傳翼關建德路及總制官浙東道宣慰使司都元帥遣徽州路經歷拜住，並詣建德，請公還徽州路防餘寇也。公辭，傳翼因保公為徽州路添設治中，意以動公也。七月，都元帥府劄付公領職。公固辭（有牒文、劄付，全文見〈哀翰〉）。至正十七年天兵取徽州路，自是賊黨漸平，公乃還我邑，即其居之汪源虎跑谷，引泉為池，依巖為屋，扁曰「樵隱」。綸巾藜杖，日逍遙於煙霞紗縹間，以終身焉（〈行狀〉）。此公履歷之大端也。公之在建德也，我縣嘗奉詔優恤，今其文不傳（〈優恤關〉）。建德路之恤公也，其詞云：驗功給賞，湏明効用之勞……庶少章於令德（以上全文見〈哀翰〉）。此數言者，皆足以驗公為人之實。《記》曰：「捍大患則祀之。」夫以公之功德，在人不得廟祀，已非人情，矧無鄉賢乎。公之問學，在《新安學系錄》，出處在〈行狀〉及諸先儒序文；功績才略，在郡縣志及各薦章，擬之勳賢諸公，似為無愧。而作志者顧以「武功」當之，蓋公生當勝國頹洞之秋，而大明御宇天造草昧比及清明世遠而人亡矣。何怪乎其不能識公也。但事蹟在方冊，不容盡滅，而天理之在人心，難以終泯，公之子孫卒未有能舉其事而直之者，予故表之，以俟。

　　從上文可以看出金震祖傳略主要來自了《璫溪金氏族譜·哀翰》中所收的文書，還有一些文集各方志等。可以說，璫溪金氏宋元及明初先祖的諸多事蹟，主要是通過這些文書彰顯於後世。故金瑤說：「事蹟在方冊，不容盡滅，而天理之在人心，難以終泯。」

三　從文書到方志

　　趙汸〈贈金彥直授官序〉一文中提到了這樣一件故事。至正十二年（1352），「鄞黃盜亂」發生時，金震祖「發鄉丁從縣令守亭障」。當發現事

不可為時，一方面，「乃遣其二子，托於遠山」，另一方面，「獨與中子（金符）申微服懷入官符牒與推恩宣命」避難[40]。戰亂之際，金震祖首先考慮到是「符牒與宣命」的安全，璫溪金氏對於這些文書的重視可見一斑。

明初洪武十年（1377），朱升之子朱同為徽州府教授，主持續修《新安志》[41]。續修的《新安志》中未記有璫溪金氏諸多先祖事蹟，引起璫溪金氏一族的不滿。洪武年間編纂族譜的金瑜（彥瑾）曾撰文批評朱同的行為：

> 翰林侍講學士隆隱朱先生祖居回溪，寓居石門。子大同為府教授時，得續《新安志》。同不念先世回溪朱氏與吾金氏有連，又不思厥考自幼從師講讀，出吾一經堂[42]下，故將吾家先德湮沒不傳，高祖主簿公咸淳戊辰右科進士，不列於進士題名記。伯祖總管公以子勳宣封飛騎尉、休寧縣男，不列於封建班爵類。又厥考撰吾祖宣使公墓誌，信遺殷勤，索之終不肯與……蓋志，一郡之史也。務在據事實書。無其事而書之，固非也。有其事而不書，尤非也……韓子有言：善惡隨人所見，憎愛不同，鑿空搆立，傳後世者，不有人禍，必有天刑。豈可不畏懼也……大同於吾家相知之深，且如此，其他紀而傳者，後必有公論在焉。因有所感，遂為之記，以俟他時秉筆立言之君子再續郡乘者覽之，幸無蹈前轍也。[43]

璫溪金氏與回溪朱氏為世交，而朱同之父朱升又自幼在璫溪金氏的書館——一經堂「從師講讀」，與金氏相交甚深。但朱同主持續修《新安志》

---

40 〔元〕金彥忠：〈元忠翊校尉十字路萬戶府鎮撫金公行狀·附〉，程敏政輯：《新安文獻志》，卷97。

41 朱同修《新安志》僅存佚文。關於朱同編修的《新安志》，參照蒲霞：〈朱同《新安志》的價值及其利用〉，《徽學》卷7（2010年），頁211-219。

42 一經堂是璫溪金氏的書館。〔元〕胡一桂：《一經堂記》（《璫溪金氏族譜》，卷13，〈袞翰二·記〉）載：「海寧桐岡金君築室儲書，延師教子若孫，扁其堂曰『一經』。」

43 〔元、明〕金彥瑾：《璫溪金氏逸事記》，〔明〕金瑤：《璫溪金氏族譜》，卷13，〈袞翰二·記〉。

時,卻不列瑠溪金氏諸多先祖事蹟,使金氏「先德湮沒不傳」。同時,瑠溪金氏多次寫信給朱同,索取其父朱升為金南召(宣使公)撰寫的墓誌,朱同也不肯交出。金瑜對此非常憤怒,他認為府志乃是「一郡之史」,「有其事而不書,尤非也」。他引韓愈所言,認為朱同這種「鑿空構立」的修史行為,「不有人禍,必有天刑」[44]。故撰文以記之,期望後世自有公論。

雖然由於朱同的原因,洪武《新安志》未能開列瑠溪金氏先祖事蹟,但瑠溪金氏也開始尋求將這些文書刊刻成書,以存永久。正統五年(1440),金希宗修族譜,始將這些先祖有關的符牒、宣命等文書刊刻入譜。也正是經過瑠溪金氏不斷地努力,到了弘治年間,徽州府修府志,金革始被列入「進士題名記下」。嘉靖年間重修府志,金南庚也列入也「休寧縣男爵下」[45]。在當時人看來,家譜乃是私籍,而方志則為公籍,為「郡邑之信史」,故而「志不載,譜雖實,何以示信」[46]。正是因為瑠溪金氏家族重視保存先祖的符牒、宣命等公文,其先祖事蹟得以歷經宋元、元明兩次鼎革之亂而得以留傳下來,到了明代中期,其先祖事蹟收入府縣誌,遂成「信史」。可以說,如果沒有這批文書,瑠溪金氏先祖事蹟也將湮沒不聞。

金瑤在編修族譜時,不僅重視搜集符牒、文檄等公文,而且也重視搜集登記祖先墓產的產業簿。《瑠溪金氏族譜・凡例》中提到,洪武年間編修舊譜時,「先世諸祖墓經理、畝步、字號、四至」等內容多出自元代瑠溪金氏的墓產簿──〈桐竹簿〉,而金瑤編修族譜時,又找到了兩冊與洲陽金氏共享的宋代墓產簿──〈烏皮簿〉(原六冊),他比對宋、元兩種產簿,「凡二冊有載者,併入之,以備參考」。

也正是瑠溪金氏一族對於這些先祖文書的重視,使得這批材料得以留存

---

44 洪武十五年(1382)三月,朱同以吏部司封員外郎官升任禮部試侍郎(《明太祖實錄》,卷143,洪武十五年三月丙寅,頁2253),但不久「坐事死」(《明史》,卷136,〈列傳〉第二十四〈朱升〉,第13冊,頁3930)。

45 金瑤在金彥瑾《瑠溪金氏逸事記》文後附注曰:「舊郡志已列主簿公於進士題名記下(見於弘治《徽州府志》,卷6,〈選舉・科第〉),新郡志又列總管公於休寧縣男爵下(見於嘉靖《徽州府志》,卷21,〈封建〉),足以慰公九原之思。」

46 〔明〕金瑤《瑠溪金氏族譜》,卷9,〈錄仕〉。

下來，為當時地方志與族譜的編纂提供了可信的素材，也為今天復原及璫溪
金氏的家族史，了解徽州地方的歷史，了解宋元明三代中國歷史的諸多問
題，提供了很多新的、重要的依據。

祖先觀念和祭祀的轉變

──明朝的徽州宗族[1]

郭錦洲

香港浸會大學歷史系

萬曆四十年（1611），徽州歙縣知縣劉伸[2]審理了一宗與祠堂有關的案件，案件中縣城呂氏宗族成員呂應松等人被控圖謀霸占一所名為呂侍郎祠的神廟和斬伐神廟附近的林木，呂氏則聲稱呂侍郎是他們的祖先，呂侍郎祠是他們的祠堂，他們一直在祠內祭祖，而祠旁的山地林木都是屬於他們的。最後知縣劉伸判呂氏敗訴，其判詞如下：

> 審得呂應松貪利盜賣官物……今將據為一姓之業，則凡海內崇報之祠，不少為其子孫者，皆亦得以己意而據之乎、伐之乎……試問朱文公之祠在新安者多矣，文公之子孫，不聞一一而據之也。[3]

1 本文修改自筆者的博士論文，研究得到中華人民共和國香港特別行政區政府大學教育資助委員會第五輪卓越學科領域計劃「中國社會的歷史人類學研究」項目贊助，特此鳴謝。

2 劉伸任歙縣知縣約在萬曆中期。參考〔清〕丁廷楗、趙吉士編修：《徽州府志》（康熙三十八年〔1699〕刊本，臺北市：成文出版社，1975年），卷4，頁3b。

3 〔明〕呂仕道：〈歙縣劉公審語後附訴言〉，《新安大阜呂氏宗譜》（萬曆五年〔1577〕刊本；1935重刊），卷6，頁12b-13a，該譜藏於猶他家譜學會。關於《新安大阜呂氏宗譜》的編刊時間，可參考欒成顯：〈新安大阜呂氏宗譜研究〉，《徽學》，卷6（2010年12月），頁133-151。

劉伸的判詞顯示出，在明朝徽州人的觀念中，「血緣」的宣稱並不足以表示該祭祀場所屬某一宗族的祠堂，就正如在徽州的朱熹祠，祠內祭祀朱熹並不等於該祠由朱姓子孫所有。官司並未因劉知縣的判詞而完結，呂氏後來上訴至徽州府和都察院，他們的理據是「如曰公祠，必系眾建，從來修葺何人？如曰官祠，必系官祭，從來對越者何宦？」[4]對越解作帝王祭祀天地神靈，在此則表示官府並無派代表於呂侍郎祠內祭祀，換句話說，呂氏聲稱從來參與營建和祭祀儀式的就只有呂氏族人，並以此證明該祠是呂氏祠堂。在劉知縣的判詞和呂氏辯解的背後，其實都是在嘗試解答一個問題，「什麼才是祠堂？」從以上的例子可知，在明朝萬曆年間要分辨哪一所建築物是祠堂，是需要打多次官司才能弄清的問題。

　　宗族是研究明清社會史重要的課題，而祠堂則是宗族的核心。近年，不少學者立足於華南，以歷史人類學的角度研究中國各地的宗族歷史，並透過比較各地不同的發展，嘗試展示出一幅與傳統史學有別的中國社會史。就以科大衛的珠江三角洲研究為例，他認為在華南地方社會，明朝嘉靖年間的禮儀改革，是祠堂變化的其中一個關鍵：嘉靖年間禮儀改革之後，百姓模仿《明集禮》內家廟的形制，大量興建「家廟式」祠堂（參考圖一），這類型的祠堂有特殊的形制，例如三進的格局、高出的臺階和外卷的屋簷，祠堂的意思與家廟等同起來，而在這些「家廟式」祠堂內，祭祖範圍可以超越四代，拜祭始祖；但在嘉靖之先，這類型的祠堂其實並不普遍。[5]

4　呂龍光序：《新安大阜呂氏宗譜》（萬曆五年〔1577〕編刊；1935重刊），卷6，頁14a-15a。

5　科大衛：〈祠堂與家廟——從宋末到明中葉宗族禮儀的演變〉，《歷史人類學學刊》第1卷第2期（2003年10月），頁1-20。

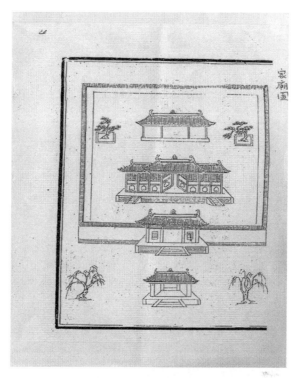

圖一 家廟圖[6]

　　如果我們借助華南研究的經驗來看中國其他地方，則會發現一有趣現象，就是在不同的地方社會，當地人所稱為祠堂的建築物，與華南的「家廟式」祠堂有很大分別。例如在湖北，祠堂內是有戲臺的；在臺灣，祠堂只是一間小小的三合院。就以徽州為例，當地固然有大量的「家廟式」祠堂，而且其興建時段同樣不會早於明朝嘉靖年間，由此可知中央王朝的禮儀改革，同樣影響著徽州，但同時徽州亦有非「家廟式」的祠堂，就以剛才提到的呂氏官司為例，呂氏聲稱屬於他們的呂氏宗祠，便不是「家廟式」祠堂（參考圖二）。

6　轉載自科大衛著，卜永堅譯：《皇帝和祖宗──華南的國家與宗族》（南京市：江蘇人民出版社，2009年），頁125。

圖二　太平興國寺圖⁷

　　對於不同地方存有祠堂形式的差異，我們的問題不應在於「哪一種祠堂才是正確的形式？」因為不同地方的人對祠堂的理解，都存有一套「正統」的觀念，即是認為他們當地的祠堂是「正確」的形式，其他地方的祠堂形式才是「錯誤」，而這套「正統」觀念，其實與王朝禮儀的推廣息息相關，而不同的地方社會，亦會因應各自不同的歷史，在不同時期和不同背景下，接受、融合、修改和實踐這套王朝禮儀。正因為不同地方有不同的「正統」觀念，當中是沒有「正確」和「錯誤」。所以，我們問「祠堂的『正確』形式是什麼？」是沒有意義的。相反，我們的問題應該是「當地人什麼時候認為這個建築物才是祠堂？」因為儘管各地對祠堂的「正統」觀念不同，但各地總有一段時間接受這套「正統」觀念。另外更重要的問題是，「在當地人確立祠堂觀念之先，當地社會是以什麼禮儀來與中央王朝建立關係的？」只有透過這兩個問題，我們才可以了解地方社會與王朝的關係，在不同的時段出現怎樣的變化。本文的目的，就是嘗試解釋明朝中葉徽州的祠堂是建基於怎樣的舊禮儀上演變而成的。

一　神明和祖先

　　在徽州社會，祖先和神明形象重疊。在宋朝已有文章記載，受祀於廟宇或社壇的地方神明，往往亦被視為當地人的祖先，而且這套祖先和神明重疊的觀念，一直延續至明清時期。這觀念對研究徽州社會的變化非常重要，但同時這觀念亦容易誤導後世學者，誤以為宋元時期以神明祭祀方式崇拜祖先，便等同明清時期的宗族祭祖儀式。其實，我們只要細心察看宋明時期祭祀禮儀的變化，便會明白這兩段時期的祖先觀念分別很大。

　　地方神明汪華是一個非常好的例子來描述祖先觀念的變化。汪華是隋末時期的徽州人，戰亂時割據一方，後來投降於唐高祖李淵。明清時期的徽州不同地方的汪氏宗族，多視汪華為祖先，祭祀於祠堂內。但同時，汪華亦是徽州的地方神明，自宋至明清一直受歷代朝廷承認，冊封神號，列入祀典之內。在五代，已有資料顯示出汪華這位地方神明與政權的關係，唐末歙州刺

史陶雅的幕僚汪台符[8]，在九〇二年寫了一篇〈歙州重建汪王廟記〉，極力推崇汪華在地方上的功勞，但在字裡行間只稱汪華為「越公」和「汪王」，並沒有提及汪華具有官府冊封的稱號和廟號。更重要的是，該文章建立起汪華亦神亦祖的形象。文章作者汪台符一方面頌揚主子，另一方面聲稱汪華是自己祖先：

> 台符越公之裔，潯陽之吏，祖能神、主能賢，辭或不直作神之羞，辱主之命。[9]

「潯陽公」是指陶雅，汪台符宣稱自己是汪華的後人和陶雅的下屬，他認為如果自己不寫這篇文章，不表揚祖先和主子的功勞，等同羞辱了二人。汪台符其實是借汪華的形象來影射陶雅的上司淮南節度使吳王楊行密，所以這篇文章的政治意味甚重，詳細內容不能在此分析，但需要特別注意的是汪台符只聲稱汪華是自己祖先，但沒有提到汪華與當時其他汪姓者的關係，這點與後來南宋汪華被奉為所有徽州汪姓者祖先有所不同。

南宋時期，宋室首都由開封遷往杭州，徽州與杭州以水路新安江相連，徽州的山林經濟作物大量輸往杭州，其地位亦變得非常重要。就在這背景下，地方神明汪華的形象出現變化。南宋淳熙初年（約 1174 年）編修的《新安志》，是官修的徽州地方誌，當中記載了大量關於汪華的資料，包括了宋朝政府多次的冊封神號和廟額，在乾道四年（1168）的一次接冊封，汪華已是一位具有八字封號的神明，其神號已非常尊崇。根據韓森（Valerie Hansen）的研究，官府授與封號和廟號給當時未被國家系統承認的地方神，是將地方社會納入王朝體系的方法，神明的封號越長，代表其神力越大和越受政府重視；同樣，地方社會亦樂意將神明如何福祐地方社會和對政權的忠

8　汪台符生平可參考〔宋〕羅願：《新安志》（收入《四庫全書珍本》，第6集第323冊，臺北市：臺灣商務印書館，1976年），卷6，頁6b-7a。

9　〔五代〕汪台符：〈歙州重建汪王廟記〉，收入〔唐〕李昉：《文苑英華》（收入《四庫全書》，第1341冊，上海市：上海古籍出版社，1987年），卷815，頁7a-9a。

心上報給官府知道，以這個方法來得到中央承認。自宋徽宗年間（在位1100-1126）全國各地的封神賜額數字大增。[10]《新安志》的〈姓氏〉一章提及當地六個著姓，汪姓是其中之一，而汪姓者祖先便是汪華：

> 唐歙州刺史汪華居新安，故望出新安。今黟歙之人，十姓九汪，皆華後也。[11]

南宋《新安志》「十姓九汪」這套說法與五代時汪台符的文章有很大分別，汪台符的文章只提到汪華是他個人的祖先，但《新安志》的「十姓九汪」說法，卻是指徽州大部分人都是汪姓，這些汪姓者都是汪華的後人。[12]

到了元末至正十六年（1356），徽州文士唐桂芳（1308-1381）撰寫的〈重建茆田靈顯廟碑記〉便再提到「十姓九汪」這套觀念，但同時亦加以發揮。茆田靈顯廟是祭祀汪華的行祠，唐桂芳為這所汪華廟宇寫文章時提到，「歙十姓九汪、本其譜系。」[13]與《新安志》的分別在於唐桂芳自己加上的「本其譜系」這一句，其意思是當地的汪姓可以「譜系」聯繫上神明汪華。

譜系是一項重要的方式，來證明後人與祖先的關係。人類學家弗里德曼（Maurice Freedman）的宗族研究便指出，華南宗族便是透過譜系，包括文字譜系（族譜）和儀式譜系（祠堂內的祭祖），來顯示出宗族內祖先與後人的關係和宗族成員的資格。所以譜系的重要性在於讓我們區分了「族」（clan）和「宗族」（lineage）。「族」和「宗族」都是聲稱有共同祖先的群體，但是「族」以鬆散形式存在著，不一定有把成員一代一代聯繫上共同祖

---

10 Valerie Hansen, *Changing Gods in Medieval China*, 1127-1276 (Princeton, N.J.: Princeton University Press, 1990).

11 〔宋〕羅願：《新安志》，卷1，頁23b-26a。

12 〔宋〕羅願：《新安志》，卷1，頁16b；〔宋〕鄧名世，《古今姓氏書辯證》（收入《四庫類書叢刊》，上海市：商務印書館，1992年），卷15，頁10a-10b。

13 〔元至明〕唐桂芳：〈重建茆田靈顯廟碑記〉（約著於1356年），見氏著：《白雲集》（收入《四庫全書珍本》，第4集第303冊，臺北市：臺灣商務印書館，1973年），卷6，頁28b-30b。

先的譜系；「宗族」除了承認有著同一祖先之外，更依賴一代一代的譜系來控制著財產，並明確列出「房派」之分。宗族成員捐贈給祠堂的財產並非「族」內所有成員都可共用，而是按據譜系和祠堂祭祀禮儀來決定誰有份。[14]

如果以這個譜系的角度來分析徽州社會，則會發現元朝初年和末年徽州人的祖先觀念有一個很大的變化，就是元朝初年，徽州人描述祖先的方式，不會超越四代。元初建德路總管方回（1227-1307）的文集，收錄了多篇文章闡述其家庭狀況、編修族譜和對祖先的描述。方回提到「歙之方氏，皆東漢賢良洛陽令贈太常方公儲之後。」[15]這位方儲，其實也是徽州當地的地方神明，受祀於柳亭真應廟，但在方回的文章中，並沒有描述一條方氏後人與方儲連接的譜系，而柳亭真應廟亦不是一所屬於方氏所有的廟宇。[16]方回較能掌握的祖先資料，是祖先的墳墓，而他提及的祖先墳墓，最早的是高祖的墳墓，在他的文章亦沒有提及其他如祠堂之類的祭祀場合。方回所編製的譜系，稱之為「圖」，是一份以其父親與四位叔父為中心的譜系，將祖父、父親、自己、兒子和孫兒五代人的名字放進「圖」內。方氏的族譜，並非要追溯遠祖，而是要將他自己和四位叔父的家庭聯繫起來，成為一個血緣組織。綜合以上的資料，方回所知道並能描述的祖先背景，不會超出高祖之四代祖先的範圍。

方回死於一三〇七年，沒有多少關於方回後人的資料傳留下來，所以要追尋方氏描述祖先方式的發展，需要參考其他資料。根據徽州師山書院山長

---

14 Maurice Freedman, *Chinese Lineage and Society: Fukien and Kwangtung* (London: Athlone P.; New York: Humanities P., 1966), p.169。關於「族」與「宗族」的分別，可參考 Morton Fried, "Clans and lineages: how to tell them apart and why — with special reference to Chinese society," *Bulletin of the Institute of Ethnology,* No. 29 (1970), pp.11-36；同樣，伊佩霞（Patricia Buckley Ebrey）和華琛（James L. Watson）認為「族」與「宗族」的中國字義太容易混淆，而特別提出兩者的定義，參看 Patricia Ebrey and James Watson, ed., *Kinship Organization in Late Imperial China* (Berkeley: University of California Press, 1986).

15 〔宋、元〕方回：〈先祖事狀〉（著於1275年），見氏著：《桐江集》（收入《續修四庫全書》，第1322冊，影印宛委別藏清抄本，上海市：上海古籍出版社，1995年），卷8，頁8a-11a。

16 〔宋、元〕方回：〈歙縣柳亭真應仙翁廟記〉，見氏著：《桐江集》，卷2，頁5a-7a。

鄭玉（1298-1358）撰寫的〈方氏族譜序〉，有「方君名某」邀請他為方氏寫族譜序，譜序內容沒有指出這位方君與方回有何關係，也沒有提到寫作年份，但以鄭玉生平來推斷，該文應該著於一三四〇年代。在序文內鄭玉說他「觀方氏族譜」之後，稱讚方氏「行誼於斯譜，尤用心。」原因是方氏族譜與以前的譜系有所不同：

> 自宗法廢，而先王所以睦族之意竟不可見，獨賴譜系之存，世數猶可考也……方君之譜不及者，世則遠矣，而於源流行實，複備錄焉，所以著其始也，其亦識隆殺之等，而盡親親之道者哉。予每在世之奸人俠士，妄取前代名公卿，以為上世，自詫遙遙華胄，以誣其祖，以辱其身，如郭崇韜拜子儀之墓者，其亦可誅也。已至若以為譜系有限，高曾之外，即不復著，而不知先王制服以情後世，著譜以考其源，二者義實不同。如蘇明允之序其族譜者，其亦隘矣。方公之譜舉無此弊。[17]

五代時期後唐將領郭崇韜因為冒拜郭子儀墳墓而受到嘲笑，[18]鄭玉引用此典故來指斥妄稱祖先為歷史顯赫名人的作法。但如何判斷是否妄稱，則需要譜系來證明後人與祖先之間的關係。鄭玉稱讚方氏族譜的譜系已超越了高、曾、祖、考四代範圍。鄭玉認為古禮的五服之制，是以親情作考慮，但譜牒的目的，是要追溯始祖，二者意義不同，所以他認為蘇洵所著的族譜，譜系只覆蓋五服內的族人，祖先只追溯至高祖，實在過於狹隘，而方氏族譜，則沒有此問題。換言之，這本方氏族譜的譜系，已突破了譜系不超過五服的規限，向上追溯高祖之前的祖先。而根據鄭玉的描述，元朝中後期的譜系，重點在於「考其源」的功用，即是以譜系來追溯遠祖。亦正因為這個原因，譜

---

17 〔元〕鄭玉：〈方氏族譜序〉，見氏著：《師山集》（收入《四庫全書》，第1217冊，上海市：上海古籍出版社，1987年），卷1，頁6a-8a。

18 郭崇韜資料可參考〔宋〕歐陽修：《新五代史》（北京市：中華書局，1974年），卷24，〈唐臣傳十二‧郭崇韜〉，頁251。

系聯繫上遠祖的同時，亦能夠聯繫上神明。

元末明初的族譜沒有多少留傳至今，但幸運的是，在當時徽州士人的文集內，收錄了不少他們替別人族譜所寫的序，從這些序文中，大約可知當時的譜系，已突破了四代祖先的範圍，編修追及遠祖的譜系已是普遍的作法。[19] 關於元朝譜系的變化，需要另文詳述，但對於元朝的譜系我們還要注意的一點，就是當時雖然已有文字譜系，但在祭祀儀式上祭祀歷代祖先的禮儀仍未普及。方回在真應廟內祭祀神明方儲，但在真應廟內並沒有由方儲以下歷代祖先的祭祀禮儀，所以真應廟的祭祀仍是一套祭神儀式，與明清時期的祠堂祭祀相距甚遠。另一個例子是鄭玉，鄭玉在至正十五年（1355）寫的〈鄭氏石譜序〉中提到，他在其祖父的墓碑刻上十五代族人的石譜。[20] 這幅刻上十五代族人的石譜或許會給人一個錯覺，以為當時鄭氏已能組織人數眾多的集體祭祀，但實際上刻碑的墳墓屬於鄭玉的祖父，而不是石譜上的始祖，所以當墓祭時，祭祀的參與者只會是鄭安的後人，而不是始祖的後人。根據鄭玉祖父的墓道碑，鄭安有五名兒子、十五名孫，所以儘管石譜記載了十五代族人，但確實參與墓祭的人數，應該不會超過五十人。[21] 在墓碑刻石譜其實是古老的習慣，在北方頗普遍。[22] 但要注意的是，鄭氏的石譜並不是由祖先流傳下來，而是由鄭玉刻在其祖父十世祖鄭安的墓碑上。換句話說，鄭玉是在利用傳統的方法，來表達出一套創新的祖先觀念。

總括來說，在宋元時期徽州人的祖先觀念中，祖先便是神明。元朝譜系的改變亦同時改變了徽州人聯繫他們與祖先和神明關係的方法，要到明朝，後人與祖先的關係在祭祀上才開始出現變化。但在討論祭祀變化之先，我們

---

19 關於元末明初徽州士人的文集，可參考〔元、明〕唐桂芳：《白雲集》；〔明〕唐文鳳：《梧岡集》；〔元、明〕朱升：《朱楓林集》。

20 〔元〕鄭玉：〈鄭氏石譜序〉（著於1355），《師山集》，卷1，頁13b-14b。

21 〔元〕揭傒斯：〈歙令鄭君墓道之碑〉，收入〔明〕鄭燭輯：《濟美錄》（收入《四庫全書存目叢書》，第95冊，影印北京大學藏嘉靖四十四年〔1565〕家塾刻本，臺南縣：莊嚴文化事業有限公司，1996年），卷1，頁3b-6a。

22 王日根：〈從墓地、族譜到祠堂：明清山東棲霞宗族凝聚紐帶的變遷〉，《歷史研究》2008年第2期，頁75-97。

還要先明白徽州成為朱明王朝一部分之後，新的王朝制度怎樣影響著當地的
祖先觀念。

二　里甲戶籍制度與祖先

根據楊訥的研究，朱元璋早在龍鳳四年（1358）、仍未建號洪武之時，
便已占據徽州，當時徽州已是一個早與南宋和元朝王朝建立聯繫，發展出固
有傳統的地方。所以朱元璋早期管治徽州的方法，並不是推行重大的地方改
革，而是依循舊有傳統政策來徵取徽州地方大族的兵源和糧食，以支持朱元
璋軍隊在其他地方的戰事。[23]到了一三六八年，朱元璋在南京登上帝位，建
號洪武後，便意圖推行多項例如里甲戶籍的全國性政令。但不要誤會這些新
王朝政令會將地方社會改頭換面，事實上這些政令，必須配合舊有的祖先觀
念，才能在地方社會實際運作。

朱元璋起初占據徽州時，以「自實田」為其徵稅辦法，由居民自報占田
數額，再由官府查勘登記。徽州在癸卯（1363）、甲辰（1364）和乙巳
（1365）年都有登記土地，編造冊籍。[24]這些冊籍與後來朱元璋定都南京後
推行的里甲戶籍非常不同，前者純粹是土地登記，科徭是根據擁有土地多少
而定；後者是以戶為主體，官府根據登記者所屬戶內的人丁和田地兩項資
料，將登記者編入不同等級的里甲戶，登記者是因應其戶的等級大小而付出
相應的賦役。因此，劉志偉的研究認為里甲戶籍制度除了是土地登記外，更
是一種戶口登記，具有「編戶齊民」的意味，只要百姓被編入戶籍內，則屬
國家一員，所以里甲制是將地方社會納入國家體制的重要措施。[25]里甲制度
是國家政策，但在徽州實際運作時，是以什麼作為登記入里甲的資格呢？撰
於洪武四年（1371）的〈真應廟宗支合同〉，提供了一些線索：

23　楊訥：〈龍鳳年間的朱元璋〉，《元史論叢》，第4輯，1992年第2版，頁215-216。

24　楊訥：〈龍鳳年間的朱元璋〉，《元史論叢》，第4輯，1992年第2版，頁215-216。

25　劉志偉：《在國家與社會之間：明清廣東里甲賦役制度研究》（北京市：中國人民大學
　　出版社，2010年），頁28-93。

聖旨命韓國公李為嚴查天下百姓，軍民匠戶人等知悉：各姓供報，官
給民由，始終本末，某處來歷，某處為官，以分良賤事。韓府查得，
「方姓之族……今驗方姓支圖，歷朝所遺，遷居甚明，果是世家大族
也。」韓府驗過吾氏宗支圖，並偉、儲、幹公等容像，賜印供報，官
給民由可據。今為子姓繁衍，分派遷居散住，昭穆難以齒序，因而立
有支圖，流傳後代。日後子孫照各遷居祖宗之名，相接流傳，以為宗
親之驗。立此支圖，一樣十紙，各執一紙，永遠存照。[26]

這篇文章指出，替方氏驗證祖先來歷的人，便是鼎鼎大名的韓國公李善長，
這點反而使文章的真確性值得商榷，但這並不表示我們不能利用這些資料作
歷史研究。[27]〈真應廟宗支合同〉所反映的，並不單是明初中央王朝在徽州
推廣里甲戶籍制度的情形，還說明了登記入里甲的資格。

「民由」即是「民由戶帖」的簡稱，是登記入里甲戶籍的證明，方氏能
夠成功取得「民由」，先決條件是方氏能夠提供祖先譜系和官曆，以此證明
「某處來歷」。但本章的重點不是要考據這點，而是要指出當時人認同祖先
譜系與戶籍登記的關係，而且兩者都是「以分良賤」、即成為王朝子民資格
的重要關鍵。

根據引文，李善長查驗過方姓祖先方偉、方儲和方幹的容像和方氏「支
圖」，方偉和方儲是漢朝官員，方儲更是真應廟內受祀的主神，方幹則是唐
朝詩人。「支圖」的內容明顯不是將這幾位遠祖聯繫至明朝族人的譜系，因
為正如〈真應廟宗支合同〉的內容所記載，他們的世系已是「昭穆難以齒
序」，所以只能將各地方氏各自的譜系，以合同方式併合起來，稱之為「支
圖」，「支圖」一式十份，分給十「派」，即是十處住在不同地方村落的方

---

26 〔清〕方善祖修：《歙淳方氏柳山真應廟會宗統譜》（上海圖書館藏乾隆十八年
〔1753〕本），卷18，頁29b。該譜收藏於上海圖書館。

27 族譜內所述說祖先的故事，如何反映出當其時的地方歷史。參考劉志偉：〈歷史敘述與
社會事實——珠江三角洲族譜的歷史解讀〉，《在國家與社會之間：明清廣東里甲賦役
制度研究》，頁233-255。

氏，在合同之後列出這十派方氏的名稱和居住地。鄭振滿的研究指出，宗族是可以透過合同方式建立起來。[28]〈真應廟宗支合同〉的內容，正是十派方氏以合同方式建立起來。

根據《方氏統譜》，在十六世紀之先，參與柳山真應廟的只有方氏蘇磻派，[29]根據樸元熇的研究，蘇磻派方氏居於徽州蘇村和磻溪，與柳山真應廟地緣最近。[30]但自十六世紀開始，各地方氏開始參與柳山真應廟的運作。在一份著於正德八年（1513）的〈方氏族譜請戶部鈐印部牒〉提到，在弘治年間方氏為了柳亭方儲廟的擁有權與僧侶打官司：

> 弘治間，被叛僧福清等雜以他神，混處廟中，將產盜賣，圖泯改寺，廟業幾覆。族眾方達、方原等鳴公具奏，蒙恩命撫按斷勘，廟業復舊。遠宜等誠恐將來支庶散處，慮廟食淪亡，將愈久而愈失其傳也。為此，告投通狀，前赴本部，請給部印，鈐蓋譜牒……准此，移文所屬有司查驗，勘方氏族眾，與告詞相同，合給全印，共計壹百伍拾三顆，鈐蓋譜牒壹冊，付遠宜等收執，遺傳來世，永守弗替。[31]

這份〈方氏族譜請戶部鈐印部牒〉是由「磻溪里舉監儒生方遠宜、方紀達、方明育、方元澄」呈上地方政府。在整件事件中有兩批方氏族人參與，一批是在弘治十五、十八年的官司中出錢出力的參與者，例如方達（即方彥達）和方原，方彥達更一度被官府拘禁，而千餘緡官司費用，由方墀一人支出。如參考族譜，方達、方原和方墀都屬於蘇磻派，族譜沒有記載他們取得任何功名；另一批則沒有參與官司，而是在官司後呈請官府的方遠宜等人，他們希望官府在方氏族譜上蓋印，承認他們所宣稱的方氏歷史和真應廟的擁有

28 鄭振滿：《明清福建家族組織與社會變遷》（長沙市：湖南教育出版社，1992年）。

29 明朝洪武年間稱之為蘇磻派，到萬曆年間則分析為蘇村派和磻溪派。

30 樸元熇：《明清徽州宗族史研究：歙縣方氏的個案研究》（北京市：中國社會科學出版社，2009年），頁43-44，211。

31 〔清〕方善祖修：《歙淳方氏柳山真應廟會宗統譜》，卷18，頁41b-42a。

權。他們名義上是以「磻溪里舉監儒生」與官府打交道，但根據族譜，他們並不屬於蘇磻派，而是屬於其他不同的派別。我們還須注意最後的結果，官府答應，在方氏族譜一冊上，蓋上一百五十三顆印，而這份蓋滿官印的族譜，是由方遠宜等人而不是蘇磻派族人保管。這個安排顯示出各派族人各取所需，蘇磻派尋找到有力的方姓盟友。而且在以後的日子，官府承認了方氏十派、他們的共同祖先方儲和共同擁有柳山真應廟等說法。

對於明初時期的方氏，祖先故事非常重要，因為他們是透過悠長的祖先譜系或顯赫的祖先傳說，成功登記入里甲戶籍，成為明朝子民。對於那些沒有登記入戶籍的人來說，祖先同樣重要，因為他們只要能透過通譜，與那些已登記入戶籍的人建立共同祖先的譜系，他們的社會身分和地位同樣受政府承認。

到後來，自然繁衍的人丁數字沒有更新在戶口登記內，甚至是百姓為了逃避賦役，以「相冒合戶」來隱瞞原來的人丁事產，這些最終都會導致的嚴重失實。當時的徽州官府亦明白箇中問題所在，嘉靖版徽州府志的編者便提及，「夫按計書觀戶口，信蕃庶矣，而著籍豈盡實！往余少嘗屬役於里中，睹編戶流移，十常三四，其著籍者亦赤立無物業，每遇徵需，卒不能取之下戶，即里長破產償，苟處苛責，官府不知也。」[32] 府志編者指出，如果只看冊籍的戶口登記記錄，便會以為人丁增加，地方繁榮，但登記入戶籍的資料，又豈會完全真實，編者指他年少時曾在里甲中服役，目睹所登記的戶口，十之三四，都因經時間流逝而導致內容失實，有的登記入戶口者，更是全無資產的，每當官府徵需，不能從下戶取足需要，便將矛頭指向里長，由里長補償所不足的，最後亦導致里長破產，官府不知就裡，便處處苛責。在此戶籍登記嚴重失實的情況下，地方衙門所以能夠繼續運作，原因是各尋自救的方法，改革賦役制度，所以早在正統年間，便有地方政府推行「均徭法」、「均平法」，各地政府在不同時間有各自的改革，但大體上，改革的整

---

32 〔明〕何東序，〔明〕汪尚寧編修：《徽州府志》（嘉靖四十五年〔1566〕刊本，上海市：上海古籍書店，1981年），卷8，頁44a-44b。

體趨向是賦役折銀和定額化,最後集大成的是萬曆年間的一條鞭法。[33]

　　劉志偉和科大衛都指出,廣東地方政府賦役制度的改變如何影響了地方社會的發展。[34]同樣,徽州同樣經歷過這段賦役改革,明朝徽州府出版過兩次府志,其內容非常具體的反映出徽州賦役改革的整個過程,《徽州府志》第一次出版於弘治年間,序於弘治十五年(1502),第二次編修府志,志序於嘉靖四十五年(1566),兩者相差約六十年,如果比較兩本《徽州府志》,則會發現在嘉靖年間,徽州府已將力役折銀,將戶籍由戶口登記變為納稅的戶口。[35]當中的改變,單看兩本地方誌都是用「戶」這個詞彙,是很難明白的,但如果用英文,賦役改革前的「戶」是 household,改革後的「戶」即是 account,這樣便更能明白改革的重要變化。

　　徽州的賦役改革,是徵稅不再以里甲戶籍內的「戶等」[36]為標準,改變為根據丁糧多寡來徵收,但並不是完全取消里甲制。原因是在舊有制度下,官府徵役則找里長,徵糧則找糧長,所以如果里甲完全解體,官府馬上面對的問題,就是不知找誰來承擔責任。如果在沒有里長、糧長幫助之下,單靠衙門差役,實在難以徵取幅員廣闊、參差零散的丁田賦稅,所以官府便需要想辦法,將百姓以里甲的名義編眾在一起,易於徵取賦稅。而新的編眾方法,已不是朱元璋當初的設計。嘉靖版徽州府志便有一段記錄,表達了編排里甲的變化:

33 劉志偉:《在國家與社會之間:明清廣東里甲賦役制度研究》。

34 劉志偉:《在國家與社會之間:明清廣東里甲賦役制度研究》;David Faure, *Emperor and Ancestor: State and Lineage in South China* (Stanford, Calif.: Stanford University Press, 2007).

35 〔明〕彭澤、〔明〕汪舜民編修:《徽州府志》(明弘治十五年〔1502〕刊本,臺北市:臺灣學生書局,1968年),卷2,頁34b-39;弘治《徽州府志》,卷3,頁72-74;嘉靖《徽州府志》,卷8,頁4;頁24a-38b;康熙《徽州府志》,卷6,頁60b-63b。

36 在明初里甲制的設計中,政府會把戶分為九個等級,所以明初政府收稅的方式並不是比例稅,而是等級稅,等級稅的意思是每一戶並不是多一人丁便多交一份稅,而是當人丁和田地數字過了一個界線時,便會被評定為大戶,賦稅額亦大量增加,相反,土地和人丁都不足以成一戶的畸零戶,更可免差役。參考劉志偉:《在國家與社會之間:明清廣東里甲賦役制度研究》,頁247。

……下戶慨多無賴流移，而上戶富民又皆自竄於中下之間，以相影射，多者一人數戶，或數十戶，故今之受害者偏在中家，中家小有田業，無餘貲，一更重役，無不折而入於貧，此誠可閔也。分戶之弊，亦難盡罪民，以避糧長收頭重差耳，然戶多分而糧長收頭重差益苦矣，乃若簽糧長收頭，使富民不得巧免，編均徭，使輕重不至偏注，則今守令良法，補偏救敝……大抵朝廷之科派愈繁，則齊民之規避愈巧，則有司之權制愈密。總之一切之法，莫如令民歸併邇者（按：邇者，解作近人、親近的人，可以是地緣上或血緣上），有司逐年歸併，但能行於本甲。或有同姓非族、下戶，誤而併入，猶為害耳。今欲講其法，惟不限本甲，通籍十年……欺隱之弊可盡抉也，使九等之戶，各自占籍，黃冊之外別為一書，著之令甲，班之編民，家曉戶習，吏不得緣為姦利，則賦可平役可均，而善政舉矣。[37]

根據嘉靖《徽州府志》的記錄，在過往的賦役制度下，因為下戶經常流移，官府難以追尋，上戶亦利用分拆戶口辦法，[38]來冒充中、下戶，最嚴重的是一人可分拆為數戶、或數十戶。所以最受害的是中戶，因為中戶有少量田業，想分拆也分拆不來，一旦擔任重役，便無法不落入貧困境況。府志編修者以同情的語調指出，「分戶」問題亦很難怪罪於百姓，他們只不過想避免擔任「糧長」、「收頭」這些重差，但不斷的「分戶」，卻又造成惡性循環，導致更難找人擔任該差役，令「糧長」、「收頭」的工作越來越沉重，所以解救辦法，便是「簽糧長收頭」和「編均徭」。「簽糧長收頭」剛才本文已解釋過，意思是特定指派富戶擔任力役，不再輪僉，「編均徭」即是將力役折銀，平均分派給各戶。這是當時知府何東序解救時弊的辦法。我們要特別注意府志編者最後的幾句說話，他認為朝廷越多繁瑣的科派，百姓便會想更多

---

37 嘉靖《徽州府志》，卷8，頁44a-44b。

38 百姓為了避免編入需要承擔較大賦役的上戶，通常便採用「花分子戶」的方法，即盡量將人丁田產分拆入不同的戶內，讓每戶只擁有少量的丁產，好使「戶等」保持在「下戶」。參考劉志偉：《在國家與社會之間：明清廣東里甲賦役制度研究》，頁248。

法子避免承擔，而地方衙門便更需要嚴密的權宜之制來應付，而為最好的應付方法，就是要百姓「歸併」入與自己的血緣（同姓）或地緣（本甲）相近的人。引文沒有太多解釋「歸併」的意思，但可以肯定，「歸併」是針對之前提及「分戶」的權宜之制，固可以理解為不同的子戶，根據地緣或血緣，合共編為里甲。

府志編修者特別警告「歸併」時不要誤將同姓不同族「歸併」在一起，或「歸併」了下戶。我們要留意「或有同姓非族、下戶，誤而併入，猶為害耳。」一句，「歸併」的標準，是不可以「同姓非族」，換句話說，官府是鼓勵「同姓同族」的「歸併」，這套政策，在社會的實際運作，便是宗族的發展，因為決定「非族」或「同族」的，不是官府，而是民間的編修族譜和共同祭祀來決定，他們只要建立共同的祠堂和族產，再創立一個虛構的戶口來為祠堂繳稅，便成為了宗族。

所以整個賦役改革，並不等同完全取消了里甲制度，而是官府保留里甲的「外貌」，但實際上是以「族」的觀念作為其中一項編排里甲的重要原則，這點非常影響祖先的觀念，因為編修譜系、決定誰是祖先時，同時要考慮的是王朝制度上的編戶齊民和賦稅制度。

三 控產與祖先

明朝百姓願意登記入里甲戶籍和設立戶口，並不是因為他們願意交稅，而是因為透過登記，他們的社會地位和財產受到政府保障，對他們來說也有好處。但單單登記戶籍和戶口並不足夠，他們還需要具體的控產方法。周紹明（Joseph McDermott）的研究指出宋明時期徽州社會控產方法的轉變，宋元時期佛寺的「常住田」是當時普遍的控產方法，即是百姓捐贈田地給佛寺的「常住田」，用作供養僧侶，讓僧侶為他們祭祀祖先，佛寺不像個人有生死，所以可以永恆，而財產也因此不會分裂，這對田產的累積有極大的好處，所以佛寺就如一個永恆的控產機構。除了佛寺外，廟宇和土地社都是控產機構，百姓將田產捐贈給神明，以神明的名義控產。到了明朝時期，控產

機構則主要是宗族祠堂，財產是以祖先名義登記的，祠堂不會因宗族成員的去世而有所改變，所以祠堂也是一個控產機構，所以從商業史的角度來看，佛寺、廟宇、土地社和祠堂有其一脈相承之處。[39]

在控產方式的轉變過程中，必須留意里甲制度的影響力。如前所述，不少徽州人的祖先是當地神明，受祭於廟宇內，而在明初里甲戶籍下，廟宇本身以及屬於廟宇的田地，都是登記在「廟戶」之內。根據弘治《徽州府志》，徽州孫公祠有「廟戶」，「弘治十四年知府彭澤立休寧民鄭向為廟戶，新安衛致仕千戶於明捐歙縣田二畝……原田共一十三畝……入祠以備秋祭修理與守人食用及香燈之費。」[40]「廟戶」是一種戶籍登記，登記入「廟戶」者，負責廟宇的打理和祭祀，「廟戶」內的產業則用於「香燈之費」和供應「廟戶」登記者「食用之費」。但從法律上，登記入「廟戶」的田產，是由「廟戶」登記者所擁有，與捐贈者無關。

「廟戶」登記制度帶出的問題，是田產究竟是由捐贈者擁有，還是「廟戶」登記者擁有。位於徽州篁墩的世忠廟，廟內祭祀地方神明程靈洗，程靈洗（514-568）是南北朝時南陳將領。關於程靈洗死後受祀和受神明冊封的資料，由宋至明朝都有記載。[41]同時，明朝程氏宗族視程靈洗為其祖先，徽州名宦程敏政（1445-1499）聲稱早在宋朝時，程姓祖先捐贈田地作世忠廟

---

39 值得補充的是周紹明認為明朝徽州宗族在控產上與佛寺有所不同，宗族祠堂並不是用來控制大片的土地，而是讓徽州商人融資的組織。參考 Joseph McDermott, *The Making of a New Rural Order in South China* (Cambridge: Cambridge University Press, 2013)。關於祠堂控產，可參考 Maurice Freedman, *Lineage Organization in Southeastern China* (London: University of London, Athlone Press, 1958)。

40 參考弘治《徽州府志》，卷5，頁36a-36b。府志只記錄兩所廟的廟戶，但實際應該不只兩所。

41 〔宋〕羅願：〈程儀同廟記〉，見氏著：《羅鄂州小集》（收入《四庫全書》，第1142冊，上海市：上海古籍出版社，1987年），卷3，頁8a-9b；〔宋〕胡麟：〈梁將軍程忠壯公碑〉，收入〔明〕程敏政編：《新安文獻志》四庫全書（合肥市：黃山書社，2004年），卷61，頁1a-4b；〔宋〕程珌：〈世忠廟碑記〉，見氏著：《洺水集》（收入《四庫全書》，第1171冊，上海市：上海古籍出版社，1987年），卷7，頁40b-42a；弘治《徽州府志》，卷5，頁35b。

的廟產，所以世忠廟的田產，應該屬於程氏。但事實是，世忠廟的田產，全
登記入「世忠廟戶」，而「世忠廟戶」的登記人，卻並非程氏族人，而是負
責看守世忠廟的廟祝方氏。程敏政非常不滿世忠廟田由登記在「世忠廟戶」
名下的方氏所掌控，兩次致書徽州知府王問，[42]遊說「忠壯公廟田，當正其
戶。」他強調必須將方氏等人除出「世忠廟戶」，否則，方氏必會盜賣田
產，因為「蓋人既入於廟中，則事產即其己物」，即方氏登記入於「世忠廟
戶」，廟內事產便是其「己物」。程敏政認為廟宇和田產是屬於程氏，這個說
法當然是程氏的一面之詞，反而在當時的里甲戶籍制度之下，方氏才是「廟
戶」的擁有者，他們要承擔的力役，就是派一名家庭成員擔當廟祝，「廟
戶」內的田產，除了用於維修廟宇和祭祀開支外，亦要用於供養「廟戶」成
員。[43]

　　程氏希望將「廟戶」轉為程氏的願望，要到嘉靖年間才實現。嘉靖十三
年（1534）的〈世忠廟田府帖〉指出，因嘉靖三年（1524）大水沖毀了忠壯
公墓，繼而再引起一連串方、程兩氏的糾紛和官司，最後結果是方氏脫離
「世忠廟戶」，另編入「方姓戶籍」，而「世忠廟戶」三十二畝田產則由程氏
擁有。[44]

　　雖然嘉靖年間程氏控制了世忠廟及其廟產，但這所世忠廟並不是科大衛
所指的「家廟式」祠堂，「家廟式」祠堂是一種具有特殊形制的祭祖建築
物，根據《明集禮》的家廟圖，其外形是地臺高出地面，一列梯級，聯接中
門，屋脊翹角，四柱三間，其中間為寢室，科大衛認為在明朝中期以前的珠

---

42 王問在徽州知府任期，約弘治十年之後至二十三年（1478-1487）。參考〔清〕馬步
　　蟾、〔清〕夏鑾編修：《徽州府志》（道光七年〔1827〕刊本，臺北市：成文出版社，
　　1975年），卷7之1，頁33a。

43 〔明〕程敏政：〈與太守王公論世忠廟產書〉，收入〔明〕程弘賓編：《歙西岩鎮百忍程
　　氏本宗信譜》（萬曆十七年〔1589〕序），卷9，缺頁碼，該譜收藏於猶他家譜學會；
　　〔明〕程敏政：〈與太守王公論重修世忠廟事宜書〉，收入〔明〕程弘賓編：《歙西岩鎮
　　百忍程氏本宗信譜》（萬曆十七年〔1589〕序），卷9，缺頁碼。

44 〈世忠廟田府帖〉，收入〔明〕程弘編：《歙西岩鎮百忍程氏本宗信譜》（萬曆十七年
　　〔1589〕序），卷9，缺頁碼。

江三角洲，這類建築並不常見，但自明朝嘉靖年間開始，百姓庶民模仿了品官祭祖的禮儀，大量興建「家廟式」祠堂，導致宗族社會的形成。[45] 反觀世忠廟的外形「前後二殿，各四楹，兩廡門。」很明顯不似《明集禮》的家廟。另外，世忠廟內的格局，「忠壯公像居中，正宮董氏夫人像居後，都督忠護侯文季像居左。從神二，左曰孫璟，右曰趙銘……」[46] 廟內有五尊神像，正祀的是忠壯公程靈洗，之後有他的正室董氏，左方有他的兒子程文季，偏殿還有從神孫璟和趙銘。從以上種種描述得知，世忠廟並不具有家族祭祖的意味。

嘉靖十五年（1536），世忠廟再出現重要的變化。根據嘉靖十六年所著的〈禮部劄付〉指，方氏在上次官司敗訴後，「糾地惡汪昱、方漢、方松、方齊、方切、方黑等，於嘉靖十五年六月初二日夜，放火故燒祠宇，以快私忿。」[47] 世忠廟在嘉靖十五年被火燒毀，這宗案件最終鬧至京師，由禮部裁決。裁決結果除了懲治方氏外，更重要的是命令徽州府衙門聯同程氏合作，再建新廟。這所新廟由官府協助重建，建成後亦由官府掌管，不再由程氏掌控，程氏子孫要另擇地點重建「程靈洗廟宇」。[48] 自此以後，祭祀程靈洗的儀式分開為祭祖儀式和祭神儀式。一篇名為〈世忠廟災六邑子姓設主致祭文〉記載：

> 嘉靖十五年丙申夏六月念七日，六邑裔孫程某等謹以牲醴之奠，致祭于「顯祖考鎮西將軍忠壯公之神」；「祖妣惠懿董氏夫人之神」；「祖考都督忠護侯之神」……中宮災變之忽作，痛心刻骨……故鼎新祠宇，

---

45 科大衛：〈祠堂與家廟——從宋末到明中葉宗族禮儀的演變〉，《歷史人類學刊》第1卷第2期（2003年），頁1-20；科大衛著，卜永堅譯：《皇帝與祖宗——華南的國家和宗族》，頁118-126。

46 〈忠壯公宅墓廟壇基址〉，收入〔明〕程弘賓編：《歙西巖鎮百忍程氏本宗信譜》（萬曆十七年〔1589〕序），卷9，缺頁碼。

47 〈禮部劄付〉，收入〔明〕程弘賓編：《歙西巖鎮百忍程氏本宗信譜》，卷9，缺頁碼。

48 〈禮部劄付〉，收入〔明〕程弘賓編：《歙西巖鎮百忍程氏本宗信譜》，卷9，缺頁碼。

> 想輪奐之如故……[49]

程氏在嘉靖十五年六月七日舉行祭祀，祭祀日期是在火災後五日，而在祭祀中，儀式已不是塑像，而是神主。神主有三：程靈洗，其夫人董氏，其子都督忠護侯程文季。而祭文內容便提到世忠廟火災，程氏另建一所新的「祠宇」。無論是〈禮部劄付〉中新建的「程靈洗廟宇」，還是〈世忠廟災六邑子姓設主致祭文〉中的「新祠宇」，都是表示程氏另外建一所新建築來祭祀程靈洗，而這所新建築已不是神廟，而是一所「家廟式」祠堂。嘉靖三十八年（1559）的〈墓祠感〉[50]：

> 方遂毀廟以逐道士，於是當道遂以其廟名諸官，而令程氏另立家祠。夫官廟鄉人祈福者也。家祠後裔報本者也。始焉，鄉人祈福於墓下，後裔感之而作致報本之意於今所，遂致祈福者，並歸於報本之所；而報本之所，漸為祈福者所專。蓋初之失辨，方以公祀為榮，以鄉人之祈賽為盛，不虞其後之見溷也，未立之防。慨而報本者居遠而漸弛，祈福者居近而常，勢固有此爾。[51]

引文顯示出當時人已明白到祭祖儀式和祭神儀式的分別。作者用「家祠」這個詞彙，來形容該所由程氏另立的祭祀建築，以茲區別由官府重建和管理的世忠廟。作者強調「官廟」和「家祠」的分別，「官廟」是鄉人祭神的地方，而「家祠」是同姓族人祭祖的地方，所以作者認為，世忠廟的問題就是

---

49 〈世忠廟災六邑子姓設主致祭文〉，收入〔明〕程弘賓編：《歙西岩鎮百忍程氏本宗信譜》，卷9，缺頁碼。

50 此文作者是程霆，沒署著作日期，但可推斷著於嘉靖三十八年左右（1559），因該年程氏內部為了忠壯公的墓地打官司，作者曾為此事著文，參考〔清〕程霆：〈議複忠壯公真墓檄〉，收入《忠壯公墓辟偽錄》（雍正九年〔1731〕序），卷1，頁47b-51a；〈徽州府胡二尊案下正派告詞〉，收入《忠壯公墓辟偽錄》，（雍正九年〔1731〕序），卷2，頁1b-2a。

51 〔清〕程霆：〈墓祠感〉，收入《忠壯公墓辟偽錄》，卷1，頁40b-41a。

混淆了祭神和祭祖的場所。值得注意的是，自「大禮議」發生和嘉靖十五年夏言提出奏摺，讓庶民可以祭祀始祖後，「家廟式」祠堂便在地方社會普遍起來。[52]時人已有分辨「官廟」和「家祠」的概念。所以引文作者採用「家祠」這個詞彙，其實已暗示這所由程氏重建的「家祠」，不是以前那套「官廟」模式，而是一所「家廟式」祠堂，內裡不再是以塑像、改以神主來祭祀程靈洗及其他程姓祖先。儘管引文作者未有描述該所「家祠」的祭祀方法，但一篇著於雍正九年（1731）的岩鎮程氏族譜或可作補充，當中記載，「本派子孫奉公及壽五公主入黃墩家廟春秋享祭。」壽五公是岩鎮程氏的遷始祖，而這所黃墩家廟，便是明嘉靖年間另建的「家祠」，岩鎮程氏當時奉遷始祖木主入「家祠」。[53]

程敏政修纂統宗譜，聯繫徽州各地的程氏宗族後，世忠廟便象徵著整個統宗的中心。雖然程氏宣稱神明程靈洗是他們的祖先，並且有譜系支持他們的說法，但如果沒有一套祭祀祖先的儀式，他們仍是不能透過祖先控產。由此可見，在神明和祖先形象重疊的徽州，神主祭祀祖先這套方式非常重要，因為以神主祭祖的儀式能夠有效地分別出祭祖和祭神的觀念。當徽州人開始具有分辨祭祖和祭神觀念時，祠堂和神廟的分別便隨之而清晰。

忠壯廟祭祀的爭議，關注點在於廟宇本身和廟產田地屬於程氏還是方氏，對於廟宇本身的性質，是沒有質疑的。而在本文一開始便提及的呂侍郎祠，也和忠壯廟一樣，在明中期開始出現產權的爭議，但不同的是，爭議關鍵在於該祠的性質是廟宇還是祠堂。

呂侍郎祠內祭祀的神明是一位呂姓的土地神，其神威不及程靈洗，在明朝《徽州府志》內都沒有記載呂侍郎的封號和該祠的廟額，只是有介紹一所

52 科大衛：〈祠堂與家廟——從宋末到明中葉宗族禮儀的演變〉，《歷史人類學刊》第1卷第2期（2003年10月），頁1-20；常建華：《明代宗族研究》（上海市：上海人民出版社，2005年），頁12-22。
53 〔清〕程廷諤修：《岩鎮程氏家譜》（清乾隆十年〔1745〕序），卷5，頁38a；卷6，頁1a。該譜藏於猶他家譜學會。

建於唐朝的佛寺太平興國寺時，才提及寺旁有一所呂侍郎祠。[54]徽州歙縣的呂氏宗族認為這所呂侍郎祠是屬於呂氏祭祖的場所，到隆慶二年（1568）更邀請其他地方的呂氏捐田入祠和將該地的遷始祖神主放入祠內，而呂侍郎祠的名稱亦改為呂宗伯祠。[55]隆慶六年（1572）五月，呂氏向官府呈請，成立一個「呂宗伯祠戶」來登記各地呂氏所捐贈的田產。[56]

在萬曆三十九年（1611），呂氏斬伐了呂宗伯祠附近兩株樹木，此事掀起軒然大波，導致當地里排狀告縣官：

> 西關一、二圖里排李燦光、汪彥鑑、胡伯祥、巴應德等呈陰占官祠、
> 強伐官木事。竊見本境太平寺內有呂公祠，公諱渭，仕唐朝，原為歙
> 州司馬，歷陞禮部侍郎。百姓眾僧咸思其德，共於免徵地上建祠，尸
> 祝尊為十寺都土地，勒碑紀跡在祠，祠前塝下古木二株，相傳數百
> 載，圍大丈餘，長高百尺，亦系免徵之地，府誌歷冊可稽在。昔本府
> 古太爺修理文廟，欲伐此木，堪輿備陳利害，故仍蓄養至今，豈料呂
> 姓奸惡，呂應松等橫行無忌，舊臘廿七日將二木擅砍……役等往觀，
> 又見祠內毀滅故牌，新列神主，本寺經堂改為私室，切思祠係一方神
> 祠，原非一姓家廟，地概免徵，官地木即官府栽培，若容擅伐行私。
> 萬曆四十年正月十二日具呈里排李燦光、汪彥鑑……[57]

里排李燦光等人指控呂氏，並不單是斬伐官木，而是霸占官祠。他們承認呂文公祠是為紀念唐朝呂渭所建，但並不同意紀念呂渭的祠便是屬呂姓所有。他們的論據是呂公祠不是一所「一姓家廟」，而是一所「一方神祠」，所以不屬呂氏所有。這套「神祠」論據建基於兩點：首先，祠與樹木所在地是免徵官地，所以祠和木都是官有，不屬呂氏；其次，儘管祠內有呂氏神主，但李

---

54 弘治《徽州府志》，卷10，頁51a-51b。
55 呂龍光序：《新安大阜呂氏宗譜》，1935重刊，卷1，頁49b-50a。
56 〈立戶呈〉，呂龍光序：《新安大阜呂氏宗譜》，卷5，頁101b-102a。
57 〈豪黨因伐木拒騙誆歙批衙呈〉，呂龍光序：《新安大阜呂氏宗譜》，卷6，頁54b。

燦光等人認為呂氏神主都是由呂應松等人「新列」的，所以不承認呂公是「家廟」。換句話說，在李燦光等人心目中，「家廟」和「神祠」的分別，在於前者放置神主，坐落於民地；後者沒有神主，坐落官地。李燦光等人的觀念，是以土地登記和祭祀儀式決定祭祀建築物的性質和擁有權。

面對李燦光等人的指控，歙縣呂氏同樣呈官訴狀反駁：

> 具訴狀生員呂承訓呂應卿等，族眾呂應松呂應光等訴，為保祖鳴冤事詳訴……碑帖可查：弘治十四年重修宦品墳祠，給帖存照；正德辛巳，拆而復修；嘉靖十一年被汪宦謀為風水，生祖節告，斷還裡排，比有甘結；隆慶六年，陳情復建，亦給帖證；萬曆九年，生族僉丈，懼豪再奪，告明升科，戶寄西關二圖，墳祠稅載本戶，係竭字一千三百二十八號，並竭字一千三百三十三號地，共四分七厘零，送納錢糧，收附可證；萬曆二十三年，祠宇傾頹，生與叔仕龍等拆祠重造，裡排舉賀無言，續發鄉科，亦掛旗匾。近因祠前墳後二木枯枝毀祠，且礙風水，去臘初七會眾伐除，豈料坊長李燦光等謀奪祖祠，獻投貴顯，正月十二鼓眾誆臺，捏為官祠官木……果係官祠，何不均沾祭享；免徵即為官地，諭葬豈是官墳。且今納稅多年，何復捏為官物。況當汪豪被占，地仍免徵，伊祖程渙、巴文政等結稱，呂祠基地係分字三號，詞稱係子孫呂太祥等祭祀不缺，即無冒認，等因且僉丈狀稅，係伊祖父徵糧審圖，盡屬伊手，歷有公結何突誆誣據捏？
> 萬曆四十年二月初六日具訴狀生員呂承訓、呂應卿，族眾呂應松……[58]

呂氏反控李燦光等人，指他們是為了謀奪祖祠，才捏稱呂宗伯祠是官祠。呂氏為了證明他們擁有呂宗伯祠，於是列出由弘治十四年至萬曆二十三年這段時間中，關於呂侍郎祠的官府文件和納稅的票據，如萬曆九年（1581）的丈量文件。這些文件部分更是由李燦光等人的祖父負責具結。這些具結文件提

---

58 〈歙縣派原訴詞〉，呂龍光序：《新安大阜呂氏宗譜》，卷6，頁55b-56b。

到，弘治年間的呂氏族人呂太祥等人，在呂侍郎祠內「祭祀不缺」，所以呂氏質疑，如果該祠是「神祠」的話，為何參與祭祀和分享祭物的人，只是呂氏族人，而不是大眾。綜觀呂氏的反駁，亦是從土地登記和祭祀儀式兩方面入手。

　　呂氏個案指出，分辨呂宗伯祠是一所「一姓家廟」還是「一方神祠」主要是看祭祀場所內是否有一套神主祭祀祖先的儀式。我們需要注意，李燦光等人並無否定這套分辨方法，他們只不過認為呂氏的祖先神主是呂氏臨時放進祠內。在《新安呂氏宗譜》內便有一段描述，記載呂氏分辨祭祀場地的方法：

> 據雲祠有宗祠、公祠之別，非必其無別也，宗祠祀統宗之祖，公祠祀不遷之主……特其有專祀為百世不遷者耳……且誌載呂侍郎祠，則三侍郎神主，劉公且鼎列而跪拜之，胡伯祥安得而毀之也，於法為不赦矣。生亦竊怪，神主龐雜，儼然宗祠，宜招物議，且親盡宜祧，安在百世不遷？宦主之外，另立宗祠，可也。若宦主附祀，亦倣諸文廟，試觀文廟不一其人，豈必文宣師子然獨享，乃為愉快耶？[59]

因為徽州的祖先和神明形象重疊，所以對徽州人來說，公祠（神祠）和宗祠（家廟）都是祭祀祖先的，但根據以上說法，明中葉時兩套祭祀方式已有所分別。公祠是祀「不遷之主」，即祭祀對象是不會移除的，而且祭祀方式是「專祀」；宗祠是祀「統宗之祖」，祭祀對象是以「神主」作為祭祀儀式，而且會「親盡則祧」，意思是會隨著後代繁衍，相隔遙遠的遠祖「神主」會被移除，祭祀方式不是「專祀」，而是「神主龐雜」，意思是不會單單祭祀一位祖先。耐人尋味的是，族譜作者自己也質疑呂宗伯祠的性質，因為根據作者描述，一方面呂宗伯祠內祭祀的是「神主」，而且更是「神主龐雜」，理應是「統宗之祖」宗祠，但另一方面，如果呂宗伯祠嚴格執行「親盡則祧」的

59　〈豪稱公祠非宗祠辯語〉，呂龍光序：《新安大阜呂氏宗譜》，卷6，頁11b。

話，便不應該放置唐朝的呂渭和宋朝的呂文仲、呂溱三侍郎這些遠祖的神
主。作者為了自圓其說，便聲稱祠內放置三侍郎神主，是受知縣「劉公」劉
伸祭祀過和承認，所以里排胡伯祥等人不能毀掉。而在三侍郎以外的其他神
主，則是仿效文廟附祀的方式。事實上，在《新安呂氏宗譜》內便記錄了安
放在呂宗伯祠內的二十一個神主，由一世始祖唐朝的呂渭至二十五世婺源呂
烈（在隆慶二年提出會宗的婺源呂氏族人），但並不是每代祖先都放置於祠
內，而是正如先前所提到，各地呂氏簽立「合同」，捐贈財產後，便能將其
遷始祖放進祠內。所以對於呂氏來說，呂宗伯祠是一所統宗祠。在官司中另
一個證明呂宗伯祠屬誰的重點，是土地登記。李燦光等人指稱呂宗伯祠屬於
官祠，因為其地基是免徵地。呂氏反駁，他們的祖先呂渭，早在唐朝已建了
建築物，到宋朝官府尊重呂氏，才給予祠寺免徵的優待，所以儘管地是免
徵，祠仍是屬於他們。[60]

四　結論

明朝忠壯廟和呂侍郎祠這兩個個案，解釋了為何祠堂能夠代替神廟，成
為地方社會普遍的控產組織。這兩所建築物，肯定不是流行於明中葉的「家
廟式」祠堂，而是神廟，但依靠祭祀於神廟內的祖先來控產，田產的擁有權
是很不穩固的。

「忠壯廟戶」和「呂宗伯祠戶」能夠建立起來，必須依靠政府的行政制
度，但行政的制度必須配合禮儀才能在地方上運作起來。忠壯廟和呂宗伯祠
的爭議尤如同一硬幣的兩面，以不同的方式體現出祖先觀念和祭祖禮儀的轉
變，忠壯廟所展示的，是徽州舊有祖先和神明形象重疊的觀念，儘管程氏族
人認為廟內祭祀的是他們的祖先，但整套禮儀卻是神明祭祀，所以廟產並不
能受宗族控制；呂宗伯祠的爭議關鍵在於祠內是否一直有一套神主祖先祭
祀。如有的話，呂宗伯祠便祭祀呂氏祖先的「一姓家廟」；沒有的話，便是

---

60 〈先有墳祠而後免徵說〉，呂龍光序：《新安大阜呂氏宗譜》，卷6，10b。

祭祀呂侍郎神的「一方神祠」，祠宇本身與名下的祭田亦不屬呂氏所有。

其實，祖先是地方神明這個觀念，不是徽州獨有，近年不少研究顯示出，「亦神亦祖」的情況在南中國頗為普遍。謝曉輝的研究指出，湘西的神明白帝天王，也具有祖先形象，因為當地經歷過明朝土司制度的影響，特別是王朝的影響力將土著楊氏信奉的天王，聯繫上正史裡北宋的楊家將，同時加添上一層祖先面紗。[61]而賀喜在她的研究中認為，高、雷、瓊三州在明中葉以前是一個神明力量非常強大「家屋社會」，但到明中葉期間，宗族禮儀的風氣由外地傳入，當地人便意識到以神明為祖先並不合乎正統禮儀，於是改變了神明的形象，最明顯的例子是將鳥首人身的地方神明雷祖，改變為具有祖先形象的陳文玉，但新禮儀難以洗掉舊有的傳統，結果新舊禮儀重疊，做成雷祖祠內有兩個雷祖神像，一個是讀書人形象的陳文玉，另一個是鳥首人身的雷祖。[62]這兩個例子說明，雖然不同地方都出現亦神亦祖的情況，但卻會因應不同的發展而有所差異。徽州的獨特發展在於其宗族禮儀，是明中葉時期從神廟祭祀這個傳統上蛻變出來的。

---

61 謝曉輝：〈苗疆的開發與地方神祇的重塑——兼與蘇堂棟討論白帝天王傳說〉，《歷史人類學學刊》，第1、2期（2008年10月），卷6，頁67-109。

62 賀喜：《亦神亦祖：粵西南信仰建構的社會史》（北京市：生活‧讀書‧新知三聯書店，2011年）。

晚明《律例臨民寶鏡》所載《新奇散體文法審語》的史料價值及其所反映之閩中社會情況[1]

譚家齊

香港浸會大學歷史系

一 引言

　　明代嘉靖以後判牘與司法事務書籍如雨後春筍，在南京及福建的私人書坊中多有出版，乃初仕官員及科舉學子的重要參考讀物。[2]當時不少成功的官僚及射利的書商，或是野心勃勃為自己升遷造勢的下層官員，多有將自身及廣受推許名宦的得意官文書搜集整理，[3]間中配以插圖及通俗語言，以平易近人的形式刊印流通。此類書籍部分的內容，甚至收入諸如《三台萬用正

1 本文為中國香港特別行政區研究資助局撥款資助項目「The Ming-Qing Transition (1619-1740): A reassessment from the legal angle（HKBU 22400914）」之部分研究成果，特此鳴謝。

2 見 Tam, Ka-chai,"Favourable Institutional Circumstances for the publication of Judicial Works in late Ming China," *Ètudes chinoises* XXVIII « dossier droit » / special issue on Chinese Law, 51-71.

3 參譚家齊：〈待罪廣李：顏俊彥生平及《盟水齋存牘》成書的糾謬與新證〉，《漢學研究》第29卷第4期（2011年12月），頁201-219。

宗》等綜合日用類書，教導百姓面對訴訟時如何趨吉避凶。有關判牘與律解，實在是我們了解明末清初司法制度與基層社會情況之重要史料。

嘉靖以來的晚明判牘，知見的最少有五十一部，此還未計入刊於清初收有明人判牘的結集。[4]不過，除了個別經點校出版的著名作品外，大都因為內容簡短或深藏秘閣，罕有被研究引用。而在十多部較為流行的晚明判牘中，卻以原載於律法參考書《新鐫官板律例臨民寶鏡》中的《新奇散體文法審語》最受冷落，其中不少在法制史和福建地方史上，應被重視及詳加利用的地方，因為對判牘的成書及時空資訊缺乏基本的認知，除了少數涉及男同性戀的案例外，竟白白浪費掉了；[5]而且近人對書中的內容多有嚴重的誤解，更令人有煮鶴焚琴之歎。有見及此，本文先處理《新鐫官板律例臨民寶鏡》的編著出版情況及資料來源，再考證「書中之書」的《新奇散體文法審語》所收判牘之時、地、人訊息。透過說明判牘所載主要乃閩中情況，再提出與其他幾乎同時代的福建司法資料作比較研究，期望發揮是書重現十七世紀初期八閩邊緣社群情況之史料價值。

二　新鐫官板律例臨民寶鏡

《新鐫官板律例臨民寶鏡》十卷，首三卷，末三卷，為天啟至崇禎初年刑部尚書蘇茂相所輯、大理寺卿潘士良所校、理刑推官郭必昌所訂，以及後學郭萬春所註釋的明末流行的司法與科舉參考書籍。蘇茂相，福建晉江人，萬曆二十年（1592）進士。天啟七年（1627）八月，明熹宗朱由校（1620-1627 在位）薨，思宗朱由檢（1627-1644 在位）即位，而在同年十一月至崇禎元年（1628）二月之間，蘇氏短暫出任太子太傅、刑部尚書，卻於在職不

4　〔日〕三木聰、山本英史、高橋芳郎：《傳統中國判牘資料目錄》（東京：汲古書院，2010年），頁2-63。

5　書中有關男色的「和尚龍陽」一案，被收入張杰編：《斷袖文編——中國古代同性戀史料集成》（天津市：天津古籍出版社，2013年），頁208。而此案的內容，也被新近寫成講明代同性戀問題的碩士論文所討論，見范育菁：《風俗與法律：十七世紀中國的男風與男風論述》（政治大學哲學碩士論文，2010年）。

足四月而罷。此書在崇禎朝為福建建陽書林金昌振業堂廣為刊印後，最少有
兩個版本廣存於中國的國家圖書館、社會科學院法學研究所圖書館和南京圖
書館，以及日本的內閣文庫等處；近年更被點校出版。而是書載有二百三十
四則刻於原版上欄的審語，更被二次刊出：先於二〇〇五年刊楊一凡、徐立
志所編《歷代判例判牘》，後再與整部《臨民寶鏡》，在二〇一二年點校刊於
楊一凡主編的《歷代珍稀司法文獻》之中。

　　然而，在這批審語初次整理時，或許由於點校者所據版本的限制，竟沒
有標示應有的總題《新奇散體文法審語》，只以《新鐫官板律例臨民寶鏡所
載審語》為全文編名。此為極大之誤導，因為《新鐫官板律例臨民寶鏡》的
特色之一，是在幾乎每條律文之後，附上一則以該律為據、供判案參考利用
的審語，而此點校本卻只收入刊於原書上欄的《新奇散體文法審語》，那些
附律的審語則全部闕如。此外，初次點校者在〈整理說明〉介紹原書上欄的
文獻時，提到《新奇散體審語》編名。可是，由於點校本是據北京中國國家
圖書館藏本，和中國社會科學院法學研究所圖書館藏本所整理的，上述編名
缺少了日本內閣文庫藏本所列的《新奇散體文法審語》中之「文法」二字，
據此似可推斷《新鐫官板律例臨民寶鏡》的中、日藏本略有差別，是書最少
有部分內容被翻刻了一次，故應有多於一個的版本。後來在二〇一二年
《新鐫官板律例臨民寶鏡》全書點校出版時，這個較詳盡的《新奇散體文
法審語》編名，終於被冠於該批審語之首而得以正名。

　　有關《新奇散體文法審語》判牘的重要性，在初次點校本的〈整理說
明〉中，點校者強調這批判牘「是研究當時民事法律關係的寶貴資料」。[6]後
來，在《新鐫官板律例臨民寶鏡》全文點校本的〈整理說明〉之中，新點校
者已不再強調民事問題，倒是多花筆墨談論是書在了解明代司法實務上的史
料意義。[7]不過，他們雖然指出《新奇散體文法審語》的史料價值，卻始終

6　楊一凡、徐立志主編：《歷代判例判牘》（北京市：中國社會科學出版社，2005年），第
　　4冊，〈整理說明〉，頁4。
7　楊一凡主編：《歷代珍稀司法文獻》（北京市：中國社會科學出版社，2012年），第6
　　冊，〈整理說明〉，頁3。

未有查考蘇茂相等編者所採資料的來源，只綜合交代了《新鐫官板律例臨民寶鏡》的「有關審語、參語、斷語、議語、判語、告示多選自明人文集、判牘和其他司法檔案」。[8]因此，便讓《新奇散體文法審語》的判牘中明顯不過的時、地、人資訊沒半點提及，更遑論系統地整理。此外，《新奇散體文法審語》的點校者以為該批判牘是出自「多位主審案件官員」，[9]而排除了其中主要內容，可能主要出於同一人、或有關聯的數人之手的可能性，故此沒法從判牘內容嘗試追查其可能的作者。其實晚明福建建陽書商以射利為目的，在書籍出版上粗製濫造，而且於文字校勘、內容鑑定及前人引用等處理上馬虎草率，早已臭名昭著。[10]而且從《新奇散體文法審語》中強調「新奇」，也在內容中載入了不少有「鹽花」的性愛內容，則是書的大眾市場面向便十分明顯了，因此或令這批趣味判牘內容之可信性打上折扣。[11]這些先入為主的認定，容易令人以為此部判牘的內容，全是信手拈來而毫無關聯的，甚至會因部分內容具虛擬的味道，以偏概全的誤解全書為科舉制藝、甚至是公案小說的擬判，大大降低其應有的史料價值，因此亟待商榷與澄清。

三 《新奇散體文法審語》的時地訊息及可能作者之推斷

雖然蘇茂相等編纂者沒有主動說明《新奇散體文法審語》的作者及時地

---

8 《歷代珍稀司法文獻》，第6冊，〈整理說明〉，頁2。

9 《歷代判例判牘》，第4冊，〈整理說明〉，頁4。

10 有關晚明私人刻書的整體情況，見葉樹聲、余敏輝：《明清江南私人刻書史略》（合肥市：安徽大學出版社，2002年）。書中頁60-69介紹了建陽一帶的書坊，而頁182-188則總結了建陽刻書被廣為理解的弱點。

11 其實，晚明時期以射利為目的之判牘，亦應反映司法上的真實情況，只是在選材和文字上要調校至符合大眾口味而已，此從明人李清《折獄新語》的判案手法與刑罰安排，基本上與其他同時期較嚴肅的判牘一致，即可看出其可信性來。參譚家齊：〈「風趣判牘」：南明史學大師李清早年所著的大眾讀物《折獄新語》之成書、流傳與影響〉，「南明史國際學術討論會」（2015年7月，貴州安龍）會議發表論文。

訊息，甚至在該書不同版本之間，連《新奇散體文法審語》的編名都不能一
致，但若這些判牘處理的確是真正發生過的案件，有關的時空資訊仍是會自
然而然地在文字間顯現出來的。因此，只要集中處理那些散附於不同案件的
時、地、人訊息，整部判牘的作者及所附案件的更多詳情，還是可被尋找及
重構出來的。

　　全書的案件由不同層級的地方官員審理，計以知縣的審語為最多，也有
一些是知府與分守道台的案件，[12]更有部分是由有權免除知縣的地方大僚所
作之決策。[13]此外，書中又收入了少量注明上級名職以供屬吏跟進的批駁，
例如在〈人命審語類〉中的「楊院人命駁語」、「林尹覆詳」、「楊院批允」、
「胡院批駁」及「王院駁語」等，皆是委託「福寧道」處理圍繞宦家鄭東霖
父子大案的駁問[14]，以及一則題為「犯倫」有關「名份不宜逾越」的諭示。[15]
另一方面，書中少量判牘也不是以標準審語的「審得」起首，內容更非全以
散體，而是偶有以四六駢文撰寫的；[16]其中部分更沒有交代案中人物的真實
姓名，而只以「某」或「甲」、「乙」等擬判體的代詞，置於人物的姓氏之後。

　　《新奇散體文法審語》中有關處理案件的時間訊息，主要有以下三則：

（一）前揭會審鄭東霖父子案件中之福建部院級官員有王姓、楊姓及胡姓
　　　者，而且有一位林姓的福建知府。按此線索追尋，在萬曆天啟年間
　　　福建並無姓楊及胡之巡撫，也無姓楊、王、胡之巡按御史，卻有王
　　　恩民（三十一年，1603）及王士昌（四十六年至四十八年，1618-
　　　1620）兩位巡撫。[17]而暫時可見的明代林姓福建知府，只有萬曆年

12　《新奇散體文法審語》，載《歷代判例判牘》，第4冊，頁222-223、211。此版本原以
　　「《新鐫官板律例臨民寶鏡》所載審語」為題，現改依該書正式名稱「《新奇散體文法
　　審語》」，以下各條皆依照同一安排。
13　如《新奇散體文法審語》，頁192的「謀害」一案。
14　《新奇散體文法審語》，頁183-186。
15　《新奇散體文法審語》，頁267。
16　如《新奇散體文法審語》，頁203-204之數則。
17　吳廷燮：《明督撫年表》（北京市：中華書局，1982年），第2冊，頁511、514。在陳壽

間任職延平府的林梓（1562 年進士）。雖然有關資料未足確定案件審理的時間，但最少可將之收窄為一六〇三年或一六一八年至一六二〇年之間。

（二）在〈人命審語類〉中有一題為「人命」之案件，內中提及一位姓耿的「前院」在十年前曾處理此案。[18] 細查明代的福建高級官員，只有在萬曆年間任職福建巡撫的耿定向（1524-1597）為耿姓。按，耿氏於萬曆六年至八年（1578-1580）為閩撫，[19] 故此一審語的撰寫時間，應在耿氏離職十年後或以前的萬曆十六年至十八年（1588-1590）之間。

（三）在〈產業審語類〉有一題為「贖回故業」的案件，審官指出有關田產的賣契訂立於嘉靖四十年（1561），而「收戶經今三十餘載矣」，因「莆中」官府規定田產交割五年後不許執爭，故審官清楚說明交易已逾容許執爭之期。[20] 由此可見，此案應審於此後不足四十年的一六〇一年或以前。

至於書中的空間訊息則較多，茲以地名為據整理作下表：

編號	地名	解說
1	八閩、閩中	「胡院批駁」中指出有關鄭東霖父子恃宦家殺人，「此八閩通憤也」。[21] 加上其餘部院官員委此案予福寧道處理，有關會審為福建省者無疑。又，在「閉糴」案中，審官說到近日「閩中全熟」，又指出

祺修：《（同治）福建通志》（臺北市：華文書局，1968年）的〈明職官〉記載明代福建歷任承宣布政使司時，卻列出了王恩民這位在同書中沒有被記為巡撫的合肥人。見該書卷96，頁8下。

18 《新奇散體文法審語》，頁188-189。

19 吳廷燮：《明督撫年表》，頁507-508。

20 《新奇散體文法審語》，頁229。

21 《新奇散體文法審語》，頁185。

編號	地名	解說
		「夫莆地瘠民稠」，以此批評投機商人掏空莆田米糧以高抬糧價的「漏港」罪行。[22]
2	福建莆田縣（莆中）	《新奇散體文法審語》的判牘中，有不少於十處有關「莆民」、[23]、「莆人」[24]、「住莆」、[25] 及「莆」[26] 與「莆中」[27] 之記述，皆表示案件審理或相關人仕都在莆田縣中。
3	佘埔	在「根究客死」案內有「佘埔地方」，即今莆田縣江口鎮石庭村。[28] 此外，在「淫姦奔婦」，審案知縣又親臨佘埔市井之中，觀察犯案現場。[29]
4	建州	在「誣告父命」案中，提及受害者乘船往「咫尺建州」。[30] 建州，即是福建建甌市，在莆田縣稍北。
5	蕪湖	在「水手謀命」案中，述及銅貨被「裝至蕪湖」。[31]
6	泉州	「人命」是覆審泉州知縣已審之案的判牘。[32]
7	臨彰	「失守」一案，知縣失守臨彰被參。[33] 此臨彰應為泉州城臨彰門。

---

22 《新奇散體文法審語》，頁241-242。下文將詳述有關莆田糧食短缺的問題。

23 見《新奇散體文法審語》，頁171-172。

24 見《新奇散體文法審語》，頁173。

25 《新奇散體文法審語》，頁189。

26 《新奇散體文法審語》，頁242、249、250。

27 見《新奇散體文法審語》，頁172、182、209、229。

28 《新奇散體文法審語》，頁171。

29 《新奇散體文法審語》，頁207。

30 《新奇散體文法審語》，頁175。

31 《新奇散體文法審語》，頁177。

32 《新奇散體文法審語》，頁188-189。

33 《新奇散體文法審語》，頁273-274。

編號	地名	解說
8	鳳岐澳、碧頭洋	「誣搶」案中，漂落大海之木材曾運經此二地，[34] 這些地方皆在福建晉江沿海一帶。
9	浙江義烏縣	「販賣」案中女子吳雲妹，自願嫁浙人章得升為妻。[35]另外，在「略賣」案中女子原被謀賣到浙江的義烏縣，[36]由此可見閩浙的人員交流情況。
10	漳州	「誣拐」案的遊方醫生吳仲武，「自幼行醫漳、泉之間」。[37]又，在「異冤誣銀」中，審官引用了漳州府審案後呈上的「附卷」，反映了此案似審於該府的上級官員。[38]
11	平海	在「見獲拐誘」中，窩主宋保吾「已先期往平海」。[39]平海即在莆田之中。
12	廣東	在「搬喪」一案中，審官言及有關棺骸「仍留廣土」，又指出犯人將棺骸「自廣西平南搬至廣東，其欲歸葬之情亦概可見也」，更說到犯人岳父「尚流落廣中」，於此可見案件應審於廣州府一帶。[40]
13	龍溪縣	「欠負錢債」一案初審於漳州府龍溪縣，有關判牘應是當地上級官員的覆審。[41]

34 《新奇散體文法審語》，頁212。

35 《新奇散體文法審語》，頁225。

36 《新奇散體文法審語》，頁224-225。

37 《新奇散體文法審語》，頁226。

38 《新奇散體文法審語》，頁268-269。

39 《新奇散體文法審語》，頁227。

40 《新奇散體文法審語》，頁239-240。

41 《新奇散體文法審語》，頁245。

編號	地名	解說
14	安溪縣	「妄扳平民」案年中,捕兵「妄扳安邑平民二十餘人」。[42]安邑即福建泉州府安溪縣。
15	長林寺	「姦僧」案中犯人出家於長林寺,卻清規不修而姦淫婦女。[43]按長林寺為南少林分支,位於福建漳州府詔安縣官陂鎮,據說是清初天地會的發源地。
16	平陽縣	「滅祖毆尊」一案的關鍵人物周參,曾為平陽縣主簿,後為當地王府典儀。[44]平陽即在浙江溫州府,與福建福寧州比鄰。
17	長太縣	〈佐領擅受參語〉中,有則無題參語是參「長太縣典史胡元彬擅受呈詞」的。[45]長太縣為福建漳州府屬縣。
18	其他	此外,在數則有關私鹽的案件中提及「下劉鋪」、「吉了」與「上里場」等地名,[46]因似鄉村與鹽場,必在沿海地區,其確切位置有待考證。

　　綜觀整部判牘所顯示的地名,以福建興化府莆田縣為主,也有不少涉及福寧州、泉州府、福州府、漳州府等閩中地區,偶爾也有廣東和浙江靠近福建之處,加上很多案件涉及船戶及番貨問題,可見它們必然是發生於南方沿海的社區。

　　雖然《新奇散體文法審語》可能出自多位時代略有先後的法官之手,但若假設其中一大部分的判牘都是出於同一官員的話,此批判牘便有可能是他

---

42 《新奇散體文法審語》,頁256。

43 《新奇散體文法審語》,頁259。

44 《新奇散體文法審語》,頁261-262。

45 《新奇散體文法審語》,頁275。

46 《新奇散體文法審語》,頁264-265。

在不同官職上所處理過的不同時地的案件，而從判牘的審官在處理涉及莆田縣案件時，多以「本縣」自稱，加上他任職的時代必在崇禎五年《新鐫官板律例臨民寶鏡》出版之前，此位主要的判牘作者，便應在崇禎初年或以前先擔任過莆田的知縣，然後又任職過廣東，以及判牘反映的福建福州府、泉州府、漳州府及福寧道等職。[47]從這些線索勾尋，則在招降鄭芝龍一事上甚有建樹的蔡善繼（部分史料及近人研究作蔡繼善，為同一人），便呼之欲出了。下文列出其簡單傳記，以便與《新奇散體文法審語》相關的時地資訊作出比對：

蔡善繼，字伯達，號五嶽，浙江烏程人，官至福建左布政使。萬曆二十九年（1601），蔡善繼中三甲進士，獲任福建莆田縣知縣，後在三十六年（1608）或以前調職廣東香山縣，當年頒《治澳十條》，對明代澳門管理頗有建樹。以推知行取升工部主事、南京兵部郎中。萬曆四十三年（1615），改任泉州府知府，任內為宋代先賢蔡襄刻印《蔡忠惠集》，並葺其祠堂，重修萬安橋。行旅感戴其功績，將其肖像懸掛在忠惠祠中，號「二蔡祠」。此時，有庫史之子鄭芝龍，年方十歲，向蔡善繼的衙門內投擲石子取樂，卻誤中善繼額頭，善繼本欲鞭笞芝龍，但見其姿貌秀異，便在告誡之後，將其釋放。後升任同省按察使司副使，分巡漳南。因丁憂去職，守喪結束後，補官福寧。天啟四年（1624），蔡善繼升任布政使司參政，在羅定備兵。遷建文廟，修造石橋，開闢放生池，百廢俱興。後升任湖廣按察使，轉右布政使，分巡襄陽。崇禎元年（1628），蔡氏轉任福建左布政使。此時，鄭芝龍已落草跟從倭寇，勢力龐大。官兵圍剿不成，只得商議招安。廷臣以善繼曾對芝龍有恩，令其治漳泉道事。芝龍隨即身穿囚服，接受招撫。事定之後，功勞卻歸於當時的福建巡撫熊文燦。崇禎三年（1630），蔡善繼致仕歸里。卒贈太僕寺卿。編有《前定錄》（二卷）等書。[48]

---

47 例如《新奇散體文法審語》，頁211。

48 參《乾隆烏程縣誌》（中國國家圖書館藏本），卷6，〈人物〉，頁21。轉引自「維基百科」：https://zh.wikipedia.org/wiki/%E8%94%A1%E5%96%84%E7%B9%BC，2015年7月29日查訪。

　　從上述蔡善繼的仕歷可見，他在一六〇一年任莆田知縣。此職之後，他
又曾任廣東香山知縣，也當過泉州知府、漳南及福寧道按察使司副使及福建
左布政使。雖然他沒法處理與耿定向有關的一五八八至一五九〇年之間的那
宗案件，但與其餘有時間顯示的判牘訊息大致配合，例如擔任福寧道的時
間，便與可能會審鄭東霖父子案件的巡撫王士昌重疊。無論在時代上及地點
上，他的仕歷皆與《新奇散體文法審語》多數案件的審官訊息吻合。這些既
可能只是出於巧合，但絕不可排除蔡氏就是這批判牘主要作者的可能性。我
們因此可對《新奇散體文法審語》，是如何被收進《新鐫官板律例臨民寶
鏡》的，作出如下初步的假設：位至福建左布政使的蔡善繼於崇禎三年致仕
前，將自己的得意判牘結集起來；而在崇禎元年已罷職回晉江的閩人蘇茂相
及其合作者，便因處於省會的時地之便，將這位原駐省會的八閩名宦之判
牘，吸收進於崇禎五年出版的《新鐫官板律例臨民寶鏡》之中，成為其中附
錄《新奇散體文法審語》的主要內容。

　　當然，由於原書未有標明作者，因此也不能排除蘇茂相等人，可能也同
時收入了其他來源的判牘。書中確有少量內容以四六體寫成，所以也不全是
「散體」的；而從這批四六判所引據的經典內容雷同，以及於處理類似案件
時所用的措辭前後相同的情況看來，[49]它們很可能摘自同一部福建流行的四
六擬判著作，甚至是於蔡善繼文集中直接採用了他所寫的制藝擬判內容。此
外，陳麗君又發現了晚明著名的公案小說《龍圖公案》中的五則判詞，包括
「稍公害命」[50]、「水手謀命」、「謀害」、「誤妻」及「拐妻」等，[51]竟與《新
奇散體文法審語》的相關內容完全重複。她斷言《新鐫官板律例臨民寶鏡》
的編者，就在《新奇散體文法審語》中收入了萬曆時期公案小說的內容；此
外，她另推測：

---

49 例如諺語「螳臂既不足飽其老拳，雞肋復不能啖其饞口」便最少被引用過兩次。見
　　《新奇散體文法審語》，頁219及221。

50 似應為「梢公」，但原文乃作「稍公」。

51 見《新奇散體文法審語》，頁177、192、197-198及257。

　　這部法典所收的多半是形式較為工整，文詞較為優雅的擬判，故《龍
圖公案》的編者的選輯標準應該和《臨民寶鏡》相當雷同。[52]

由於暫時沒法確定《龍圖公案》成書時間，是否就在《新鐫官板律例臨民寶
鏡》之前，故此兩書孰先孰後、誰抄誰授還很難說。只是晚明的公案小說，
多有依據真實案件或訟師手冊內容加以擴充編寫的，因此《龍圖公案》抄取
《新奇散體文法審語》的可能性，似乎比蘇茂相抄取《龍圖公案》的機會更
大。不過無論如何，《新奇散體文法審語》與公案小說關係密切，確是事實。

　　綜合近人研究及《新奇散體文法審語》提供的時、地、人資訊，我們發
現有關判牘可能有三至四個來源：首先，由於書中判牘仍是以莆田知縣所審
者為多，則在一六〇一年至一六〇八年之間擔任此職的蔡善繼，應為案例的
主要供應者。其次，從那則涉及耿定向的案件，我們便知蘇茂相等編者，最
少收集了另一位任職福建官員的判牘，而其任期是早於一五九〇年或以前
的。再次，書中也收入了一批為數不多的四六體判詞，可能是出自同一位作
者的手筆。最後，就是蘇茂相等人或有可能收入了萬曆時代《龍圖公案》等
小說中的判詞。雖然此中疑問甚大，但最少點出了《新鐫官板律例臨民寶
鏡》，應與同時代同由建陽書商出版的公案小說，有著密切而微妙的關係；
因為《新奇散體文法審語》或是蔡繼善本人，也有可能倒過來影響著當時流
行的公案小說內容。

　　假設蔡善繼真的是這批判牘的主要作者，我們便可進一步推斷書中案件
處理的確切時間。那些由知縣身分處理的案件，如無特別註明者，大抵可看
成是蔡氏任職莆田知縣時的情況，乃審判於其萬曆二十九年至三十五年
（1601-1607）的任上。有關廣東的案件，則發生於三十六年或以後的數年
之間他於香山縣的任上。直接與泉州有關，或判案者身為知府而審理的案
件，應繫於萬曆四十三年或以後數年。至於處理於福寧及漳南地區的案件，

---

52 陳麗君：〈《龍圖公案》的編纂方式與意圖〉（東海大學圖書館網上刊登，2015年1月8日
　　查訪：http://www.lib.thu.edu.tw/newsletter/137-201302/page05.1.htm），頁9及16。

多數是發生於蔡氏（最少一任）泉州知府後的萬曆四十六年，直至他升任布政使司參政的天啟四年（即 1618-1624）為止。

在獲得進一步資料以考證《新奇散體文法審語》的判牘來源之前，不妨暫以蔡善繼為其主要的作者。退一萬步來說，就算此批判牘不是出於蔡善繼之手，其中主要表達的，仍是萬曆至崇禎初年間福建莆田及周邊府縣的情況，這點當是無可置疑的了。

四 《新奇散體文法審語》所反映的明末司法及閩中社會經濟情況

《新奇散體文法審語》藏有大量關於十七世紀初期明代司法制度以及福建沿海社會的資訊，本節只選取其中較突出的數個題目，略為展示這部判牘的史料價值。有關司法程序的問題，多見於〈人命類審語〉的案例。書中不少審語記錄了審官利用《洗冤集錄》內容驗屍，以物證作判決基礎的經驗。例如「死後屍傷」一案便解釋死後截肢的情況，以及在屍體上如何看出中毒的特徵。在「毆死親兄」中，又說明「但腰眼肋後黑色，應屬毒而殞」等屍表驗屍經驗。[53] 此外，部分案件又反映了縣官與佐貳人員的互動。例如從「縊死」一案，便悉縣官在親自處理案件前，多委捕廳作初擬。[54] 又，從「毆死親兄」案，即見縣級法庭在處理屍體時，會先由捕衙檢驗。[55] 前述有關鄭東霖父子的會審大案，除了反映了省級官員覆審跟進縣級上呈的案件外，特別詳細地交代了「威力制縛人」律文內，「威力主使」等內容的解說與應用的原則。[56]

刑訊是中國傳統重要的審訊手段，而《新奇散體文法審語》亦記錄了一

---

53 《新奇散體文法審語》，頁169，171-172。

54 《新奇散體文法審語》，頁172-173。

55 《新奇散體文法審語》，頁171-172。

56 有關此律應用，另見《新奇散體文法審語》，頁188-189。

些相關的資訊。[57]如在「姦局」中，審官在撲打嫌犯時，因見犯人已離異之妻「凄入肝脾」，而揭發陷人於強姦罪名之局。[58]另外，書中審官在記錄案件時，多會記下一些刑訊的內容和次數，對了解其運作情況亦不無小助。[59]另外，在「酷吏」一案中，審官批評了該衙的刑房吏，竟有向在押犯人索取巨額賄賂的牢獄管理問題。[60]「匿狀」一案，指出一個從減問徒的囚犯，幾乎「瘦死府獄」的險境，從而曝露了閩地牢獄的惡劣情況。[61]

在社會風俗上，《新奇散體文法審語》有不少案件反映了莆田一帶有服毒自殺圖害他人的惡俗。[62]不過，其中的「服毒致死」及「打死人命」案例，卻透露了當地民間解除斷腸草毒藥的偏方：喝桐油或羊血，且這些手段幾乎是婦孺皆知的。[63]除了自殺害人，「逼命」就反映了當地也有借死屍圖賴與威脅他人的惡行。[64]在處理屍體的問題上，當地人有長期停棺之陋俗，並另有「萬人坑」供公開曝屍，「令飽鳥鳶」。[65]為了避免拋屍棄棺，治閩官員曾有「停棺之禁」，情願以火葬方式將長期停放的屍體「焚化埋土」。[66]

近人對《新奇散體文法審語》判牘內容最重要的認識，是當中有關男風的豐富資訊。「盜情可原」一案，講述了福建生員間的男色行為，以及同性戀人間因戲耍誤會而產生了無謂的訴訟。[67]「誣告搶略」則表達了閩人自稱

---

57 參譚家齊：〈晚明判牘與小說資料所示的刑訊原則及效用爭議〉，《法國漢學：罪與罰——中歐法制史研究的對話》，第16輯（北京市：中華書局，2014年），頁267-271。該文對刑訊在明代的發展歷程，以及明代大眾對刑訊的理解與肯定的態度，有詳盡的分析。

58 《新奇散體文法審語》，頁200-201。

59 如《新奇散體文法審語》，頁169。

60 《新奇散體文法審語》，頁252。

61 《新奇散體文法審語》，頁222-223。有關晚明鄰省廣東的府縣牢獄問題，可參譚家齊：〈《盟水齋存牘》所反映的晚明廣東獄政缺憾及司法問題〉，《中國文化研究所學報》第57期（2013年6月），頁115-131。

62 見《新奇散體文法審語》，頁171-172。

63 《新奇散體文法審語》，頁169-170、186-187。

64 《新奇散體文法審語》，頁182。

65 《新奇散體文法審語》，頁236。

66 《新奇散體文法審語》，頁239。此葬俗或反映福建地方是時仍有信奉拜火教的群體。

67 《新奇散體文法審語》，頁210。

「龍陽」,而不以為恥的風氣。[68]「局賭」中又交代了當地賭客有「以戲蒲之技,結分桃之歡」者。[69]至於較為著名的「和尚龍陽」一案,便是集合了和尚、輪姦及男同性戀三個元素的奇案:

> 審得□和尚等,乃地方無籍惡少。三五成群,暮夜潑撒遊盪,途中□遇某課文晚歸,典狂強擁,輪姦谷道。不知總角渺弱之軀,難受降魔之杵。髫齡嬌雅之年,不堪螳臂之輪。此時此際,三兇耽樂,一生受苦。汝既以肉塵傷人,吾當以笞杖儆汝。[70]

上引福建判牘的男色內容,在其他地區的判牘較為罕見。[71]閩地既有此特別熾盛的風俗,無怪乎於十七世紀初期服役於荷蘭東印度公司的瑞士傭兵艾利·利邦（Èlie Ripon）上尉,在其回憶錄《利邦上尉東印度航海歷險記:一位傭兵的日誌（1617-1627）》中,以外人眼光強調了福建等沿海省份的男色之風:「肛交行為相當盛行,他們習以為常。」[72]

在婚俗上,莆田居民似乎對二性的結合有與別不同的看法。例如在「停妻娶妾」一案中,便知當地習慣稱妾為「副妻」。[73]在「拐賣」的案情之中,有「〔林周者〕通女之姑而室之,於婿則反翁而作父,於女則轉父而為翁」的亂倫行為。可是審官卻感慨「傷風傷俗,本合離異。姑以惡俗相仍,非周

---

68 《新奇散體文法審語》,頁213。

69 《新奇散體文法審語》,頁249-250。

70 《新奇散體文法審語》,頁258。

71 明代直接記載男色情況及雞姦問題的法制史料相對缺乏;但到了清代,在道光朝編成的《刑案匯覽》中,便系統地將有關案例集中在「殺死姦夫」、「威迫人致死」及「犯姦」等律目之下,而和尚與雞姦、輪姦等問題似乎亦頗有關係。見張杰編:《斷袖文編——中國古代同性戀史料集成》,頁927-928,944-948。

72 艾利·利邦（Èlie Ripon）著,伊弗·紀侯（Yves Giraud）編注,包樂史（Leonard Blussé）、鄭維中、蔡香玉譯:《利邦上尉東印度航海歷險記——一位傭兵的日誌（1617-1627）》（臺北市:遠流出版社,2012年）,頁205。

73 《新奇散體文法審語》,頁196。

首污中籌也，且置不論」。[74]由此可見，當地應長期存在婆親家寡姑親上加親的風俗。不過，代表明廷的法官仍對傳統中國的婚俗有一定的堅持，例如舅姑兄妹不能結婚，因為不可「壞蕭何（西元前 275-前 193 年）之法律」。[75]身處邊緣地區的居民，仍得大致服從中原漢人的主流家庭觀念。

可是，莆田一帶的兩性關係似乎還是比中原地區開放的，因此娼妓活動亦十分熱鬧，她們的情況更常見於判牘之中。現略舉一二例子說明此地情況：「淫嫖」是講幾個窮嫖客以假銀於妓院騙嫖四十晚，而審官為妓院申冤，以為「此屬不嚴為懲治，良賤難堪受害」，[76]對受害妓院表示深切同情。而《新奇散體文法審語》中，有關明代妓女的最重要資訊，是指出明代有一「妓女從良」的手續。妓女在滿足了從良的條件後，便可向當地官員申請「從良執照」：「合與執照，聽其從人」。[77]有傳統法律學者，否認明清中國曾存在過此類文書，以為：「還有一種憑空臆造文書，如所謂『娼婦從良執照』」。[78]如今參看《新奇散體文法審語》的記載，應知有關執照最少存在於晚明。此一紙公文對身陷樂戶的妓女，可說勝於千金。

除了社會風俗的資訊外，《新奇散體文法審語》其實也記錄了不少嘉靖（1522-1566）倭亂以後，莆陽一帶的經濟情況。如〈產業類審語〉的「贖回故業」，便講出了在大亂後百姓積極置業的氣氛，以及產生了執爭過割久遠田土的問題。[79]〈把持類審語〉的「閉糶」，則道盡了莆地產糧不足的苦況，更批評投機商人有借地方稔熟而開糶之機，盡購莆田米糧以抬高糧價，令當地貧民「升合難覓，人心惶惶」的「漏港」問題。[80]為了確保糧食的供應，在「違禁樹蔗」一案，便見當地政府對農民種甘蔗等商業作物有禁，要

---

74 《新奇散體文法審語》，頁225。
75 《新奇散體文法審語》，頁194、195。
76 《新奇散體文法審語》，頁252。
77 《新奇散體文法審語》，頁272。
78 尹伊君：《故紙遺律：尹藏清代法律文書》（北京市：北京大學出版社，2013年），頁8。
79 《新奇散體文法審語》，頁229。
80 《新奇散體文法審語》，頁231-232。

迫他們栽種米糧的情況。[81] 此外，莆田居民因食肉或羊毛的需要，養羊應頗
見普遍，故亦常見有關盜羊的爭端。[82]

五　結論

　　《新奇散體文法審語》的主要內容，大有可能就是半生任職福建的蔡善
繼，在他仕宦生涯不同階段所寫的判牘。其中審於莆田知縣任上的案件，直
接顯示了十七世紀最初幾年（1601-1607、1608）莆田的問題，以及沿海基
層社會的情況。若果我們將此書的內容，與同為反映興化地區情況、祁彪佳
（1602-1645）的《莆陽讞牘》合在一起比較研究的話，[83] 當地數十年間的變
遷趨勢，以及社會文化發展，即可被鉅細無遺的掌握起來了。祁氏的興化推
官任期，是天啟四年至崇禎元年（1624-1628），這不只與蔡善繼任職福建的
其他職位有重疊的時間，更配合了編纂《新鐫官板律例臨民寶鏡》的時間和
空間。從這批數以百計內容豐富且時代先後呼應的判牘，我們當可掌握在嘉
靖倭患之後到明亡的世變之前，這個受難極深的福建興化社會，是如何恢復
與發展起來的；更可從不變的地理座標，窺探明末閩地的社會風尚變化，以
及基層百姓的生活實況。上文對《新奇散體文法審語》反映興化社會情況的
展示，只是其史料價值的冰山一角而已。此等福建的判牘資料，仍有賴更多
後來者的開拓與深耕。

81　《新奇散體文法審語》，頁267。有關明末福建食米不足問題的系統研究，見林麗月：
　　《奢儉、本末、出處——明清社會的秩序心態》（臺北市：新文豐出版公司，2014年），
　　頁109-150。
82　《新奇散體文法審語》，頁217-218。
83　祁彪佳的《莆陽讞牘》點校本，收入楊一凡、徐立志主編：《歷代判例判牘》，第5冊。

外交軍事篇

從三代之禮到萬國公法
——試析郭嵩燾接受國際法的心路歷程

范廣欣

南開大學哲學院

　　郭嵩燾（1818-1891），湖南湘陰人，光緒二年（1876）起出使西歐，為近代中國首任駐外公使。與其繼任者（多為洋務知識分子和職業外交官）相比，郭氏的經歷有其特殊性，一方面他從早年為湘軍籌餉開始就與洋人打交道，歷任廣東巡撫、駐英法公使，親身參與了從鴉片戰爭到同光中興中國外交的近代轉型；另一方面，他是翰林出身，同曾國藩、劉蓉、羅澤南等人同為湖南理學的代表人物，由於仕途不順，他一生中許多時間是在家鄉著書立說，教育子弟。他的洋務經驗如何影響其著述？他在傳統學問方面的深厚積澱如何影響他對近代外交的看法？以往的學者，研究郭嵩燾外交觀念，往往重視他早年的洋務經驗，而忽略了他浸潤其中的傳統學養所起的作用；研究近代外交轉型，往往著眼全域，卻對個別關鍵人物的心路歷程不夠重視。[1]

---

[1] 關於近代外交轉型，請參見 Immanuel C.Y.Hsu, *China's Entrance into the Family of Nations* (Cambridge: Harvard University Press, 1960) 及田濤：《國際法輸入與晚清中國》（濟南市：濟南出版社，2001年）。研究郭嵩燾的學者，對其外交思想與傳統學問的聯繫往往注意不夠。比如黃康顯強調郭氏對傳統的背離，認為他所受到的傳統教育是一種束縛，只有當他與西方世界發生直接接觸以後才獲得了前進一步的決定性力量。見 Owen Hong-hin Wong, *A New Profile in Sino-Western Diplomacy: The First Chinese Minister to Great Britain* (Hong Kong: Chung Hwa Book cp., Ltd, 1987), pp.100-102,105-106。持類似觀點比較著名的還有鍾叔河：〈論郭嵩燾〉，《歷史研究》總167期（1984年2月），頁11-140。汪榮祖強調郭氏「思想的敏銳，以及對西方認識的深切」，強調他與當時政治和社會環境的衝突，而不是他與傳統的聯繫。見汪榮祖：《走向世界的挫

　　本文試圖在郭嵩燾的傳統學術著作中發掘他對近代外交的體會，並將這些內容與他在日記、奏稿和書信中對「萬國公法」（今譯國際法）的描述和討論聯繫起來，考察他對「懷柔遠人」的重新詮釋和對三代之禮的憧憬如何幫助他理解「萬國公法」，接受其作為處理中外關係的基本準則。必須指出，郭嵩燾出使西洋，正是「萬國公法」輸入和應用的結果；但是，直到出使之後，「萬國公法」才一步步占據了他考慮外交問題的中心，成為他心目中三代之禮的當代依據。下文首先討論出使之前郭嵩燾如何在三代之禮與近代外交之間建立起聯繫。

一　三代之禮與近代外交

　　光緒元年（1875）十一月郭嵩燾使英之前曾經因馬嘉理案彈劾雲南巡撫岑毓英。[2] 奏摺一開始並不切入正題，而是以相當篇幅議論《周禮》，並討論其與近代外交的聯繫：

> 竊臣考《周禮》一書，百官之職，皆有事於賓旅，而大宗伯以賓禮親邦國，列之軍、嘉二禮之上。行人所司之饗食、掌客所供之牲牢，至優至渥。六官所掌諸典禮，無若是之詳者。環人、行夫送迎賓客，一

折——郭嵩燾與道咸同光時代》（臺北市：東大圖書公司，1993年）弁言頁2-3。王興國對郭氏思想從政治、外交到哲學、文藝方方面面都有介紹，但是沒有致力考察郭氏思想不同側面之間的內在關聯，尤其沒有探究郭氏外交思想的學術淵源。見王興國：《郭嵩燾評傳》（南京市：南京大學出版社，1998年），頁281、287-288。目前所見，只有郭廷以指出郭嵩燾的外交見解「主要得之於學問」，韋政通指出郭嵩燾的洋務理念來自傳統，可惜兩位前輩學者並未具體分析郭嵩燾的傳統學術著作，從中發掘郭氏外交理念的思想淵源。見郭廷以：《郭嵩燾先生年譜》（上）（臺北市：中央研究院近代史研究所，1971年），頁2-6；韋政通：《中國十九世紀思想史》（上）（臺北市：東大圖書公司，1991年），頁449-458。

2　馬嘉理（A. R. Margary）為英國駐華使館工作人員，1875年迎接英國探險隊從緬甸進入雲南時，為中國邊民殺害。郭嵩燾後來正是因為馬嘉理案，被朝廷任命為欽差大臣赴英致歉。

以禮之。未嘗不嘆三代聖王享國長久，其源皆在於此。何也？遠方賓
客，萬里之情畢達，邦國之事宜、生民之疾苦，巨細自得以上聞。春
秋列國以禮相接，文辭斐然，其立國或遠在唐虞之前。秦漢以來，此
禮日廢，國祚之久長亦遠不及三代。……頃年以來，西洋諸國環集中
土，事故繁多，乃稍講求三代賓客之禮，而其強兵富國之術，尚學興
藝之方，其所以通民情而立國本者，實多可以取法。洋人又樂與中國
講求，助之興利，以薪至富強。[3]

在郭嵩燾看來，對外交往自古以來就是國家的重要職能，關係到國家的前途
和命運，在這一方面三代提供的最重要的經驗是以禮待人，增進交流，了解
實際情況，發展儒家理想中類似人與人之間相處那種親密而友好的關係，而
不是採用武力征服或者對抗的政策。春秋列國代表的意義，不再是傳統儒家
譴責的禮壞樂崩、戰亂紛爭，而是當時中國外交所要追求的理想狀態。更為
耐人尋味的是，郭氏認為重新「講求三代賓客之禮」有助中國與西洋諸國發
展近代外交，學習他們的富強文明與政治發展的經驗，奠定國家長治久安的
基礎。

　　這篇奏摺因為引用《周禮》討論當時的外交，被軍機章京批評「立言不
倫」。直到郭嵩燾去世以後，好友王先謙為他整理遺稿，還覺得郭氏的觀點
過於激進，不見容於士林，因此對原文作了大量刪改，特別是從朝貢制度的
角度解釋三代賓禮，從而凸顯中外之間上下尊卑、華夏蠻夷的分野。[4]王先
謙的修改違背了郭嵩燾的原意。後者在卸任署理廣東巡撫之後、光緒元年重
獲起用之前曾經有八年時間返回湖南居住，通過與漢唐經學和宋明理學兩個

3　見郭嵩燾：〈奏參岑毓英不諳事理釀成戕殺英官重案摺附上諭〉，收入楊堅輯補：《郭嵩
　　燾奏稿》（長沙市：岳麓書社，1982年），頁347-349。

4　軍機章京的批評見郭氏「自記」，經王先謙刪改的奏摺，題為〈請將滇撫岑毓英交部議
　　處疏〉，兩者均作為〈奏參岑毓英不諳事理釀成戕殺英官重案摺附上諭〉之附錄收入
　　《郭嵩燾奏稿》，頁349-350。有關王先謙對郭氏奏摺的刪改，請參見范廣欣：〈郭嵩燾
　　遠人觀念的變遷〉，《二十一世紀》第104期（2007年12月），頁40-41。

主要註釋傳統對話，反思儒家經典中有關中外關係的論述。他在這個時期完成的著作包括《禮記質疑》、《中庸章句質疑》、《大學章句質疑》和《校訂朱熹家禮》。[5]特別值得注意的是，在前三部著作中郭氏提出了自己對「懷柔遠人」這一傳統的獨特解釋，一方面從精神上否定了明清以來的朝貢制度，另一方面也嘗試溝通三代賓客之禮與近代平等外交。

　　「懷柔遠人」這一說法直接源於《中庸》哀公問政章，所以下文首先以《禮記質疑》之〈中庸〉篇和《中庸章句質疑》有關內容為依據討論郭嵩燾對「懷柔遠人」的理解。〈中庸〉原文講「柔遠人」一共有三處。首先是提出名目：「凡為天下國家有九經，曰：修身也，尊賢也，親親也，敬大臣也，體群臣也，子庶民也，來百工也，柔遠人也，懷諸侯也。」然後是講功效：「柔遠人則四方歸之，懷諸侯則天下畏之。」最後是講具體的作法：「送往迎來，嘉善而矜不能，所以柔遠人也。繼絕世，舉廢國，治亂持危，朝聘以時，厚往而薄來，所以懷諸侯也。」

　　漢唐經學的傳統傾向將「柔遠人」與「懷諸侯」連起來解釋。鄭玄的注就明確指出：「『遠人』，蕃國之諸侯也。」唐朝孔穎達作《五經正義》解釋「柔遠人則四方歸之」，便是承襲鄭玄的說法：「『遠』，謂蕃國之諸侯，『四方』，則蕃國也。」[6]其中隱含兩層意思：首先是強調中外之分（《周禮‧秋官大行人》：「九州之外，謂之蕃國」），然後是等級尊卑（天子與諸侯是君臣關係）。兩人的解釋顯然反映了漢、唐以來天朝大國、唯我獨尊的心態，同時也構成了明清朝貢制度的理論基礎。郭嵩燾對這個說法持什麼態度呢？

　　在《禮記質疑》中，郭氏並未對「蕃國之諸侯」的說法作出直接回應，他質疑的是鄭玄對「所以懷諸侯也」下面一句「凡為天下國家有九經，所以行之者一也」的解釋。這裡涉及一個分段的問題。鄭玄把這句話當成下一段的開始，所以根據下文的意思解釋「一，謂當豫也。」郭氏則把這一句看成

---

5 出使前，郭嵩燾將這四種著作寄存在李鴻章處。見《郭嵩燾日記》（長沙市：湖南人民出版社，1982年）第三卷，頁57。

6 〔漢〕鄭玄注，〔唐〕孔穎達疏：《禮記正義》（北京市：北京大學出版社，1999年），頁1442-1445。

是上一段的總結，所以結合哀公問政章前面部分講五達道三達德的內容，指出這句話的意思是說，治理天下國家的這九條基本的政治原則背後都有普遍的道德倫常的依據。《禮記質疑》原文如下：

> 此節始說到政上，究其實，皆達道（即通常所說的五倫──君臣、父子、兄弟、夫妻、朋友）之所以行也。修身，本也。天下國家之九經，統乎君也。親親，父子兄弟之推也。大臣、群臣、庶民、百工，君之推也。尊賢也、遠人也、諸侯也。朋友之推也。[7]

這裡講「遠人」是「朋友之推」，分明就有「有朋自遠方來，不亦樂乎」的意思了！講「天下國家有九經」統之於五倫，各有歸屬，並不是郭嵩燾的首創，明末清初的王夫之在其《讀四書大全說》中就提出這樣的觀點。有證據表明郭氏的確受到王夫之《讀四書大全說》的影響。[8] 但是王氏原文雖然講「尊賢、懷諸侯為盡朋友之倫」，卻沒有為「遠人」歸類。就這一點而言，郭氏的確發前人所未發。君臣、父子、兄弟、夫妻多少都有上下之分，唯有朋友一倫在這方面的界限最為模糊，可見郭氏講「柔遠人」強調的不是等級尊卑，而是相互之間的交流溝通，與所謂「蕃國之諸侯」的解釋有相當差異。

在《中庸章句質疑》裡面，郭嵩燾就清楚地表明他的立場：

> 章句云：柔遠人則天下之旅皆悅而願出於其塗，極允。船山謂：旅者，他國之使，脩好鄰國而假道。又如失位之寓公與出亡之羈臣，皆旅也。當時禮際極重，一言一動之得失，所以待之者即異，故嘉善而

7　郭嵩燾：《禮記質疑》（長沙市：岳麓書社，1992年），頁628-629。

8　郭氏在學問上受王夫之的影響很深，〈禮記質疑自序〉表明這本書的創作本身就是受到王夫之《禮記章句》的啟發。見《郭嵩燾詩文集》（長沙市：岳麓書社，1984年），頁21。光緒二年臨行之前他還上奏朝廷要求以王夫之從祀孔廟。見〈請以王夫之從祀文廟疏〉，《郭嵩燾奏稿》，頁351-352。

矜不言不能者，亦當以其漂泊而矜之也。（以上大體為王氏原文）列
遠人於諸侯之上，其非聘使可知。送往者，過此而他逝者也。迎來
者，來就本國者也。鄭注謂：「蕃國之諸侯」，失之。[9]

從這段話可以看出對「懷柔遠人」的解釋有不同的傳承，郭氏是受到朱熹
《中庸章句》、王夫之《讀四書大全》的啟發，反對鄭玄和孔穎達的觀點。

朱熹有關「柔遠人」的解釋在《中庸章句》中因應原文也有三段，以下
分別就朱熹原注、王夫之的觀點和郭氏的取捨，作詳細分析。首先解釋名
目，「柔遠人，所謂無忘賓旅者也」，這個說法出自《孟子》告子下，按朱熹
的解釋「賓，賓客也。旅，行旅也。皆當有以待，不可忽之也。」[10]然後解
釋功效，「柔遠人，則天下之旅皆悅而願出於其塗，故四方歸」，也是出自
《孟子》；[11]再解釋具體作法，「往，則為之授節以送之；來，則豐其委積以
迎之」。[12]很明顯，朱熹用「賓旅」或「天下之旅」釋「遠人」，與鄭注、孔
疏不同。

郭嵩燾引用王夫之的觀點，也同前文一樣，也是出自《讀四書大全
說》。原文除了郭氏所引部分以外，在「旅者，他國之使」前面還有「所謂
賓旅者，賓以諸侯大夫之來覲問者言之」，為郭氏所不取。[13]把兩部分重新合
起來看，即可知王夫之是在朱熹「無忘賓旅」的基礎上作進一步的發揮。他

---

9 郭嵩燾：《中庸章句質疑》下（長沙市：養知書屋，光緒十六年〔1890〕刻本），頁8
上。

10 《四書集注》《孟子集注》（長沙市：岳麓書社，據《四部備要》本點校，1997年），頁
491-492。

11 見《孟子》梁惠王上：「行旅皆欲出於王之塗」；公孫丑上：「天下之旅皆悅而願出於其
路矣」。出處同上頁304、340。

12 以上朱熹對「柔遠人」的解釋見《四書集注‧中庸章句》，頁42-43。

13 王夫之原文見王夫之著《讀四書大全說‧中庸》，收入船山全書編輯委員會編校，《船
山全書》，第6冊（長沙市：岳麓書社，1991年），頁524-525。聘問是指古代國與國之
間交好遣使訪問。具體的講，既有諸侯對諸侯遣使（《禮記‧曲禮下》：「諸侯使大夫問
於諸侯曰聘」）的意思，也有諸侯對天子遣使（《禮記‧王制》：諸侯之於天子也，比年
一小聘，三年一大聘，五年一朝）的意思。

在另一處地方便直接用「聘問之使」來釋「遠人」。[14]可見王夫之的原文除了「他國之使」外，還有把「遠人」解釋為諸侯派出的使節的意思。

郭氏的取捨表明他一方面贊同把「遠人」釋為「天下之旅」，並且接受王夫之的意見把「旅」再落實到「他國之使」即外交使節上來，另一方面卻一定要強調〈中庸〉經文裡面「遠人」和「諸侯」並舉而且次序優先，因此「遠人」不是指諸侯的使節，而是真正意義上的國與國之間的外交使節（「列遠人於諸侯之上，其非聘使可知」很明顯就是對王夫之的回應）。

通過以上分析，郭嵩燾對「懷柔遠人」的理解就清楚了：「遠人」指的是他國的外交使節，即包括專門派遣到本國來的使者，也包括途經本國去第三國執行使命的人（送往者，過此而他逝者也，迎來者，來就本國者也。）。「柔遠人」處理的是大致對等的國與國之間的關係，既不同於鄭玄所謂天子同蕃國之諸侯的關係，也不同於王夫之所說的諸侯之間的「內交」，因此可以用來指導當時的洋務。經過郭氏解釋，「懷柔遠人」仍然具有道德倫理的基礎，其內涵卻發生了變化，不再是鄭注孔疏強調的君臣關係，而是「朋友之推」。就具體實踐而言，郭氏的解釋高度重視外交禮儀（當時禮際極重，一言一動之失得，而所以待之者即異矣），同時在禮儀之外也強調交往過程中的互相體諒、包容（然善自宜嘉，而不能者亦當以其漂泊而自矜之）。

不容忽視的是，朱熹《中庸章句》用《大學》的推及模式（即修身、齊家、治國、平天下由內而外，層層推進）來解釋「天下國家有九經」，明確講「由其國以及天下，故柔遠人、懷諸侯次之」。[15]這樣便把「柔遠人」放到了《大學》治國平天下的脈絡裡面。由上文可知，郭嵩燾是接著朱熹、王夫之以來的傳統來提出他對「懷柔遠人」的解釋。因此，檢查郭氏在《大學章句質疑》裡對治國平天下的問題所闡發的意見，應該有助於我們對他「懷柔遠人」的觀念作進一步了解。

---

14 〔明、清〕王夫之：《四書箋解卷二・中庸》，收入《船山全書》，頁144。

15 《四書集注・中庸章句》，頁43。

　　大學原文講：「所謂平天下在治其國者，上老老而民興孝，上長長而民興弟，上恤孤而民不倍，是以君子有絜矩之道也。」郭氏同朱熹的分歧，主要在如何解釋「絜矩之道」。在朱熹看來：「絜，度也。矩，所以為方也。……君子必當因其所同，推以度物，使彼我之間各得分願，則上下四旁均齊方正而天下平矣。」¹⁶這裡關鍵在於「因其所同，推以度物」，我以為是推己及人的意思：朱熹認為人心是相通的，大家分享共同的倫理價值觀念和實際需要（這一點並不因種族地域的差異而不同），所以只要回歸自己的本心，再把它向外推出去，就能實現天下太平的理想。

　　辦理洋務多年，郭嵩燾不能滿足於這樣一個簡單的解釋，而要考慮其中具體運作的過程，他結合自己的經驗指出：「絜矩亦從恕上推出，然恕只是推己及人。至於平天下，各君其國，各子其民，不能盡由己推去，直須度量人情之好惡，準人而推之己。大學……於平天下章說個『絜矩』字，則是就人之適宜處言之。」根據郭氏對當時世界局勢的觀察，每個國家都有自己的政府和統治方式，互不隸屬，而且各國人民的實際情況和具體需要也可能不同。因此，他覺得不可以說一個國家的問題解決了，把成功的經驗向外推廣，就可以天下太平，而一定要設身處地考慮別國的實際情況和具體需要再作出判斷。最後的結論是，平天下不能像治國那樣依靠「政教」，因為沒有一個道德權威中心來作標準，各國之上沒有一種既定秩序，所以只能講究「相處之法」。這個說法同傳統中國王朝講「懷柔遠人」時所堅持的天朝中心觀念已經格格不入了。另一方面他指出：「絜矩者，矩操於身，盡天下之善惡以矩絜之，而自行其裁成輔相之宜。老老、長長、恤孤，身之矩也。一國之人心同，天下之人心亦同。」¹⁷他還是相信人心有共通之處，有些基本的價值觀念為人們所普遍接受，希望在承認各國互不隸屬、國情有差異的同時，堅持人與人之間、國與國之間相處有共同的道德倫理依據，並不因為種族、地域的差異而改變。這一點明顯是對朱熹的繼承。

16　《四書集注‧大學章句》，頁15。

17　郭嵩燾：《大學章句質疑》（長沙市：思賢講舍，光緒十六年〔1890〕刊本），頁25上，
　　26上。

簡言之，郭嵩燾依循從朱熹到王夫之的宋明理學的詮釋傳統，並結合自己參與近代外交轉型的體會，形成對「懷柔遠人」的獨特理解：「遠人」是指他國的外交使節，「懷柔遠人」處理的是大體上對等的國與國的關係，依據的普遍道德原則是「朋友之推」。郭嵩燾對三代賓客之禮的理解不能不受這一理論總結的影響。

郭氏所面臨的問題是，三代賓客之禮雖然是中國外交的理想境界，在現實中卻久已湮滅，對西洋諸國也沒有感召力和約束力，那麼，究竟什麼是中西雙方可以遵循的共同依據？什麼是三代之禮精神在當代的體現？[18]出使的經驗告訴他，「萬國公法」是中西雙方均可信賴的國際規範和三代之禮精神在當代的體現。檢查郭氏遺留下來的日記、奏稿和文集，他對「萬國公法」的認識主要得益於三種不同的經驗，包括：一、他對在華傳教士丁韙良（W. A. P. Martin, 1827-1916）等人所譯公法著作的閱讀，二、他與外國官員和學者，尤其是「萬國公法討論會」（Association for the Reform and Codification of the Law of Nations，今譯「國際法改進及編纂協會」）成員的交流，三、他在出使途中和出使以後對西方國際法體系實踐和效用的觀察。限於篇幅，以下主要討論郭氏如何通過閱讀丁韙良等人的譯著發現「萬國公法」，如何通過與外國官員和學者的交流獲得對公法更深入的了解。

二　郭嵩燾與丁韙良譯《萬國公法》

徐中約認為中國要完全進入國際社會，必須滿足兩個條件，其一是承認國際法作為處理國家間關係的基本準則，其二是十九世紀七十年代以後在國外設立使館。[19]在近代史上，前者以丁韙良譯《萬國公法》為最初的開端，後者由郭嵩燾使英得以實現。郭嵩燾的出使與丁韙良譯《萬國公法》有直接的關係。

---

18 郭嵩燾一向認為禮樂制度應該因革損益，與時俱進，但是制度背後的基本價值，所謂「禮樂之精意」卻亙古常新，不能背棄。見《郭嵩燾日記》第一卷。

19 Hsu, *China's Entrance into the Family of Nations*, p.118。

　　一八三九年林則徐禁煙時就曾叫人翻譯瑞士人滑達爾（E. Vattel）所著《國際法》（Le Droit des Gens）片段，以供與英方交涉之用，後來譯文以《萬國律例》為名收入《海國圖志》。但是直到總理衙門建立之後，由於中外交涉日繁，清政府才覺得迫切需要一部國際法的完整譯本，一八六三年當時主持總理衙門的文祥請求美國公使蒲安臣（Anson Burlingame）推薦一部為西方各國承認的國際法權威之作，蒲安臣便向文祥介紹了美國傳教士丁韙良及其正在翻譯的惠頓著《國際法原理》（Henry Wheaton, Elements of International Law）。惠頓的這部著作當時在各國外交界享有盛名，在此之前，為敦促清政府派遣駐外使節，在中國海關任職的英國人赫德（Hart）已經把有關章節譯成漢文送呈總理衙門。[20] 在恭親王奕訢的支持下，丁韙良的翻譯得到中國學者的幫助。改訂本以半文言寫成，適合中國士大夫閱讀，於一八六四年正式刊行，題名為《萬國公法》。其中三百本被發給辦理對外事務的官吏和各省督撫，以供參考。[21] 丁韙良由於他的貢獻被清政府授命主持同文館，並兼「萬國公法」教習，繼續從事西方國際法的翻譯，在郭嵩燾出洋前後，同文館還出版了他與中國同事合譯的《星軺指掌》和《公法便覽》。[22]

---

20 王鐵崖：〈中國與國際法——歷史與當代〉，載於鄧正來編：《王鐵崖文選》（北京市：中國政法大學出版社，1993年），頁298。另見《中國大百科全書・法學卷》（北京市：中國大百科全書出版社，1984年），頁192。

21 1865年《萬國公法》傳到日本。1873年，日本學者開始把這一通過丁韙良的譯著正式輸入東亞的法律體系稱為「國際法」。以上經過見《王鐵崖文選》，頁123-129；梁伯華：《近代中國外交的巨變——外交制度與中外關係變化的研究》（香港：商務印書館，1990年），頁53-54。到二十世紀初，中國留日學生對國際法的廣泛介紹才使流行於日本的一套國際法詞彙得以確立，從而取代了丁韙良等人使用的「萬國公法」、「公法」之類的舊術語。見田濤：〈晚清國際法輸入述論〉，《天津社會科學》1999年第6期，頁102。

22 《星軺指掌》中星軺也就是星使，指皇帝的使者，因為天節八星主使臣持節宣威四方。這裡沿用來指近代駐外公使，因此書名的意思就是出使指南。此書譯自德國人馬爾頓（Martens）《外交指南》（La Guide Diplomatique）。此書是丁韙良在同文館期間翻譯的專門論述公使領事問題的著作，也是同文館翻譯的第一本國際法著作，當時正值

「萬國公法」所受到的重視表明清政府，尤其是當中主持外交的勢力，在經歷了一系列慘痛的失敗之後，已不得不開始放棄天朝大國唯我獨尊的心態。為了有效地利用國際法維護自己的權益，一八五八年《天津條約》規定的十年修約之期即將到來以及日本在臺灣挑起衝突，都帶來新的刺激。使駐外的問題也越來越提上議事日程。與郭嵩燾私交甚篤的李鴻章在決策過程中起了關鍵作用。[23] 在這樣的背景下，發生了馬嘉理事件，朝廷終於認識到派遣外交代表更符合自己的利益，郭嵩燾才順理成章地奉命出使英倫。[24] 必須指出，直到此時此刻，「萬國公法」作為中外交涉的根本依據還沒有進入朝廷的視野——隨著中外交往的增加，總理衙門一方面表示願意作一些相應的調整，另一方面還不忘強調「中外體制不能無異」，實際上是拒絕採用西方國際交往通行的規範；李鴻章雖然採取更為開明的態度，也只看到訂立和遵守條約在交涉過程中的作用。[25]

郭嵩燾在出使之前雖然累積了不少洋務經驗，但是直到與丁韙良相遇，對「萬國公法」並無多少了解。同治二年（1863）九月至同治五年（1866）五月間郭氏曾署理廣東巡撫，多次處理外交事件，比較重要的有與荷蘭互換條約，從香港引渡太平天國餘部侯管勝等。用他自己的話說：「在粵處置洋

中國考慮遣使駐外之際，可見其現實針對性。關於《星軺指掌》和《公法便覽》兩書的翻譯和出版，請參見田濤：《國際法輸入與晚清中國》，頁65-70。

23 臺灣事件告一段落以後，李氏就提議朝廷遣使日本「自來備邊馭夷，將才、使才二者不可偏廢，各國互市、遣使，所以聯外交可以窺敵情……即泰西各大邦亦當特簡大臣……其中國交涉事件有不能議結或所立條約有大不便者，徑與該國總理衙門往復辯論，隨時設法。」以後他又奏請在秘魯、南洋等地派駐外交代表，認為不僅可以保護當地華人，也有利於海防。馬嘉理事件後，他就明確支持遣使英倫：「若有關外交無傷國體者，似尚可以允行。」分別見王彥威、王亮編纂：《清季外交史料》（一）（影印北平外交史料編纂處1932-1933刊本，臺北縣：文海出版社，1963年），卷1，頁10；卷2，頁17-19；卷17，頁22。

24 有關郭氏出使以前的情況，如十年修約、日本侵臺和馬嘉理事件及其對朝廷決策派遣公使駐外的影響，詳見 Immanuel C.Y. Hsu, *China's Entrance*, pp. 163-179.

25 關於總理衙門的態度分別見〈總署復英使中外體制不能無異照會〉，《清季外交史料》卷2，頁28；〈總署奏駐京使臣與部院大臣往來禮節未便置之不議片〉，《清季外交史料》卷3，頁16-17。

務無不迎機立解」。但是他所依據的要麼是不平等的雙邊條約，要麼是「以理求勝」、「稍明洋情」等以往的交涉經驗。[26] 雖然《萬國公法》恰好在這段時間翻譯刊行，但沒有證據表明郭氏在處理上述事件時有所運用。《萬國公法》在地方上的影響似乎遠不如外人預期的那麼大。卸任以後郭氏連續八年賦閒在家，直到光緒元年（1875）才因文祥推薦奉詔進京，開始與任同文館總教習的丁韙良有所接觸。根據丁韙良回憶，有一次郭嵩燾拜訪他，問中國首應辦者為何事，丁氏回答在西方大國設置使館，後來郭嵩燾被任命為欽差大臣出使英國，令他感到非常驚異。[27]

　　光緒二年使英之前，郭嵩燾在日記中記下了與丁韙良的多次談話，有時是談論學問，有時是談公務，如商派出洋官學生。光緒二年二月尚未出版，丁韙良便把《星軺指掌》譯稿拿給郭嵩燾看，此書專門論述公使、領事問題，是同文館正式翻譯的第一本國際法著作，郭氏認為其中第四十九、五十節「尤多見道之言」。這是兩人討論「萬國公法」的最早記錄。[28] 光緒四年（1878）三月郭嵩燾在巴黎還收到丁韙良寄來的新譯《公法便覽》三部。[29] 顯然不僅是交流學問的意思，而是希望郭氏在對外交涉時有所憑藉。

　　出洋之前，郭嵩燾的文字中並不曾提及《萬國公法》一書。但是可以肯定郭氏至少在出使期間對《萬國公法》一書有仔細的研讀。光緒四年七月，郭嵩燾與萬國公法會學者討論公法學科史的時候，就指出對方所著《公法論》中提到的克婁迪爾斯（今譯：格勞修斯）在丁韙良所譯《萬國公法》中稱為虎哥，與爭梯立斯（Albericus Gentilis）同為公法史上兩個最重要的人物，後者長在文獻整理，可以稱為考據學，前者長在發明義理，可以稱為性理之學。[30] 考慮到郭嵩燾和他最親密的朋友都是湖南程朱理學的代表人物，郭

26 郭嵩燾：《玉池老人自敘》（臺北縣：文海出版社，1969年），頁64-67。

27 郭廷以等編：《郭嵩燾先生年譜》，頁478。

28 郭嵩燾：《倫敦與巴黎日記》（長沙市：岳麓書社，1984年），頁6、16、18。

29 郭嵩燾：《倫敦與巴黎日記》，頁555。

30 郭嵩燾：《倫敦與巴黎日記》，頁676。克婁迪爾斯即近代國際法的奠基者格老秀斯（Hugo Grotius），《萬國公法》稱其為虎哥。見《萬國公法》原文第一頁：「公法之學，創於荷蘭人名虎哥者。」

氏對克婁迪爾斯的推崇可想而知。從日記可以發現，光緒五年（1879）六月十七日回到湖南省城長沙不久，郭嵩燾便從倫敦帶回的行李中找出《萬國公法》一書，寄給老友朱克敬。[31]可見郭氏在出使期間，身邊就帶著這部書，或許正是由於他的推薦才激發朋友閱讀的興趣。[32]

　　晚年郭嵩燾為丁韙良的《中西聞見錄選編》作序，高度評價他對中西文化交流的貢獻，說他在同文館的工作「汲汲焉勤誨而不倦」，把他與「首倡西學」的利馬竇，「著書尤精」的偉勒亞力（Alexander Wylie, 1815-1887）相提並論，著重指出他對傳播西學的功績在「講明而傳習之」，「三人者相望數百年，號為博覽，而冠西（即丁韙良）之功尤偉矣」。丁韙良能夠得到這樣的讚譽，顯然與他對萬國公法的推介有密切的關係。這篇序言的最後一句尤能表現郭對包括萬國公法體系在內的西方學問的看法──「西學之淵源，皆三代之教之所有事，而冠西之為人，為足任道藝相勖之資，為尤難能也。」[33]他強調的是西學與儒家三代的理想不僅不矛盾，而且有內在的契合。

　　有趣的是，郭嵩燾關於三代之禮和近代外交具有可比性的觀點在國際場合得到丁韙良的公開呼應。一八八一年丁韙良訪歐期間，曾在柏林召開的東方學學者大會上宣讀了一篇題為〈古代中國國際法遺跡〉的報告，第一個把春秋時期的國家間關係規則與近代國際規則進行比較，認為中國古代有初步國際法存在。他還感嘆：「今所傳者，惟散見於孔孟之書，諸子百家之說，以及稗官野史之所記，而周禮一書最足以資考證。」[34]他和郭氏都肯定從周

---

31 郭嵩燾：《倫敦與巴黎日記》，頁1009。

32 除去《星軺指掌》、《公法便覽》和《萬國公法》，郭嵩燾參考的公法學著作，可能還有《公法千章》。收到《公法便覽》前一個星期，他在日記便提到「丁韙良譯《公法千章》」。見郭嵩燾：《倫敦與巴黎日記》，頁547。《公法千章》為丁韙良與聯芳、慶常合譯，1899年才由同文館出版。田濤認為可能譯自英國法學家霍爾（William Edward Hall）的《國際法總論》（*A Treatise on International Law*, 1880）。見田濤《國際法輸入》，頁98。從時間上看這一推測顯然不合情理，郭氏不可能在1878年見到1880年才出版的英文著作之中譯本。

33 楊堅點校：《郭嵩燾詩文集》（長沙市：岳麓書社，1984年），頁68。

34 參見洪鈞培：《春秋國際公法》（臺北市：文史哲出版社，1975年），頁4-5；王鐵崖：《文選》，頁276-278。另見田濤：《國際法輸入》，頁79-81。

禮中可以發現古代國際法的遺跡，是出於彼此影響，還是因為不謀而合，我們不得而知，但他們看法的契合至少可以說明，當時受中國文化薰陶的人容易把先秦時期的賓客之禮同公法放在一起考慮。我們可以發現，西方傳教士以及許多公法學家眼中的公法，同郭嵩燾這樣的儒者眼中的三代之禮，至少有三處共同點：一、都寄予著強烈的道德理想，雖然內容不盡相同（對前者來講是神意或者人類理性，對後者來講是三代聖王理想）；二、都可作為現實社會中的實踐依據，儘管郭氏不得不承認，公法在西方有深厚的學術傳統，而且學術與政治形成良好的互動，而三代之禮在中國已近湮沒；三、無論作為道德理想，還是實踐依據，都具有普世價值，而不是屬於一個國家或者地區的專利。

三 郭嵩燾出使以後對萬國公法的認識

光緒二年閏五月郭嵩燾完成〈擬銷假論洋務疏〉。此疏由於多觸忌諱，因而受人阻撓，最後並未奏呈，卻反映他接受「萬國公法」作為國際交往最後依據之前對洋務比較系統的看法。郭嵩燾在事後追憶寫作原委的「自記」中說：「嵩燾時方求免出洋，以事勢且棘，謀遂以身任之，……論次辦理洋務源流本末，以求解於人言。」[35]其中內容，我覺得啟發比較大的有兩條。第一是要有理可循：「理者，所以自處者也。自古中外交兵，先審曲直，勢足而理固不能違，勢不足而別無可恃，尤恃理決折之。……深求古今得失之故，熟察彼此因應之宜，斯之謂理。」第二是要「處之得其法」。中外交往的形勢已經發生了根本的變化，處理得當，是難得的機會；處理不當，「往往小事釀成大事，易事變成難事，以致貽累無窮」[36]。

這裡「理」是「法」的依託，「法」是「理」的體現，「理」的內容比較確定，主要是儒家的一整套價值觀念，落實到外交上即表現為「懷柔遠人」，也包括對歷史上的經驗教訓和對外交涉的規律性總結，但是「法」的具體內

---

35 郭嵩燾：《奏稿》，頁362。

36 郭嵩燾：《奏稿》，頁359。

容是什麼,標準是什麼,郭嵩燾沒有給出答案,也許他本人當時仍在探索之中:畢竟三代之禮只保存在儒家經典中,對西洋列強不具有任何約束力。提到辦理洋案,他已經知道「西洋公法,通商各國悉依本國法度」(即國際法尊重各國按照本國法律管理所屬口岸),但是面對當時的現實——「會審公所一依西洋法度以資聽斷」(即通商口岸領事裁判權的行使),卻仍然覺得「中國一切無可據之勢,惟當廓然示以大公」。[37]出國之後,通過閱讀公法著作、與各國官員和學者(尤其是「萬國公法討論會」成員)交流,他對「萬國公法」才有進一步認識,後者一步步占據了他考慮外交問題的中心,並且和他對三代之禮的憧憬結合起來。

光緒二年十一月,使英途中李鴻章推薦的外籍隨員馬格里(Macartney)與郭嵩燾談起「西洋交兵,不殺俘虜」等有關戰爭的國際法內容,郭氏頗有觸動,以為「即此足見西洋列國敦信明義之近古也」。[38]「敦信明義」是肯定其合理性,「近古」是講接近中國上古(三代)的理想。

同年十二月六日,抵達倫敦前兩天,郭嵩燾在出使日記中第一次正式提到「萬國公法」的創立,他說:「近年英、法、俄、美、德諸大國角立稱雄,創為萬國公法,以信義相先,尤重邦交之誼。致情盡禮,質有其文,視春秋列國殆遠勝之。」[39]首先強調的是它的道德基礎!在他看來,萬國公法不僅符合儒家的理想,而且條文詳細、內容豐富,與他曾經盛讚的「春秋列國以禮相接」比起來代表更高的水準。按照今天的說法,這是一種合法性的認同,用來排除中國朝廷和士大夫接受它的心理障礙。耐人尋味的是,這段話出現在根據總署要求寄回去以供參考的《使西紀程》上,同一天的私人日記卻沒有相應的內容。他是有心利用這樣一個機會向朝廷介紹他對萬國公法的認識。

到達倫敦以後,由於所攜國書並無充當公使文據,也沒有列上副使劉錫鴻的姓名,引起一些不方便,光緒三年(1877)二月郭嵩燾上表朝廷,說明

---

37 郭嵩燾:《奏稿》,頁361。
38 郭嵩燾:《倫敦與巴黎日記》,頁59。
39 郭嵩燾:《倫敦與巴黎日記》,頁91。

情況，指出：「竊查西洋公法，遣派公使駐紮各國，皆以國書為憑。」就在
這一奏疏中，郭嵩燾繼《使西紀程》之後第二次提及「萬國公法」的創立：
「西洋以邦交為重，蓋有春秋列國之風，相與創立萬國公法，規條嚴謹，諸
大國互相維持，其規模氣象實遠出列國紛爭之上。日本一允通商而傾誠與之
相結，誠有見於保國安民之計，於此有相維繫者。」這是目前所見郭氏奏稿
中第一次直接出現「萬國公法」的字樣，其實是向朝廷大膽進言接受「萬國公
法」體系作為處理國家間關係的基本準則，不再把它當作不相干的外國法
律，或可以包含在傳統體制內的禦夷工具。郭氏不僅承認公法的道德基礎，
而且強調它的實際效用，能夠給列國紛爭提供一種秩序。在他看來，公法雖
然源於西洋，但是可以為我所用，日本被接納就是一個榜樣。[40]

　　總署接到奏摺後卻沒有對郭氏有關萬國公法的主張作出直接回應，只是
就事論事，表示：「知照內閣，一律頒給敕書，以昭慎重。此後奉使有約各
國大臣應即照此辦理。」至於副使劉錫鴻，則改派出任駐德公使。[41]李鴻章
在三月二十六日給郭嵩燾的信中就此評論：「欽差大臣從此裁去副使名目，
而藉聯德之交，實屬一舉兩得。」[42]頒授國書一事說明清政府雖然不很主
動，但還是接受國際慣例，裁去副使，或許更有意義。傳統上，清朝向藩屬
國派遣欽差大臣，宣示皇恩浩蕩，往往是一正一副兩個人，而西洋外交制度
向無此例。朝廷的反應說明中國雖然不很積極，不很主動，還是逐漸地拋棄
朝貢體制的殘餘，接受近代外交的規則。

　　光緒三年八月，萬國公法討論會給郭嵩燾寄來材料，這是有記載的雙方
第一次接觸。[43]郭氏在日記中指出「此會為修改萬國公法，以臻妥善」並對

---

40 郭嵩燾：〈國書並無充當公使文據清改正頒發摺〉，《奏稿》，頁365。郭氏一到倫敦，就
　　與日本駐英外交官有交往，對日本學習西洋的成就有深刻印象。見《倫敦巴黎日記》，
　　頁108、129、136。

41 王彥威、王亮編纂：〈總署奏請補發使英郭嵩燾等敕書摺附上諭〉，《清季外交史料》，
　　卷9，頁27。

42 李鴻章：〈三月二十六日覆郭筠仙欽使〉，《朋僚函稿》，卷19，頁5。

43 關於萬國公法會與郭嵩燾的接觸，可另參見張建華：〈郭嵩燾與萬國公法會〉，《近代史
　　研究》2003年第1期，頁280-295。

材料內容有如下描述:「大抵言各國習教不同,不能以習教之同異分別輕重,一當準情度理行之。所以見示,亦自表其於中國無猜嫌也。」材料英文原文如何,不得而知,但是如前文所述,「準情度理」四個字正與郭氏處理外交的一貫思路相契合;「不以習教之同異分別輕重」,則是強調公法雖然起源於歐洲基督教國家之間,卻代表普遍的公平和正義,非基督教國家也應該得到公平對待,因此是真正的「萬國公法」而非「西洋公法」。這一點當時有關國際法譯著均未提到。丁韙良譯《萬國公法》還有意加強其基督教色彩。直到一八八○年《公法會通》譯出,才明確肯定:「公法雖出於泰西奉教諸國,而始行於西方,然不偏於西方,亦不混於西教……蓋公法不分畛域,無論東教西教,儒教釋教,均目為一體,毫無歧視也。」[44]郭嵩燾還提到公法會中人認為英印政府應對馬嘉理案承擔責任,「其言多公平如此」,考慮到郭氏正是因此事而出使,之前對英國公使威妥瑪的咄咄逼人又多有領教,他心中的感受可想而知。[45]

　　光緒四年二月郭嵩燾從日本公使處知道八月份將在德國舉行第六屆萬國公法會年會:「各國交際,輕重得失,反覆較論,以求協人心之平,而符天理之宜。西洋諸國所以維持於不斷,皆由學士大夫酌情審義,相與挾持於此間,所以為不可及也。」日本公使還提議「中國與日本於此尤應考求,必應一往會議。」[46]以後更幾番熱情相邀,商談有關事宜。通過日本公使的引薦,郭嵩燾與公法會中人有了直接的來往。他逐漸得出結論:萬國公法是各國學者反覆辯難討論的產物,具有深厚的學理基礎,與儒家的人心天理之說不僅不矛盾,而且頗為契合;同時受到西方各國政府的尊重,一經採用,就有普遍的約束力,戰爭期間也不例外。[47]

　　七月郭嵩燾正式接受萬國公法會的邀請,派正在法國學習公法的馬建忠

44　《公法會通》,卷1,第5-7章,轉引自田濤《國際法輸入》,頁75-76。此書原作者為瑞士籍德裔法學家步倫(J. C. Bluntschli,二十世紀初梁啟超跟隨日人譯為伯倫知理)。

45　郭嵩燾:《倫敦與巴黎日記》,頁302。

46　郭嵩燾:《倫敦與巴黎日記》,頁506。

47　郭嵩燾:《倫敦與巴黎日記》,頁524、553、589。

（1845-1900）[48]為代表參加在德國法蘭克福的集會。[49]八月份郭嵩燾還在倫敦親自旁聽了公法會對法蘭克福大會所議各條款的討論，感慨：「其議論之公平，規模之整肅，使人為之神遠。……惜中土列國時無此景象，雖使三代至今存可也。」[50]在他看來，這就超越了春秋列國的水準，三代的賓客之禮終於找到了現實的依託！法蘭克福大會也的確向中國提出一些忠告：

> 一、為與亞細亞不同教之國相接，當另立章程，其中小有變更，亦當與亞細亞不同教之國相接，不宜專任歐洲之意為之；一、東方各口領事干與地方公事，為必不宜；一、從前論公法交際宜持平者數家，當使之盡意，條議其便利，以便推求。[51]

這些內容已經觸及不平等條約的基礎和重要條款（如領事裁判權），有助於中國爭取平等待遇，都受到郭氏的重視，其中第一條尤其反映了法學家超越強權政治，包容文化和宗教差異，使公法成為各國平等交往的普遍依據的願望，直到今天也是國際關係中值得追求的理想。需要指出的是，當時主要的國際法譯著如《萬國公法》，乃至《公法會通》都肯定列強的領事裁判權。[52]與公法會的接觸肯定為郭嵩燾限制領事裁權的外交努力提供了新的動力。

　　直到光緒五年閏三月，郭氏已經卸任回國，萬國公法會還給他寄來書籍一包，以供閱讀。[53]與萬國公法會的接觸，使郭嵩燾感到在萬國公法中可以找到中國所需要的公平和正義。

　　除了參與公法會的活動，郭嵩燾還對萬國公法學科的發展表現出濃厚的興趣。他在光緒四年七月到九月很短的時間內就先後研讀了屠威斯（Travers

---

48 李鴻章獲悉郭兼任法使後，向他推薦馬建忠作為法文翻譯。見李鴻章：〈正月二十六日覆郭筠仙欽使〉，《朋僚函稿》，卷20，頁5。

49 郭嵩燾：《倫敦與巴黎日記》，頁690、697、700。

50 郭嵩燾：《倫敦與巴黎日記》，頁719。

51 郭嵩燾：《倫敦與巴黎日記》，頁724-725。

52 見田濤：《國際法輸入》，頁47-48、76。

53 郭嵩燾：《倫敦與巴黎日記》，頁965-996。

Twiss, 1809-1907）所著《公法論》二篇和傅蘭雅（John Fryer, 1839-1928）所
譯費利摩（Robert Phillimore, 1810-1885）著《萬國交涉公法論》（Comment-
aries Upon International Law），並且罕見地在日記中留下大段心得體會。[54]當
時馬建忠在巴黎政治學院專習公法，郭氏不厭其煩地向他仔細詢問有關課
程，總結經驗教訓，並作詳盡的記錄。[55]

　　郭氏駐節英法時，歐洲正值俄土戰爭（1877-1878），俄國咄咄逼人，土
耳其無力自保，卻得到英法的支持。[56]郭嵩燾非常注意局勢的發展，他在日
記中提到俄、奧、德三國「私相定約」：「五大國各駐兵土境，迫令土人改易
制度從西洋，保民制國，諸國皆得與聞。」——這正是清廷最怕落到自己頭
上的命運。但是遭到英國反對，理由是「土耳其亦自立之國，萬國公法無相
逼脅之理」。[57]郭氏未嘗不知道英國同俄國爭霸的實質，卻仍為表面的理由所
吸引。我們可以以前述〈擬銷假論洋務疏〉中對理勢關係的闡發來考慮這個
問題。在郭氏眼中，萬國公法體現了國際關係中的「理」，而英俄爭霸則是
「勢」的一種，像土耳其或者中國，實力不濟，只有堅持以萬國公法為依據
才能得理，化被動為主動，進而利用客觀形勢爭取外國援助，在危急關頭保
障自己的生存。[58]

　　光緒五年（1879）歸國途中經過列強在東南亞的殖民地，郭嵩燾的想法
已不像來時那麼樂觀，西方的擴張野心令他憂心忡忡，但是出使期間的經歷

---

54 郭嵩燾：《倫敦與巴黎日記》，頁675-676、746-748。屠威斯所著《公法論》二篇，當
　　為他於1856年在倫敦出版的著作《兩篇介紹國際法學的演講稿》（Two Introductory
　　Lectures on the Science of International Law）。見田濤：《國際法輸入》，頁186。

55 郭嵩燾：《倫敦與巴黎日記》，頁704-707。

56 1877年俄國以解放巴爾幹斯拉夫人為由，對土耳其作戰，一度兵臨君士坦丁堡，卻由
　　於英國干涉，未能占領首都和黑海海峽。1878年英、奧反對俄土和約建立由俄國控制
　　的大保加利亞等條款，發起柏林會議，迫使俄國讓步。

57 郭嵩燾：《倫敦與巴黎日記》，頁465。

58 丁韙良譯《萬國公法》便用土耳其接受公法與各國訂約，保障自主的例子，暗示中國
　　接受西方國際法體系。這部分內容很可能影響郭氏的判斷。見《萬國公法》，頁469。
　　另見田濤：《國際法輸入》，頁50-51。

使他得出結論「歐洲大小各國皆守萬國公法，其勢足以自立」。[59]在他看來，接受「萬國公法」並運用公法維護自身權益是弱小國家主權和獨立的保障。

到光緒十年（1884）中法戰爭前夕，賦閒在家多年的郭嵩燾寫信給李鴻章，批評左宗棠對法開戰「一勞永逸」的主張，第三次講到萬國公法的創立，「西洋積強已數百年，而慎言戰，擬定萬國公法，以互相禁制。」[60]他覺得當時最緊迫的問題是維持和平，而萬國公法則提供了一套不須訴諸武力而通過協商談判解決爭端的規則。隨著認識深入，我們可以看到郭氏對「公法」作用的闡發逐漸由高調轉為低調，但是他運用「公法」為中國爭取和平的基本信念並未動搖。

考察郭氏肯定「萬國公法」、向主政者提倡依靠「萬國公法」維護國家權益的各種文字，我們可以發現他對公法包含的道德理想和實際效用均有濃厚興趣。他對公法道德理想層面的理解尤其受到先前重新詮釋「懷柔遠人」和三代賓客之禮的幫助。他認識公法的過程經常是他用心目中的三代之禮和春秋列國彼此交往的歷史記錄與公法精神和條文比較的過程。通過閱讀公法學著作、觀察公法實踐、和與外國學者交流，郭氏一步步得出結論：三代之禮的理想雖然不存於中國，卻完整保存在「萬國公法」中，因為「萬國公法」雖然起源於歐洲基督教國家，卻超越特定宗教，超越列國紛爭，代表普遍的公平和正義。這些文字既見於寄回國出版的出使日記和給朝廷的奏疏，也見於私人日記，可見反映的是郭氏比較真實的想法，而不僅是出於宣傳的理由。另一方面，郭氏對公法既有高調的讚揚，也有比較低調的評估。當他強調公法最低限度可以為弱國在戰爭以外提供一條保障基本利益的途徑時，他就很少聯繫三代之禮，而只著重於當時的國際形勢了。

四　結論

郭嵩燾很早就意識到朝貢體制與近代外交格格不入，因此通過批評和整

---

59 郭嵩燾：《倫敦巴黎日記》，頁954。
60 郭嵩燾：〈再致李傅相〉，《詩文集》文集，頁219。

理傳統學術尋求對「懷柔遠人」和三代賓客之禮的新解釋。出使之前他已經提出辦理洋務要改弦更張，當時他的理想狀態還沒有超出「春秋列國以禮相接」的水準。出使之後，對以西方為主導的國際社會的運行機制的觀察和接觸，與萬國公法會中人的交流，都使他的想法發生很大變化。他不僅自覺地運用萬國公法維護中國的國家利益，爭取平等待遇，而且在思想上認同萬國公法的權威，承認它的普遍約束力，認為與春秋列國交聘相比「萬國公法」更加符合三代之禮的精神。

　　與保守派和清流黨不惜利用排外情緒使用武力捍衛傳統體制不同，郭嵩燾認為無論如何要維持和平有利的國際環境。與李鴻章等洋務派官僚處理外交只會依據「情理」和條約不同，郭氏發現光靠「情理」不夠，還必須有雙方共同遵循的法則，這個法則不應是外國強加的不平等條約，也不能是只保存在儒家經典中的三代之禮，而只能是體現普遍道德理想的「萬國公法」。[61]

　　郭嵩燾對國際法體系的過高估計顯而易見。依據公法交涉要憑藉對手自律和國際輿論發生作用，最終依靠的是道義的力量，在十九世紀晚期那個霸權主義、帝國主義橫行的時代影響無疑是有限的。[62]然而我們的分析不能到此為止。鴉片戰爭以後，中國外交面臨的基本問題之一是從明清以來的朝貢體制轉入以國際法為基本架構的近代西方條約體系。這一過程曲曲折折，反反覆覆，伴隨著許多陣痛，先前中國人幾乎完全沒有類似的經驗，所謂「春秋國際公法」，去時已遠，而且其內容及思想支撐與近代國際法大相逕庭。[63]

---

61 包括李鴻章和總理衙門官員在內的當權者對國際法的基本內容和背後的學理並無真正的了解，也不曾嘗試這麼做：「萬國公法」只被看作是防止洋人提出進一步要求的工具，而不被用來積極恢復中國失去的權利；只有對外交涉的意義，而不具備內在的約束力。

62 在列強看來，國際法是適用於歐美「文明」國家之間的法律，他們在對華交涉的時候依據的不是國際法的原則和規則，而是不平等條約。直到1948年大名鼎鼎的《奧本海國際法》還認為：「中國的文明尚未達到使它的政府和人民在各方面都了解並遵行國際法準則必要的程度。」《奧本海國際法》，卷1，1948年版，頁46-47。轉引自朱奇武：《中國國際法》，頁42。

63 有一種看法認為中國國際法淵源可追溯到春秋列國，如前所述，丁韙良就是一個代表。見洪鈞培：《春秋國際公法》（臺北市：文史哲出版社，1975年）。

但是，郭嵩燾在接受這一體系方面邁出了重要一步：將「萬國公法」看作是三代之禮的現實依託，他不僅為處理當時的中外關係找到了根據，也在西學的資源和中國的傳統之間建立起有機聯繫。

必須指出，郭嵩燾雖然是中國讀書人接受「萬國公法」最有影響和最堅定的倡導者之一，但是他比絕大多數後來者對「萬國公法」有更深入的理解，因此與十九世紀下半期以來逐步形成的接受公法的潮流實際上存在距離。[64]郭氏對國際法的思考與十九世紀後半期的主流，無論是洋務派還是維新派，都有本質區別。其一，郭嵩燾在「萬國公法」中發現的道德理想，既是對殖民主義和帝國主義時代強權政治的否定，也是對傳統中國朝貢體制的否定，在他看來，從三代延續到春秋的理想的國際交往模式（即所謂「三代賓客之禮」）在漢唐以後已經日趨墮落，鴉片戰爭以來，清朝政府的一系列對外政策不僅是失敗的，而且在道義上也站不住腳。所以接受「萬國公法」必須對華夏中心觀念、以及排外和仇外的思潮作深刻的反省。而大多數讀書人心目中的王道政治擺脫不了朝貢體制的影子，他們肯定的是過時的制度而不是批判性的理想，骨子裡是守舊多於前瞻。

其二，郭嵩燾不僅讚美三代之禮與「萬國公法」共通的理想，也對公法有比較切實的認識。他既重視公法背後特殊的歷史淵源，也重視其具體條文。他明白儒家和公法的最後理想都是天下大同，但是出發點並不相同，前者相信等差，而後者卻立足於主權平等。大多數讀書人，往往只看重「大同」而忽略「小異」，甚至用抽象的情理，架空具體條文。原因並不複雜：他們在擁抱公法之前，往往只是讀過二手的介紹，至多讀過傳教士的譯文，而後者有些地方刻意迎合中國人的需要，有些地方從基督教的觀點出發，具有高度的選擇性，對人們全面了解公法無疑是有缺陷的。甚至可以說，吸引許多人的不是公法的原意，而是其譯文中對中學的比附。郭氏不僅詳細地研究過有關譯著，而且從萬國公法會和留學生那裡了解到學術前沿的知識，又有運用公法與西方政府打交道的直接經驗，因此對公法的複雜性有更多了解。

---

64 有關晚清讀書人接受國際法的潮流，見田濤：《國際法輸入》，頁356-357。

　　其三，關於國際法的實際效力問題，與國內讀書人不同，郭氏有較為清醒的認識，而並不被理想主義沖昏頭腦。田濤引用郭嵩燾對「萬國公法」的評價並不全面，基本上是他早期的文字。[65]實際上，面對強權政治和國內應付失當，郭氏對「萬國公法」的期待，逐漸由高調轉向低調，早期他希望能夠以「萬國公法」為基礎，在中西之間建立起長遠的和平合作關係，後來，則主要希望以「萬國公法」作為中外談判解決矛盾、防止戰爭的機制。他逐漸明白國際政治裡面理想與現實並存，國際法的條文裡面，同樣也是理想與現實並存，不能因為現實而否定理想，也不能因為理想而無視現實，否則一定會在交涉中吃虧。國際法也好，整個外交也好，都只是維護國家權益的必要條件而非充分條件，改變不了國家積弱的現實，儘管其成功運用卻可以在既定的實力之限制下，為國家減少一些損失，乃至為內政改革創造較好的外部環境。晚清一般讀書人對「萬國公法」寄予了不切實際的期望，彷彿一經接受，便找到為萬世開太平的良方，而不需要對傳統文化進行苦痛的反省，對內政進行積極的變革。這樣，希望越大失望越大，徹底否定國際關係中的理性精神，接受強權即公理，也就其來有自了。

---

65 田濤：《國際法輸入》，頁169-171。

從樞臣、全權大臣、東南督撫的
三方互動看《辛丑條約》的形成

王　剛

西南大學歷史文化學院

　　《辛丑條約》是晚清歷史上最為重要的外交條約之一，在很大程度上導致了清政府的覆亡。得益於諸多研究先進的努力，其訂約過程已大致清楚，但有些側面仍值得深入探討。在筆者看來，此次議約與以往議約的一個重要不同在於政務程序。其時，中央政府顛沛流離，用人、行政皆不能自主，是以在議和人選問題上做出了十分特殊的安排：慶親王和李鴻章授為「全權大臣」在京議和，劉坤一、張之洞二督則留在原任函電會商。雙方步調不盡一致，意見也常有分歧，以至於出現各行其是局面。行在處理議和問題，需要兼顧雙方立場，意見往來形成「三角」格局。同時，作為平日最高決策機構的軍機處此時僅有榮祿等三人，體制上不能不有變通，是以該時期樞臣權勢很大，但他們卻不諳於交涉，難以駕馭慶、李和劉、張之間的紛爭，為照顧雙方感受，不惜犧牲某些條款上的利益，這不能不影響到條約文本的定案。對此，戴海斌等研究先進已有所揭示，但尚未見專題申論。[1]本文擬在前人基礎上，以樞臣、全權大臣和劉、張二督的三方關係演變作為考察該時期政治與外交變局的主線，揭示《辛丑條約》何以代價巨大的另一種原因。

1　參見戴海斌：〈《辛丑合約》議定過程中的一個關節問題——從「懲董」交涉看清政府內部多種力量的互動〉，《北方民族大學學報》2012年第1期；馬忠文：《榮祿與晚清政局》（北京市：社會科學文獻出版社，2016年），頁298；韓策：〈行在朝廷‧全權大臣‧東南督撫——辛丑議和與清廷「三角政治」〉，《國家人文歷史》2016年第11期。

一 「開議」前樞臣、議和大臣的人選紛爭

晚清時期，軍機處為實際的行政中樞，其人員構成格外為中外關注。庚子前期，軍機處共有六名大臣，分別是世鐸、榮祿、剛毅、王文韶、啟秀、趙舒翹。七月二十一日（1900 年 8 月 14 日）「西巡」之際，世鐸、啟秀滯留京城、榮祿逃往保定，隨扈者僅剛、王、趙三人。八月初七日，經剛毅奏請，慈禧添派端郡王載漪執掌中樞。這一安排引起列強極大不滿，各國紛紛施壓。八月二十一日，在東南斡旋和局的李鴻章（全權）、劉坤一（江督）、張之洞（鄂督）、袁世凱（東撫）四人聯銜上奏，以列強「必欲先辦主持拳黨之人而後開議」為由，請將載漪、剛毅、趙舒翹等六名「禍首」革職查辦。[2] 慈禧雖不情願，但非此不能「開議」，拖至閏八月初二日，乃下詔撤去載漪一切差事，剛、趙二人均交部議處，新增鹿傳霖入樞。經此之變，行在保守勢力大衰。消息傳出，李鴻章和劉坤一、張之洞等人決定抓住這一時機，運動主和派樞臣榮祿入值，以進一步堅定慈禧立場、及早促成開議。[3] 閏八月初九日，李鴻章為此出奏。此時中樞人手嚴重不足，剛毅病重、時常告假；趙舒翹因「議處」而有心隱退；鹿傳霖係首次入樞，資歷不足以統攝全局。故慈禧接奏後沒有太多猶豫，即於十四日允榮祿入值。九月二十一日，榮祿到西安與兩宮會合。此事為庚子政局一道重要分水嶺。其一，榮祿到後，中樞人員才穩定下來，由他和王文韶、鹿傳霖組成的樞臣陣容與議和相始終，支配著該時期的內政與外交。[4] 其二、榮祿因深得慈禧寵信，在政體上得到特殊眷顧。比如，承平時期，軍國政令事無巨細皆由皇帝裁決，樞臣係備顧問。但該時期慈禧既信任榮祿之忠，並不事事恭親，若干事務允其

---

2 〈大學士李鴻章等折〉，光緒二十六年八月二十二日，《義和團檔案史料》上（北京市：中華書局，1987年），頁590。按，該奏摺由李鴻章起草，以李、劉、張、袁4人名義發出，經護理陝西巡撫端方轉奏。

3 李與劉、張等人合謀榮祿入值一事，可參看《李鴻章全集》，第27冊（合肥市：安徽教育出版社，2008年），頁324-329。

4 榮祿到西安時，剛毅已病死、趙舒翹稱病不出，故樞臣只有他和王、鹿三人。至來年四月議和尾聲階段才添派瞿鴻禨入樞。

放手去做。[5]再如，為防止樞臣權力坐大，清代定制嚴格限制樞臣與外臣之聯絡。凡外臣奏事皆需直達御前而不得事先關會軍機處；軍機處以皇帝名義收發政令，「不得獨立行使權力」。[6]但榮祿主政後，樞臣從幕後走到臺前，時常以「軍機處」名義致電外臣，外臣電奏也常常先電軍機「請代奏」。[7]故議和期間，榮祿所主持之中樞有「責任內閣」意味，樞臣與議和大臣之間的公、私聯絡十分頻繁，這是考察該時期政局需特別注意的一點。

　　與樞臣情形相似，「開議」之前議和大臣人選也在不斷變動。七月十三日，當聯軍逼近京城之際，慈禧諭令李鴻章為全權大臣，向各國商請停戰。但因李的「親俄」背景，這一人選沒有得到列強的普遍接受。以此，李鴻章一直滯留滬上，其發出的求和電文，列強大多反應冷淡。與此同時，主持東南互保的劉坤一、張之洞、袁世凱、盛宣懷等人雖無議和大臣之名，卻深得各國（尤其英、日兩國）好感，私下策劃過一系列緩和局勢的舉動。京陷之後，慈禧七月二十五日以六百里加急諭令李鴻章「迅籌辦法」，繼續把他視作議和的唯一人選。[8]但此時英、德等國仍強烈抵制李，拒絕承認其「全權」資格，轉而提出「專恃劉、張二人主議」。[9]日本則折衷立論，同意接受李鴻章的「全權」地位，但須另添劉、張、慶（奕劻）、榮（祿）四人為「全權」。由於當時日本在停戰開議方面態度最好，李鴻章只好按該方案出奏（時在八月初一日）。慈禧此時雖成驚弓之鳥，卻並未爽快答應，其八月

5　隨扈軍機章京王彥威編《西巡大事記》收錄有辛丑年（1901）三月二十三日軍機大臣奏片一道，內容是「匯舉連日各處電商償款大致情形撮要恭呈御覽」。其中文字表明，當時議和大臣發來的電報，慈禧並不逐一過目並批示，而是由軍機大臣事先處理，事後將電文大意擇要恭呈御覽。這一奏片提示出中樞政務程序的異常，值得注意。

6　劉子揚：〈清代軍機處〉，《歷史檔案》1981年第2期。

7　當時樞臣以軍機處名義發出的電報被稱為「樞電」，它不同於「上諭」。外臣致軍機大臣的電報被稱為「致軍機處公電」，它不同於「電奏」。這兩種特殊的公文在《義和團檔案史料》、《李鴻章全集》、《愚齋存稿》等文獻中收錄不少，本文後面也有引用，可參看。

8　《李鴻章全集》，第27冊，頁248。

9　劉坤一：〈寄張制軍〉，光緒二十六年七月二十九日，《劉坤一遺集》，第6冊（北京市：中華書局，1959年），頁2586。

初七日批復僅同意添慶王、劉、張三人議和，均未派給「全權」身分，又強調劉、張二人須留在原任「隨時函電會商」。[10]這表明，在議和人選上，慈禧有其特殊顧慮。此番「添派」未達到英、德等國滿意，僵局仍在繼續。八月初九日，李鴻章再次按日本方案出奏。十四日，慈禧終於在人選問題上再次妥協：全盤接受日本的人選提議，劉、張、慶、榮悉數添派議和，但四人未加「全權」頭銜。[11]這次調整得到列強的部分諒解。十七日，態度最為強硬的英國表示：除榮祿外，不對其他議和人選的資格持異議。這一表態後，李鴻章於二十一日由滬北上，而奕劻也在稍早前回到北京斡旋。至此，議和人選問題才初步解決。不過，英德等國依然對「親俄」的李鴻章心存不滿，繼續為劉、張的「全權」地位施壓。閏八月初十日，慶王轉達在京公使的立場，奏請加派劉、張為「全權」。[12]慈禧批復時做出兩個調整：添派慶王為「全權大臣」；加劉、張二人「便宜行事」之權。但對原奏所請「全權」一事置之不論。這已經是慈禧第三次拒絕派給劉、張「全權」頭銜。何以她在這一問題上如此堅持？細味諭旨原文，似能看出一些奧妙：

> 慶親王奕劻著授為全權大臣，會同李鴻章妥商應議事宜。劉坤一、張之洞均著仍遵前旨、會商辦理，並准便宜行事。該親王等務當往還籌商，折衷一是，勿得內外兩歧，致多周折。是為至要。[13]

其中最可注意者為「內外兩歧、致多周折」一句。這背後既包含著慈禧對日後政務程序的擔心，也包含著對日後權力分配的警惕。質言之：若加派劉、張為「全權」，則劉、張之地位與慶、李完全相同。將來政局中會出現

---

10 〈軍機處寄全權大臣李鴻章電旨〉，光緒二十六年八月初七日，《義和團檔案史料》上，頁530。

11 《光緒宣統兩朝上諭檔》，第6冊，光緒二十六年八月十四日（桂林市：廣西師範大學出版社，1996年），頁299。

12 〈慶親王又片〉，光緒二十六年閏八月初十日，《義和團檔案史料》下，頁668。

13 〈軍機處字寄慶親王等電旨〉，光緒二十六年閏八月二十日，《義和團檔案史料》下，頁689。

兩個權力相等、但又不在一處的議和班子。當行在處理議和問題時，既要與北京的班子聯絡，又要與東南的班子聯絡，政令往來必成「三角」局面，所謂「致多周折」既指此意。更重要的是，在「西巡」之前，朝廷已失去對東南督撫的有效控制，許多政令不被執行。將來議和事關慈禧的政治命運，如果放任以往局面、不對這些督撫的權力有所約束，可能會導致無法收拾的後果。所以在人選安排上，慈禧不能不有十二分的小心。其親信奕劻授為全權大臣，可對李鴻章有所監督和牽制；但劉、張兩人遠離北京，又在本省有強大勢力，駕馭更難。所以，慈禧無論如何不願給以等量的「全權」地位，她要竭力維持一種「一主一從」、「一高一低」的局面，又強調將雙方意見整合為一。這樣既可以得函電往來之便，又可以讓北京制約東南。慈禧的這一安排雖費盡心機，但在當時動盪混亂的局勢下不過是一廂情願，其後的政情變化並未按照她的算盤展開。

慶、李與劉、張同屬主和陣營，雙方在「西巡」之前有過不少合作。七月間李鴻章授為全權，既是劉、張聯銜奏請；八月間添派劉、張議和，李鴻章也非常積極。英、德不承認李鴻章全權，劉、張四處為之斡旋。該時期雙方遇事互商、合力同謀，大有水乳之勢。但八月底李鴻章北上之後，情形大變。由於當時南北電報線路多遭破壞，而局勢又瞬息萬變，遇事來不及電商。另外，李到天津後主要依靠俄方進行斡旋，需要與親英日的劉、張二人保持距離。所以，從這時起，李並不將交涉進展通知劉、張，更不用說「會商」。閏八月二十日慈禧強調「會商」後，李依然如此，局面毫無改變。所以，李鴻章一方首先破壞了慈禧期望的「往還籌商、折衷一是」安排。此時，劉、張一方也有覺察，但反應十分溫和。他們十分敬重李的「全權」地位，遇事注意分寸，唯恐有越俎代庖之嫌。[14]但是，此時之大環境畢竟險惡，劉、張又救時心切、不甘袖手旁觀，漸漸對李的作法產生不滿。這一苗

---

14 劉坤一閏八月二十三電張之洞、盛宣懷謂：「京滬電不易通，隨時會商恐多延誤。此後仍宜聽邸、相議行為妥。」《盛宣懷檔案資料選輯——義和團運動》（上海市：上海人民出版社，2001年）以下簡稱《盛檔——義和團運動》，頁322。這等於是接受了李鴻章「不會商」的局面，此時並無牴觸情緒。

頭出現於九月初，因慈禧遲遲不願重辦「禍首」，列強發起新一輪軍事攻擊，先後有奪保定、殺廷雍、占西陵之舉。此時，劉、張在南方心急如焚，切盼早日解決「禍首」問題。但該問題的癥結在於「擬議」環節。慈禧也有心重辦，但她是想知道列強的底牌後再行懲辦，所以曾多次諭令李鴻章據列強態度先「擬議」一個懲辦方案。[15]但此時並未「開議」，李無從得知列強底牌，所以遲遲不曾「擬議」，事情就這樣陷入僵局。此間，劉、張躍躍欲試，設想過若干破局之法，但因為有「分際」所在，不便繞開「全權」獨立行事。與此同時，局勢日益糜爛，他們又不甘心坐視。在這種兩難境地下，兩人對李鴻章由「盼」生「怨」。九月十八日，張之洞致劉、袁、盛三人電中，批評李就「禍首」問題的具奏「自緊自鬆」、「老筆亦有疏漏」。二十八日，張致劉電更抱怨李鴻章「向不願與商外間」、如此下去，江鄂「徒有會議之責，而無會議之實」。[16]這樣，半是出於對局勢的焦慮，半是出於對李的不滿，九月二十日前後，他們決定另換思路，從「樞臣」一方打開僵局。當時，榮祿即將達到行在，劉、張認為這是一個大好機會，如果榮到後能說服慈禧重辦、而李鴻章又恰好在此時「擬議」，則內外必能形成合力、一舉解決「禍首」問題。為此，他們一方面電促李鴻章迅速「擬議」，另一方面又電囑榮祿在中樞接應，同時還請出盛宣懷、袁世凱一同用力。[17]劉、張的本意雖係助力李鴻章，一道打破議和僵局，但結果卻事與願違。首先，在這一計劃中，劉、張是主導者，李鴻章成了配合者，「全權」和「會商」的角色顛倒過來。李雖未必因此心生不滿，但難點在於他無法配合──此時仍未開議，仍無從了解列強底牌。所以，李始終未按劉、張的期望「擬議」。其次，榮祿到後，雖促成慈禧於二十二日加重處分，但由於李尚未「擬議」，

---

15 慈禧最早諭令李鴻章「擬議」是在閏八月二十六，此後九月初四、初七等日又多次催促。參見《義和團檔案史料》下，頁712、730、734。

16 張之洞兩電分別見苑書義主編：《張之洞全集》，第10冊（石家莊市：河北人民出版社，1998年），頁8386、8408。

17 當時劉、張的謀劃可參見《愚齋存稿》卷44中九月十五至二十二日劉、張、盛、袁之間的往來電文。

行在自認為已經很重的懲處遠達不到列強的預期，李鴻章聞訊後不但毫無喜色，而且在復盛宣懷電文中大罵榮祿：

> 二十函抄各電，苦口忠言，乃榮一到，竟明發定案，頗自居功，圓媚可鄙。[18]

在李看來，「禍首」問題不該在這個時候「定案」、更不該由行在一方單獨定案（所謂「頗自居功」即此指）。此次懲辦不到位，再請就更難。歸根到底是打亂了他的計劃。總之，劉、張的計劃以失敗告終。此事不但沒有打破「禍首」問題僵局，而且對中樞、全權大臣與劉、張二督的三方關係產生了一系列負面影響。

其一，在李鴻章一方，他由於對榮祿嚴重不滿，所以此後與樞臣的關係較為疏遠，除不得已的公務聯絡外，私下的函電互商十分少見。同時，李鴻章對運動此事的劉、張二人也有意見。自北上之後，李鴻章就抱有一種看法：劉、張遠在東南，對一系列交涉不知底蘊，意見多有隔膜。[19]經此之事，李鴻章更堅定認為劉、張的想法不切實際，無互商之必要。所以，其後的議和進展，李仍不告知二人。劉、張時而主動來商，李亦十分排斥，十月間他明告盛宣懷：「電費每月巨萬……劉、張空論長電，弟務於轉電時刪冗摘要，以免虛糜。」[20]由於缺乏互商渠道，日後議和中出現了北京自北京、東南自東南的局面。二者步調不盡一致、立場也常有分歧。行在決策要兼顧與雙方的聯絡。當初慈禧所擔心的「三角」格局最終還是形成。

其二、在劉、張一方，他們由於難以同李鴻章進行合作，日後更注意利用樞臣來表達意見、影響政局。在這方面，他們本有「裙帶關係」之便（劉坤一與榮祿係多年密友；張之洞則是鹿傳霖妻弟）；榮祿入值後，又從體制

---

18 《寄盛京堂》，光緒二十六年十月初二日，《李鴻章全集》，第27冊，頁419。

19 參見九月初三日〈盛宣懷致劉坤一函〉所引李鴻章言論，《盛檔——義和團運動》，頁339。

20 〈寄盛京堂〉，光緒二十六年十月二十二日，《李鴻章全集》，第27冊，頁455。

上掃清了聯絡障礙。所以從這時開始，劉、張一方（以及關係密切的袁世凱、盛宣懷等東南大員）一直與樞臣保持著頻繁的公、私聯絡，其意見可以不經過李鴻章而直達行在。需要注意的是，當初慈禧安排議和人選時雖有「全權」、「會商」之別，但由於局勢特殊，二者的實際權勢相差不大。慶、李係「全權」，但這時期兩宮及中樞並不在京，其意見往來也要通過函電，速度上並無優勢。劉、張雖無「全權」之名、也不在議和一線，但他們與列強駐滬公使、清政府駐外公使有良好的公、私交情，通過這兩個群體，他們可以與列強外交部門直接聯絡。另外，李鴻章雖不告、不商議和進展，但其電奏要通過盛宣懷轉發行在，劉、張通過盛也可以對京中政情了解到七七八八。[21]因此，南北議和大臣實際權勢本就接近平衡，如今樞臣的因素又在劉、張一方增添了一顆砝碼，二者更加旗鼓相當。若江鄂有心對抗北京，權勢上是夠用的。只不過，在九、十月間，李與劉、張的關係餘溫尚存，雙方對彼此雖有不滿，但都注意著分寸，矛盾並未公開。但十一月「開議」之後，情形就大不一樣。

二　議和期間關鍵條款背後的意見往來

（一）「大綱」問題交涉階段

　　十月間，列強的軍事進攻暫告停止，局勢走向緩和。十一月初二日（1900年12月23日），列強將「議和大綱」交予中方。當天，李鴻章電奏行在，主張速允。[22]初六日，中外雙方在北京「開議」。行在當日電諭慶、李：

21　盛宣懷由於維護「東南互保」，庚子前期就與劉、張保持著密切關係；李鴻章北上後，盛宣懷能感覺到李對劉、張有所排斥，但他想竭力調和雙方、共同推動議和，所以常將李電轉發給劉、張。

22　參見〈寄西安行在軍機處〉，光緒二十六年十一月初三日發，《李鴻章全集》，第27冊，頁473。

「所有十二條大綱,應即照允」。[23]據此,「大綱」已得到批准,只待李鴻章畫押。但就在這一天,張之洞兩次致電樞臣,對禁運軍火等條款提出異議。榮祿等人非常認同,他們初八日以「軍機處」名義回覆:

> 兩電已面陳,上意甚以為然,並諭令轉電。趁此開議之際,但有所見,即電商慶、李酌議……貴督與江督本係奉有會商條議之旨,此電並祈轉電江督為要。榮等。[24]

初九日,軍機處電寄慶、李,要求其按照張之洞意見將有關條款刪改。隨後張之洞又接連兩次電奏,對「大綱」中的其他條款表示異議,相應提出兩個重要請求:一是「暫緩回鑾」;二是刪除「大綱」中「尊奉內廷諭旨」等字眼。對此,行在的處理態度一如之前,均電諭慶、李參照張之洞意見辦理。初九日諭旨還強調:

> 該督與劉坤一均奉有會商便宜行事之旨,但有所見,即著徑電該親王等商酌,以期妥速。奕劻、李鴻章現議條款,如有應行參酌之處,亦隨時電商該督等。[25]

據此可知,行在對當時意見往來方式十分不滿:張有異議不直接商於慶、李,卻讓朝廷在中間轉達,這正是閏八月二十日諭旨所警惕的「周折」局面。故該諭旨重申二者應直接會商。從諭旨的措辭看,行在對李與江鄂之前的微妙關係並不知情。由此,中樞這次處理張的電奏沒有很好拿捏雙方關係,對張稍涉偏重。特別是十三日諭旨,竟要求慶、李「隨時電商劉坤一、

---

23 〈盛京堂轉西安來電〉,光緒二十六年十一月初七日到,《李鴻章全集》,第27冊,頁479、482。

24 苑書義等編:《張之洞全集》,第10冊,頁8470。

25 〈軍機處寄湖廣總督張之洞等電旨〉,《義和團檔案史料》下,頁859。

張之洞，互相妥酌，切勿草率畫押」。[26]若此，慶、李作為「全權」卻沒有畫押的權力，反倒需要等待江鄂的意見才能定奪。這毫無疑問是對李鴻章權力的嚴重冒犯。因此，儘管諭旨的本意是敦促雙方和衷商辦，卻無意間點燃了南北第一次公開衝突的導火線。十四日，李在電奏中發起全面反擊，逐一否定張之前的各項所請，最後還狠狠挖苦：

> 不料張督在外多年，稍有閱歷，仍是二十年前在京書生之習，蓋局外論事易也。

十六日，李另電中又稱：「劉、張等相距太遠，情形未能周知，若隨時電商，恐誤事機。」[27]公開拒絕了行在要求其「會商」江鄂的指令。

稍早前，張之洞在十一日致鹿傳霖私電中也將矛盾揭破：

> 合肥從不來商，但電奏後轉知。昨見合肥電有「定約畫押」之語，萬分焦急，故請電旨飭下全權，並請樞廷電告之也。[28]

對於主持全局的樞臣來說，這是一道突然而又棘手的難題。李不願「會商」的表態不僅是對張之洞權力的否定，也是對歷次諭旨的公開違抗。放在往常，必然會給予一定警告，但在當時的局勢下，慈禧也好、榮祿也好，都未做如此處理。查「西巡」期間慈禧的有關言論可知，在她心目中，李鴻章「威望為外人所信服」，「別人不能向洋人說話」。[29]基於這種認識，李鴻章在議和中的地位無可取代。此時「禍首」問題仍懸而未決，慈禧、榮祿也很可能被追責，這有賴於李鴻章的斡旋。所以，儘管李的上述作法近於跋扈，但

26 〈軍機處寄全權大臣奕劻、李鴻章電旨〉，《義和團檔案史料》下，頁863。

27 〈寄西安行在軍機處〉，光緒二十六年十一月十四、十六日，《李鴻章全集》，第27冊，頁494、496。

28 苑書義等編：《張之洞全集》，第10冊，頁8474。

29 《李鴻章全集》，第27冊，頁213；第28冊，頁305。

慈禧和中樞選擇了隱忍不發，隨後的諭旨連一句警告措辭都沒有。但另一方面，從內心來講，行在不可能認同李鴻章的作法。從前引十一月初八等日「樞電」、「上諭」來看，慈禧和中樞對劉、張兩人是真心重視，十分賞識他們對時局的分析。另外，劉、張與英、日、德等國的關係，行在也十分清楚。這樣一來，事情就處於兩難。一方面，朝廷希望看到江鄂參與議和，但另一方面又不能不考慮李鴻章的反應。為解決這一難題，慈禧與中樞曾經醞釀了一個大膽的計劃：將下一階段的談判由北京移往上海，這樣李與江鄂不再天各一方，或許雙方能夠和衷。十一月十五日，中樞由鹿傳霖出面對江鄂進行試探。但劉、張均擔心列強不肯配合，事情最終不了了之。[30]

「移滬」計劃流產後，行在未再想出新辦法來緩和雙方關係。所以在這次政爭中，行在所扮演的角色，實際上是引爆了李與江鄂的矛盾，又沒能收拾好這個爛攤子。其後，江鄂之意見更難商於李鴻章，遇有重要謀劃，往往是先運動樞臣、再由樞臣說服慈禧。十一月底，江鄂通過這種方式合謀的一個重大成果即促成「新政詔書」，限於篇幅，筆者擬另文述之。

（二）「禍首」問題交涉階段

庚子十一月底（1901 年 1 月）「大綱」畫押後，「禍首」問題再次凸顯，成為時局中最棘手的難題。對此，行在和李鴻章雖然都未曾怠慢，但處理的方法又落入了之前的怪圈：行在同意加重，但要求李鴻章先行「擬議」；[31] 李對列強的底牌不確定，遲遲不復，倒懷疑朝廷「祖護」。[32] 雙方你來我往，終把問題拖入絕境：由於一直不見中方主動懲辦，十二月十八日，列強聯合照會，要求將載漪等十一人一律處死。李鴻章隨即奏報行在，並主

---

30 〈張香帥來電兼致峴帥〉，庚子十一月十七日；〈劉峴帥來電兼致香帥〉，十一月十八日，《愚齋存稿》（民國刻本），卷49。

31 參見榮祿等十一月二十九、十二月初八日致李鴻章「樞電」《李鴻章全集》，第27冊，頁518、538。

32 《李鴻章全集》，第36冊，頁264。

張速允。[33]中樞斷不相信這是列強的真實要價，懷疑是部分國家故意刁難，遂求助於劉、張一方。十九日，中樞以「樞電」行文劉、張、盛三人核實列強是何居心，並請三人「從旁解救」。[34]在劉、張等回復之前，行在未按李鴻章要求迅速下旨。這讓李在京如坐針氈：此次列強為逼迫中方就範，不惜以武力相威脅，宣稱要「攻取山西」。[35]

為避免決裂，李鴻章二十三日再次敦促朝廷決斷，否則「危在旦夕」。出於安撫李的需要，二十五日（2月13日），行在頒佈「加重」諭旨，但對英年、趙舒翹、啟秀、徐承煜等四人未處死罪。之所以如此下旨，其中一個重要原因是劉坤一、盛宣懷在回復十九日「樞電」時曾稱東南正在設法，英、趙等人有望「議減」。[36]二十五日諭旨下發後，列強不滿意，李鴻章也不滿意。故二十六至二十八日局勢更緊，眼看聯軍西進已箭在弦上。二十九這天，李鴻章接連三次急電行在，要求朝廷速按列強要求照辦，「勿為局外搖惑」。[37]這裡的「局外」無疑就是影射劉、張。二人雖有心繼續挽救，但也擔心拖延生變、更不願因此激怒李，所以只做了少許努力之後便回復中樞：無可挽回。[38]正月初三日（1901年2月21日），行在下旨將英、趙等四人一律處死。至此，「禍首」問題才算了結。

回顧「禍首」問題的前前後後，中樞、北京、江鄂三方根本立場並無不同。意見分歧在於時機、輕重等細節問題。即便如此，三方仍無法做到步調一致、密切配合，是以九月二十二日之後再沒有頒佈過一道「加重」上諭，

---

33 〈寄西安行在軍機處〉，光緒二十六年十二月二十日，《李鴻章全集》，第27冊，頁556。

34 〈寄江督劉峴帥、鄂督張香帥〉，（庚子）十二月十九日，《愚齋存稿》，卷50。

35 《瓦德西拳亂筆記》（北京市：中華書局，2009年），十二月二十二日記，頁180。

36 劉坤一：〈覆行在軍機處〉，光緒二十六年十二月二十一日，《劉坤一遺集》，第6冊，頁2602；盛宣懷：〈寄行在軍機大臣〉，（庚子）十二月二十二日，《愚齋存稿》，卷50。

37 〈致西安行在軍機處〉，光緒二十六年十二月二十九日午刻，《李鴻章全集》，第27冊，頁581。

38 〈兩江總督劉坤一等電報〉，光緒二十六年十二月三十日，《義和團檔案史料》下，頁954。

直到把問題拖入絕境。[39]「禍首」問題告結之際,「俄約」問題已經棘手,北京與江鄂的關係又遇考驗。

(三)「俄約」問題交涉階段

議和之前,俄國已占領了東三省,為達到獨霸目的,企圖在北京「公約」之外單獨立約。「俄約」問題由此出現。十一月十一日(1901 年 1 月 1 日),行在據李鴻章提議,授駐俄公使楊儒為「全權大臣」,與俄方展開秘密談判。

十二月二十八日(1901 年 2 月 16 日),談判告一段落,俄方提出一個條約文本(12 條),要求中方批准畫押。辛丑正月初五日,該條約遞達行在。此時,慈禧和中樞已經知道這是一塊燙手山芋。原來,「俄約」談判雖極為秘密,但早在庚子十一月底(1901 年 1 月)日本就獲得了情報,迅即向清政府提出交涉。十二月間,英、美、德、奧等國也聞風而動,均以「俄約」有礙「公約」為由,要脅中方不得簽約。[40]東南得知這些消息後極為焦慮。初五條約到後,張之洞、盛宣懷等人或私電榮祿、或公電軍機處,切囑「萬不可允」。[41]劉坤一還親電李鴻章解說利害,勸其從緩。[42]

李呈遞「俄約」時,也主張繼續磋磨後再行畫押。[43]但是面對英日等國干涉及江鄂的反對,為免節外生枝,轉而主張速簽。其辛丑正月初九日電奏

---

39 此間,清政府曾有過一次「加重」作法,即把九月二十二日諭旨隻言未提的董福祥「革職」,但是以「密旨」向列強出示,未公開宣佈。參見〈寄北京慶親王、李中堂〉,(庚子)十二月初八日,《愚齋存稿》,卷50。

40 各國的干涉情形可參見李鴻章正月初九日電奏,《李鴻章全集》,第28冊,頁29。

41 參見正月初五日〈劉坤一電樞垣〉、初六日〈張之洞電樞垣〉,《楊儒庚辛存稿》(北京市:中國社會科學出版社,1980年),頁238;按:該書將兩電日期誤為初六、初七日,今據電碼改正;又參見盛宣懷〈寄西安榮中堂〉,正月初八、初十日,《愚齋存稿》,卷51。

42 〈盛宗丞轉江督劉來電〉,《李鴻章全集》,第28冊,頁40。

43 正月初六日李鴻章電奏提議:「令楊探詢(俄)各部口氣若何,再與從容議約,急脈緩受為宜。」(《李鴻章全集》,第28冊,頁20)。

攻擊劉、張「素昵英日」，敦促「早定」。[44]因此，在「俄約」問題上，李和江鄂早早處於對立狀態。隨後，為達到「畫押」或「拒約」目的，俄方施壓李鴻章，英日則運動江鄂，極盡明爭暗鬥。[45]而所有壓力最終都匯總到中樞處，讓榮祿等人舉棋不定。從過往經歷看，榮談不上「親俄」，也談不上「親日」、「親英」，他對「俄約」的態度更多是考慮現實利害。而以利害關係論之，畫與不畫，後果都極為危險。畫，可能激各國之怒，導致瓜分。不畫，可能激俄之怒，霸占東三省永不歸還。萬般無奈之際，榮祿採取了盛宣懷正月初八日的提議，從李和劉、張兩方入手，「將（俄約）必不可允者責成李相、楊使竭力減除；並由劉、張覆日本等國請其設法幫助。」[46]據此，中樞初九日寄出兩道電旨：一是諭令李鴻章懇求俄國刪改部分條款；二是諭令劉、張請英、日等國直接向俄國施壓、迫使俄方讓步。[47]對此，李鴻章十分不滿。他先後於正月十六、十八、二十等日接連電奏，或批評江鄂所言不可信，或渲染俄將「決裂」，均催促早日畫押。[48]中樞則堅持從兩面入手，俄方答應「改約」之前不畫押。但另一方面，也不得不對李極盡安撫，去電中百般解釋朝廷為難。

中樞的堅持取得了部分效果：正月二十三日（1901 年 3 月 13 日），俄方在英日等國的交涉下，刪除少許「刺眼」條款。但為了逼迫中方早日畫押，此次以最後通牒形式交約：「允」或「不允」限兩週內答覆（二月初七日之前）。正月二十六日，新約由李鴻章轉達行在。[49]此時，畫與不畫更難決斷：其一，俄已讓步，若不畫，更易激成武力衝突。其二，劉、張求助英日

---

44 《李鴻章全集》，第28冊，頁29。

45 分別參見《李鴻章全集》，第28冊，頁29-62；《劉坤一遺集》，第6冊，頁2602-2606；苑書義編：《張之洞全集》，第10冊，頁8507-8512。

46 〈寄西安榮中堂〉，（辛丑）正月初八日，《愚齋存稿》，卷51。盛宣懷這一提議的實質不是「不畫押」，而是等俄方對條款作進一步刪改後再「畫押」。

47 分別參見《楊儒庚辛存稿》，頁77、240所錄正月初九日電旨。對照上一注釋中盛宣懷初八日來電可知，這兩道電旨是榮祿採納盛宣懷建議的結果。

48 參見《李鴻章全集》，第28冊，頁46、49、50、56。

49 〈寄西安行在軍機處〉，光緒二十七年正月二十五日發，《李鴻章全集》，第28冊，第64頁。

已有成效，英方同意設法、並囑中方暫時不得畫押。[50]故此時畫押，也更易
激英日之怒。起初幾天，中樞冀望於央求俄方「展限」，好有更多時間補
救，但遭到嚴厲拒絕。[51]時間一分分流逝，而各方都未傳來轉機。二月初一
日這天，畫與不畫到了最後決斷關頭。榮祿的焦慮達到極點：李鴻章的來電
一味催促畫押，劉、張的來電則一味勸告不畫，兩方均不見有緩解局勢的切
實辦法。王、鹿二樞臣也各主一方，更添其亂。萬般無奈之下，榮祿乾脆把
責任推給李鴻章，讓李自行決斷。某軍機章京致王之春（皖撫）密電記載當
時內幕甚詳：

> 鹿見同各帥（劉、張等督撫），王見同李，榮要李擔利害。[52]

所謂「榮要李擔利害」，不是支持李畫押，只是不阻止李畫押，不讓中樞站
到李的對立面。抱著這一態度，榮祿等人初二日以「軍機處」名義電告：
「惟有請全權定計，朝廷實不能遙斷也。」。[53]消息傳來，劉、張等人大為驚
慌：按這道電文，李鴻章勢必畫押（李鴻章接電後確實據此指示楊儒畫
押）。為在有限時間內做最後挽救，初二、初三日，劉、張等人動用了一切
可能的途徑運動中樞：既有致榮祿私電，也有致軍機處「公電」，還有致軍
機處「電奏」。[54]同時，王之春、李盛鐸等督撫（公使）亦出而聲援。[55]一番
急電下來，中樞風向出現反轉。初三日，軍機處急電盛宣懷核實：若俄霸占

---

50 〈劉峴帥來電並致香帥、慰帥〉，（辛丑）正月二十八日到，《愚齋存稿》，卷52。

51 參見軍機處二十七、二十八日致李鴻章電旨及其覆電，《李鴻章全集》，第27冊，頁
73、77、79。

52 〈安慶王撫臺來電〉，二月初五日申刻發，《張之洞存各處來電》，辛丑第9冊，中國社
會科學院近代史研究所檔案館藏，檔號：182-147。

53 《李鴻章全集》，第28冊，頁82、85。

54 參見二月初二日盛宣懷〈寄江鄂督帥、山東撫帥〉、二月初三日〈袁慰帥來電〉、〈寄行
在軍機處〉、〈劉峴帥來電〉等，《愚齋存稿》，卷53。

55 參見〈李盛鐸電信〉、〈皖撫王之春電信〉，二月初四日到，收入王彥威編：《西巡大事
記》，《清季外交史料》，第4冊（北京市：書目文獻出版社，1987年），頁4137。

東三省不還，其他各國是否會效尤？順天、直隸能否退還？而「退還順直」一語，正是盛宣懷昨日「電樞」時所述。[56]從中可知，此時中樞已經著重考慮「不畫押」的後果。果然，第二天上諭即電告慶李：俄約「自難輕率畫押」。[57]陝撫岑春煊當天也密告張之洞等：「廷意初七決不畫押！」[58]至此，朝廷風向確定已變。細味前後原委，不難看出江鄂與樞臣的聯絡優勢在行在決策中的微妙作用。

二月初四、初五兩天，更多督撫、公使的反對聲音到達行在，慈禧遂亮明「不畫押」立場。[59]所以，儘管初四之後李鴻章怒氣衝衝地反覆電奏，但再也沒能把局面扭轉回來。[60]在這一輪政爭中，江鄂的意志壓倒了李的意志。不過，考察中樞初四日之後的作法可知，他們對「不畫押」的決定處理得小心翼翼，盡一切可能對李進行安撫：其一，初四日諭旨極盡婉轉，並未直言「不畫押」，字裡行間為「畫押」留有分寸。其二，隨同初四日諭旨，中樞還把劉、張等人反對畫押的電文抄錄給李。[61]這種作法就是拿劉、張等人做擋箭牌來解釋朝廷的「苦衷」，無疑會惡化劉、張與李的關係。但是，假如不這樣做，李鴻章和俄國的怒氣將全部發洩在朝廷身上。兩害相權取其輕，為了保住自身，中樞已經顧不得劉、張等人。樞臣、「全權大臣」與東南督撫複雜的三角關係，在這個時刻體現得最為全面。儘管榮祿等人用心良苦，但經此之事，李鴻章與中樞的關係還是不可避免地惡化，李在私電中抨擊「樞、疆皆隔壁賬」，又借俄使之言指責中樞「偏聽疆吏」。[62]故「俄約」

---

56 參見二月初三日〈行在軍機處來電〉、〈寄江鄂督帥山東撫帥〉，《愚齋存稿》，卷53。

57 〈盛宗丞轉西安來電〉，光緒二十七年二月初五日到，《李鴻章全集》，第28冊，頁87。

58 〈岑中丞來電並致劉峴帥、張香帥等〉，（辛丑）二月初四日，《愚齋存稿》，卷53。

59 王文韶記初五日決策內幕稱：「東三省俄約東南各督撫力爭不宜畫押，上為所動，今日全權奏請畫押，堅不允准。」袁英光等整理：《王文韶日記》下（北京市：中華書局，1989年），頁1019。

60 參見《李鴻章全集》，第28冊，頁87-104。

61 參見王之春二月初五日致張之洞電文中所轉某軍機章京密電，〈張之洞存各處來電〉，辛丑第9冊，中國社會科學院近代史研究所檔案館藏，檔號：182-147。

62 〈覆盛宗丞〉，光緒二十七年二月初五巳刻、戌刻；《李鴻章全集》，第28冊，頁91、92。

危機之後，李鴻章既與劉、張公開反目，也對中樞的指令心存牴觸。這對其後的議和進程影響甚大。

二月初七日的期限到後，俄方並未如此前所揚言「決裂」，反而主動照會各國將東三省問題擱置。時局走向緩和。但出乎各方意料的是，李鴻章二月十二日致電俄國吳王，承諾北京「公約」定後，會將俄約「再行畫押」。[63] 這一事關全局的表態，李鴻章事先並未徵得朝廷同意，江鄂一方更不知情。二月十七日，李鴻章才將這層意思電奏行在。[64] 劉、張聽說後，其焦灼憤恨，至此已極！二十七日至三月初一日，劉坤一先是私電榮祿，繼而請出袁世凱一同電榮，接著與張之洞會銜電奏，嚴詞痛斥李鴻章偏執成性，又控訴李從不相商。[65] 相應提出一個重要請求：

> 請樞廷密電慶邸，遇俄事亦密商英日各使。至現議賠款情形及有關全局重要事件，亦請飭下全權電知江鄂。或可稍效愚者之慮。[66]

這一表態是庚子時期李與劉、張關係的一個重要轉折。在此之前，半是出於對李鴻章的敬重，半是出於在「大綱」、「禍首」等問題上立場相近，劉、張默認了李不「會商」、不告知的局面。但從此開始，二人已顧不得分寸，公開要求在重大問題上有知情權和發言權，以分庭抗禮的姿態站到李的對立面。

在「俄約」交涉中，中樞對李鴻章的作法同樣多有不滿。其一是李「意涉偏重」，獨與俄密而與其他公使疏遠；其二是李不受商量，連中樞的意見也「不以為然」。二月初，中樞曾經背著李鴻章密電慶王：叮囑他注意糾正

---

63 〈覆彼得堡吳克托〉，光緒二十七年二月十二日辰刻，《李鴻章全集》，第28冊，頁109。

64 〈寄西安行在軍機處〉，《李鴻章全集》，第28冊，頁120。

65 參見《劉坤一遺集》，第6冊，頁2615-2617。

66 劉坤一、張之洞：〈致西安行在軍機處〉，光緒二十七年二月三十日卯刻發，《張文襄公奏議》電奏10，許同莘：《張文襄公全集》（民國刻本）。

李的「親俄」路線。[67]在這一背景下，行在對劉、張的要求表示了支持。三月初一日上諭重申「劉坤一、張之洞本係派令會議之大臣」，著慶、李「將應行籌議事宜隨時電知，互相參酌。」[68]同日，榮祿又單獨致電奕劻：

> 江鄂兩督，皆經奉旨會商和議，據雲數月以來全權從無相商之事，雖欲獻議，亦苦於後時不及。本日電旨已令將賠款及禁運軍火各事會同妥商，並望婉勸合肥，勿過執己見為要。將來關係俄約之事，並可會尊處密商英日各使，以資補救。[69]

這一表態改變了上年以來朝廷對李鴻章不受商量的默認態度，敦促其與江鄂會商。儘管上諭拿出了幾分威嚴，但其實質無非是重申說教而缺少規則上的調整，對李鴻章談不上有約束力。至於榮託慶王婉勸李「勿過執己見」，更屬徒勞。所以，三月之後，李與劉、張關係非但沒有得到改善，而且進一步惡化，繼而還波及到另一個重要人物——盛宣懷。盛與劉、張因共同醞釀「互保」而感情升溫，他又係李鴻章門生，故之前總以調和雙方的姿態出現。在「俄約」問題上，盛宣懷奉行的也是調和路線。[70]但這一作法卻是兩面不討好。劉、張認為盛對一些重要電文未曾轉發、替李鴻章掩蓋政情。[71]而李鴻章則責怪盛總與劉、張謀劃，「揚其波而逐其流，都喜為隔壁談」。[72]所以，經過「俄約」危機，雙方與盛宣懷的關係均有惡化。在失去盛的緩衝

---

67 〈軍機處致慶親王電信〉，光緒二十七年二月初一日，《西巡大事記》，卷6，頁4132。本段中的引文，除另作注外，均來自此電。
68 〈盛宗丞轉西安來電〉，光緒二十七年三月初二日到，《李鴻章全集》，第28冊，頁149。
69 〈西安榮中堂致北京慶親王電〉，《張之洞存各處來電》，辛丑第10冊，中國社會科學院近代史研究所檔案館藏，檔號：182-148。
70 鄭孝胥二月初九日記各方對「俄約」的態度，稱「盛執兩端」。勞祖德整理：《鄭孝胥日記》，第2冊（北京市：中華書局，1993年），頁789。
71 二月二十七日劉坤一致榮祿電中曾抨擊盛：「近來全權電奏及電旨，盛均不轉江、鄂，非受李囑，即係護李。」《劉坤一遺集》，第6冊，頁2616。
72 〈寄上海盛宗丞〉，光緒二十七年二月初四日巳刻，《李鴻章全集》，第28冊，頁87。

作用後，李與劉、張呈現直接對立之勢，猶如針尖對麥芒。這種更糟糕的關係帶給議和更消極的影響。

（四）「賠款」問題交涉階段

「俄約」交涉的同時，「公約」談判也在進行。二月下旬（1901 年 4 月初）「俄約」問題暫時平息後，「公約」中的「賠款」問題成為政局的焦點。圍繞該問題，東南一方入手很早，庚子九、十月間，劉、張、盛等人就開始往返籌議。在此期間，他們和榮祿等樞臣有交流，與列強也有直接聯絡。[73]所以，在李鴻章與北京公使團進行「賠款」談判之前，江鄂已先行介入「賠款」問題的交涉進程。

「俄約」交涉期間，英日等國對李鴻章十分不滿，對劉、張則更添好感。加之列強內部在賠款總數、利息、還款方式等細節上矛盾重重，所以，進入「賠款」談判之後，部分國家繞開李鴻章，直接與劉、張商議。德國外交部三月中旬電告張之洞，對「賠款」問題若有實在辦法，可以電達該部，德國願「格外遷就」。[74]美國駐寧領事三月下旬拜會劉坤一，聽取劉對賠款問題的看法。英國公使四月初派參贊傑彌遜赴武昌、南京，就賠款問題與劉、張面商。其間，劉、張所了解到的各國態度，均比李鴻章在京所了解到的樂觀；劉、張等據此提出的賠款方案，也比李鴻章提出的方案見優。比如，關於賠款總數，李鴻章在三月十九日（5 月 7 日）第一次談判中了解到的數字是 4.5 億兩，而劉坤一與美領事會晤時了解到這一數目有望減至 3.1 億兩，並且美國願意「向各國勸減」。[75]關於賠款利息，李鴻章通過公使團了解到的

---

73 參見〈行在軍機處王中堂、鹿尚書來電〉，庚子十月二十二日，《愚齋存稿》，卷47。又見〈寄劉峴帥、張香帥〉，庚子十一月二十一日，〈寄榮中堂〉，辛丑正月初八日，《愚齋存稿》，卷49、51。又見〈致西安行在軍機處、江寧劉制台〉，光緒二十七年三月十三日丑刻發，苑書義主編：《張之洞全集》，第10冊，頁8556。

74 〈盛宗丞轉駐德呂使致江督劉電〉，光緒二十七年三月十九日到，《李鴻章全集》，第28冊，頁184。

75 〈盛宗丞轉西安來電〉，光緒二十七年三月二十七日到，《李鴻章全集》，第28冊，頁195。

數字是「四釐息」，而劉、張與傑彌遜會晤時，對方表示有望減至「三釐半」。[76]關於分期還款方案，李鴻章據北京的談判結果，向行在提出的方案是四十四年、本息共計 10.75 億兩；江鄂據與英方的會晤結果，提出的方案是三十六年，本息共計 7.8 億兩。[77]兩相對比，利害無需多言。所以，當這些意見到達行在，中樞明顯期望以江鄂意見定案。但是，江鄂與外方的接觸，只是與部分國家的接觸。能否據此訂約，還要看其他國家是否同意，這就需要李鴻章在京進行接應。

中樞切盼李能夠如此配合，或以「上諭」或以「樞電」方式將劉、張來電陸續轉告，反覆叮囑李一同用力。[78]但是考察李的覆電可知，他對中樞的作法十分反感，對劉、張意見更強烈排斥。先是在賠款總數上，李指責美國是「借此討好」，「並無把握」，主張迅速按照四‧五億兩定議。接著在賠款利息上，李指責傑彌遜沒有「議事之權」，所說「斷不可信」，主張按「四釐息」速了。最後，在還款方案上，李又指責劉、張所籌三十六年方案沒有足夠「抵款」，列強不會答應。[79]

在李拒絕配合的情況下，中樞的態度至關重要。倘若中樞不予批准，堅持讓李繼續磋磨，或有辦法緩和李對劉、張意見的排斥，仍有望減少損失。但這一時期，中樞對李的態度仍是妥協基調。中樞轉述江鄂意見時，無論是以「上諭」還是「樞電」，大多是商量或囑託口氣，極盡婉轉，以此表明朝廷無意偏重江鄂。這種作法相比江鄂直接電李並無太多不同。另外，進入三月之後，美、奧等國陸續撤軍，議和進入尾聲，李鴻章從速了結的態度對中樞而言頗具誘惑。為了早日訂約，榮祿等人已不惜在賠款問題上多出點兒高價，總數、利息均按李鴻章「速了」的原則，接受了公使團的要價。

---

76 〈張之洞電信〉，光緒二十七年四月初八日到，《西巡大事記》，卷8，頁4189。

77 分別參見李鴻章：〈致西安行在軍機處〉，光緒二十七年五月初三日，《李鴻章全集》，第28冊，頁282；劉坤一、張之洞：〈致西安行在軍機處〉，五月初八日，《張文襄公全集》（民國刻本），電奏11。

78 參見《李鴻章全集》，第28冊，頁195、302。

79 分別見〈致西安行在軍機處〉，光緒二十七年四月初七日、十一日、五月十二日，《李鴻章全集》，第28冊，頁214、228、301。

由於李鴻章和中樞的態度，劉、張的意見在「賠款」階段均未能成為最後定論。但是他們的堅持還是挽回了一些損失，因為其激烈反對李鴻章所主的四十四年方案，「分期」問題久拖不決。當年六月（1901 年 8 月），列強為了解決這一懸案主動妥協，轉而提出三十九年、本息共計 9.8 億兩方案，最後即以此簽約。[80]

「賠款」問題即將定議之際，李和劉、張又爆發了第三輪衝突。當時劉坤一提出，賠款當中俄國所得最多，俄既獲得賠款就應該和其他國家同時撤兵。為此，他五月間數次致電行在，請電諭李鴻章照會領袖公使，借「公論」迫使俄撤兵。在劉的反覆要求下，五月底中樞電李鴻章設法。[81]李接電後怒斥不已。在他看來，當初就是由於江鄂的反對才導致「俄約」成為僵局，如今劉、張又讓他來收拾這一攤子。盛怒之下，李不但拒絕照會列強，而且在回電中抨擊江鄂「為日本所愚」。[82]劉、張迅即反擊，指斥李「為俄所愚」，「置國事於不顧」。[83]面對這一輪政爭，慈禧和樞臣以和事佬面目出現，稱「李鴻章身處其難，原多委曲，然時有不受商量之失；劉坤一、張之洞慮事固深，而發言太易，亦未免責人無已。」[84]言辭上極盡公允，但實質上對李妥協，對迫俄撤兵一事擱置不論。由於行在的這一立場，「俄約」問題直至七月二十五（1901 年 9 月 7 日）《辛丑條約》畫押仍懸而未決，成了隨後政局中一個火藥桶。

「禍首」、「俄約」和「賠款」問題是議和中最棘手的三大難題，對後世的影響也最為深遠。考察這三大問題的決策內幕可知，李鴻章和劉、張先是因時機問題而意見不一，隨後又因根本立場相左而勢成水火，矛盾呈越演越烈之勢，自始至終未能形成合力，實質上是各行其是。中樞雖屬政務總匯之

80 參見《李鴻章全集》，第28冊，頁375中六月二十日辰刻致中樞電。

81 〈盛宗丞轉西安來電〉，光緒二十七年五月二十日到，《李鴻章全集》，第28冊，頁315。

82 〈致樞垣〉，光緒二十七年五月二十三日，《李鴻章全集》，第28冊，頁325。

83 〈劉坤一電信〉、〈張之洞電信〉，光緒二十七年五月二十五、六月十二日到，分別收入《西巡大事記》，卷8、卷9，頁4213、4218。

84 〈盛宗丞轉西安來電〉，光緒二十七年六月十七日到，《李鴻章全集》，第28冊，頁371。

區、有朝廷名義可用，但該時期朝廷權威本就大打折扣，榮祿等樞臣又才力
有限，無法駕馭許多棘手難題，是以面對二者紛爭，不敢做大膽糾正、只能
勉強調和。為此，條款本身的利害、國家利益的得失都成了可以「折衷」的
因素，誤國不可謂不深。若三方真能做到清政府所期望的「和衷」，《辛丑條
約》的許多內容都會改寫。

寨城香江
——從《申報》看晚清大鵬協副將史事拾遺

郭嘉輝

香港理工大學人文學院

一 引言

　　大鵬協副將，為清廷派駐香港品秩最高的武官，[1]象徵著晚清中國與香港社會的政治聯繫、往來，於近代中港關係有著特別的意義，但可惜過往的討論、關注尚有補足之處。考其緣故，或因大鵬協副將的治所——「九龍寨城」，曾於咸豐四年（1854）被羅亞添為首的惠州天地會攻占，時任香港輔政司的孖沙（William Thomas Mercer, 1821-1879）更指為「中國當局屏弱的

---

* 本論文初稿曾於2015年4月10-11日由香港教育大學文學與文化學系、人文學院、文化與人文學研究中心與香港樹仁大學歷史系主辦的「『香港史』國際學術研討會：從文化及文學的角度詮釋香港歷史」發表。

1 清代香港，屬於廣東新安縣管轄，原承前代於赤尾村復設官富巡檢司，後在鴉片戰爭改為「九龍巡檢司」移駐九龍寨城。考《清史稿》記載「巡檢」品秩不過是「從九品」僅負責「掌捕盜賊，詰姦宄」。而「副將」總制「汛」，秩「從二品」，雖為武職，但遠比「巡檢」品秩為高。趙爾巽等撰：《清史稿》（北京市：中華書局，1976-1977年），卷116、117，〈職官三・外官〉、〈職官四・武職〉，頁3359、3389；〔清〕王崇熙等纂：《新安縣志》（收入《中國方志叢書》，第172號，據清嘉慶二十四年〔1819〕刻本影印，臺北市：成文出版社，1974年），卷5、7，〈職官志〉、〈建置略〉，頁161-164，233。至於有關官富巡檢或稱九龍巡檢的研究可詳參蕭國健：〈由「官富」至「九龍」〉，載氏著：《九龍城史論集》（香港：顯朝書室出版，1987年）；蕭國健：〈明清兩朝之官富巡檢司〉，載氏著：《香港歷史與社會》（香港：香港教育圖書公司，1994年）。清代香港海防駐屯的情況，可參蕭國健：《清代香港之海防與古壘》（香港：顯朝書室，1982年）。

證據」。[2] 咸豐七年（1857）時值英法聯軍之役，港督寶寧（John Bowring, 1792-1872）更派英軍挾持副將張玉堂至港島。再加上寨城內賭博成風、香港海面盜賊橫行，以上種種事例皆不免使人對副將的治效表示質疑，遂使其為人所忽略。[3]

本文無意為大鵬協副將作平反，旨在就過往各方的忽略聊作補註，從而對副將及大鵬協於香港有較全面的認識。是故，下文將分作兩部，先就職官任缺作補充，其後則對大鵬協副將各種史事作一補充。

二 大鵬協副將考

大鵬協，原為「大鵬營」，設於康熙四十三年（1704）轄有九處營汛，其中九龍、大嶼山、紅香爐、東涌四處皆位於今香港境內，又屬新安縣。道光十一年（1831）大鵬營分為左、右兩營，分別駐紮大鵬所城、東涌寨城。道光二十年（1840）因海防需要，林則徐（1785-1850）奏請「改營為協」，遂使澄海協副將，改成大鵬協副將，並移駐「大鵬九龍山」，自此有「大鵬協副將」一職，直至清亡。[4]

由於大鵬協副將的研究長期不受關注，故此其出任員缺的情況至今尚未

---

2 劉蜀永：〈天地會攻占九龍寨城史實考訂〉，載氏著：《劉蜀永香港史文集》（香港：中華書局，2010年），頁281-284。

3 過往對於「大鵬協副將」的研究多置於「九龍城寨」之下，以此為專題的論著不多，可參魯金：《九龍城寨史話》（香港：三聯書店，1988年）；蕭國健：《清代香港之海防與古壘》（香港：顯朝書室，1982年）及《寨城印痕：九龍城歷史與古蹟》（香港：三聯書店，2015年）；趙雨樂、鍾寶賢：《香港地區史研究之一——九龍城》（香港：三聯書店，2002年）；陳蕙芬：《由「九龍寨城」到「寨城公園」》（香港：陳蕙芬，2008年）；黃君健：〈試論新界租借前九龍寨城的駐軍與晚清兵制〉，載劉智鵬主編：《展拓界址：英治新界早期歷史探索》（香港：中華書局，2010年），頁31-48。

4 〔清〕文慶等修：《清宣宗實錄》（北京市：中華書局，1986年），卷333，道光二十年四月乙酉條，頁64。另外，陳蕙芬指「大鵬營」得以升為「大鵬協」乃因時任大鵬營參將的賴恩爵於鴉片戰爭中多次抗擊英軍，因而晉升為參將，連帶亦將「大鵬營」升為「大鵬協」。陳蕙芬：《由「九龍寨城」到「寨城公園」》，頁28-30。

完備。黃君健〈九龍寨城大鵬協副將可考名單〉[5]為目前最完備的整理，羅列了一八四七年至一八九九年十六位副將，當中可考姓名者有：王鵬年、馬玉麟、洪名香、溫賢、張玉堂、潘慶、許穎陞、賴鎮邊、劉裕安、鄭耀祥、何長清等十一位，而且不少任期亦已無法查證。黃氏博徵各種方志、碑刻，仍尚有遺缺，可見要重組工作之艱難。

　　幸晚清辦報成風，先有《察世俗每月統計傳》、《東西洋每月統記傳》分別於馬六甲、廣州創刊，鴉片戰爭戰後又有《遐邇貫珍》、《中外新報》、《字林新報》、《華字日報》、《循環日報》陸續面世，當中尤以同治十一年（1872）創辦的《申報》最具影響力。[6]是故，本文嘗利用《申報》的報導，藉以對大鵬協的史事作補充。

　　參照《申報》的記載，可茲補足者，最少有黃廷耀、吉瑞、林保、吳元愷、陳廷樑、武永泰等六位。更為重要的是，《申報》轉載的奏片、官報補足了員缺調任的情況及因由。

表一　大鵬協副將名單可考補（1847-1899）

姓名	籍貫	任期
王鵬年	廣東省瓊州府瓊山縣	道光二十七年（1847）
馬玉麟	廣東省廣州府新會縣	道光二十七年至二十八年（1847-1848）
洪名香	廣東省潮州府南澳廳	道光二十八年（1848）
溫　賢	廣東省惠州府陸豐縣	咸豐元年（1851）
張玉堂	廣東省惠州府歸善縣	咸豐四年至同治五年（1854-1866），共歷四任
潘　慶	廣東省羅定州	咸豐九年（1859）
許穎陞	廣東省高州府電白縣	咸豐十年（1860）
賴鎮邊	廣東省廣州府東莞縣	同治八年至光緒八年（1869-1882）

5　黃君健：〈試論新界租借前九龍寨城的駐軍與晚清兵制〉，載劉智鵬主編：《展拓界址：英治新界早期歷史探索》，頁41。

6　趙君豪：《中國近代之報業》（上海市：上海書店，1990年），頁9-10。

姓名	籍貫	任期
劉裕安	廣東省廣州府新安縣	同治九年（1870）
雷　氏	不詳	同治九年（1870）
彭　氏	不詳	光緒元年（1875）
鄭耀祥	廣東省潮州府南澳廳	光緒九年至十二年（1883-1886）
黃廷耀	廣東省廣州府順德縣	光緒十四年至十六年（1888-1890）
何長清	廣東省廣州府香山縣	光緒十二年（1886）、十四年（1888）、十七年（1891）
吉　瑞	不詳	光緒十七年（1891）
林　保	不詳	光緒十七年（1891）
吳元愷	不詳	光緒十八年至二十一年（1892-1895）
陳廷樑	不詳	光緒二十年（1894）
武永泰	直隸天津縣	光緒二十四年（1898）

資料來源：黃君健：〈試論新界租借前九龍寨城的駐軍與晚清兵制〉，載劉智鵬主
編：《展拓界址：英治新界早期歷史探索》，頁四十一；《申報》，一八九
一年十一月二十五日，一八九五年七月二十四日；一八九六年十月二十
一日；一八九九年二月二十一日。

就目前所知，《申報》最早就副將調任的詳細刊載，為光緒十四年
（1888）四月二日轉刊的張之洞（1837-1909）奏片。[7] 奏片先提及因大鵬協
副將鄭耀祥病故，而需員補缺。原先曾奏請以「水師提標中軍參將」黃金福
接任，但卻被駁回。因而推薦時任署赤溪協副將的黃廷耀補上。[8] 值得注意
的是，末尾提到「天恩俯念員缺緊要，准以黃廷耀補授大鵬協副將員缺，以
重海防。該員籍隸本省，例應與福建會商揀員對調。惟閩粵兩省現在籌辦海
防善後，均須熟悉本省洋面之員方能得力，並懇請暫緩對調」，從中可見廣

7　《申報》，1888年4月2日。

8　片中提到黃氏由勇目充伍，先後拔升把總、提標右營游擊，至光緒六年（1880）任署
　　赤溪協副將。

東水師的將弁理應與福建對調，這顯然是由於迴避制度所影響。[9]但按學者李其霖所指，由於清代的水師缺乏完整的任官制度，科舉考試又沒有海洋相關的內容，因此對水師將弁極為缺乏，以致任員上常有不依條例的情況發生。[10]這亦說明了為何大鵬協副將多由廣東人出任的緣故。

　　兩年後，黃廷耀病逝，又掀起了副將補員的爭議。光緒十六年（1890）十月二十四日的《申報》刊載了兩廣總督李瀚章（1821-1899）的奏片，當中提到本來曾經提議以副將黃國安、周天意等接任，但以「人地不宜海疆」而拒，故又奏以時任「記名提督」的潘瀛接任。[11]但很快又被兵部拒絕了，光緒十七年（1891）四月六日的《申報》詳細記載了拒絕的原因。當中提到「潘瀛係記名提督，應俟盡先到班方准借調。今請補輪用揀發班之缺，核與章程不符。且係陸路出身，請補水師之缺，尤屬不合」。[12]上文提到水師將弁多因缺員，而容許不須迴避，選員的準則顯然較為寬鬆，但何以連拒三人？究其因由，或因其「陸路出身」缺乏海防經驗而被謝絕。

　　從上述兩則事例可知，大鵬協副將的出任因海防之需要，多委以粵人，雖不合章程，但多被容許。然而「借調」、「以陸路補水路」等做法則以不合章例而被駁回，由此我們大致可掌握副將選任的一些原則。此外，《申報》轉載的《粵東官報》又揭示了副將調任的情況。光緒十七年（1891）十一月二十五日的《申報》載「大鵬協副將缺，委現署黃崗協副將吉瑞調署。黃崗協副將缺，委現署大鵬協副博林保調署。」[13]若與上述所引的奏片配合，則更能明悉副將的來歷，有助掌握其任職期間的一舉一動。[14]

9　《申報》所引的奏片，不少亦提及此條，如1891年4月6日提到奏以何長清出任大鵬協副將時，亦提及「雖籍本省與例稍有不符」及「俞允該員，係籍隸本省，俟覆到日再與福建咨商員對調」。

10　李其霖：《見風轉舵：清代前期沿海水師與戰船》（臺北市：五南圖書出版公司，2014年），頁210-223。

11　《申報》，1890年10月24日。

12　《申報》，1891年4月6日。

13　《申報》，1891年11月25日。

14　《申報》的記載，除了記及大鵬協副將的員選外，還有記及大鵬協右營守備、中軍都

三　史事拾遺

　　上文整理、爬梳副將的名單，旨在以此線索為綱，從而探索各副將任職期間的各種建樹、事蹟，乃至於人脈關係網絡及其影響等等。但由於目前掌握的資料缺乏，以下只能以《申報》、《香港碑銘彙編》的記載作簡易的勾勒。[15]

　　首先，從《申報》的報導，我們可以發現大鵬協曾於甲午戰爭期間緝捕漢奸，可見這場戰爭的漣漪亦波及遠於廣東、香港的大鵬協。光緒二十年（1894）十二月二十一日的《申報》載有〈漢奸被獲〉一項，當中載道「初九日，粵東大鵬協右營把總林君押解漢奸黃亞池至省，稟請發落……該犯供稱新安縣人，向在東洋貿易，與倭人稔熟，倭國地狹人稀，兵不足用，遂囑我等回粵代為招兵，同黨共十餘人，擬每人代招二百名，每名月給口糧洋二十元，同黨已分赴各處招募，而我甫欲開招，即被擒獲」[16]，姑勿論供詞的真實與否，但大鵬協曾於這期間以「漢奸」為名追捕犯人。而大鵬協右營的七名把總均駐於香港境內，故此事或與香港有密切關係。[17]

　　司等。但由於大鵬協，除副將外，左營又設有左營中軍都司、守備、左右哨千總、左右哨頭司把總、左右哨二司把總、左哨三司把總、左右哨外委千總、左右哨頭司外委把總、左右哨二司外委把總、左哨三司外委把總、左右哨額外外委、左右哨頭司額外外委；右營設守備、左右哨千總、左右哨頭司把總、左哨二司把總、左右哨外委千總、左右哨頭司外委把總、左右哨二司外委把總、存城外委、存城額外外委、左右哨額外外委、額外外委，先後凡三十八名武官。當中只有大鵬協副將、左營右哨額外外委、右營右哨二司外委把總、右營右哨額外外委四名武官駐屯於九龍寨城。故此，難以稽查，核對身份，因此除副將以外的將弁暫不作論。參《申報》，1892年8月15日；1892年10月25日；1893年7月28日；1894年4月24日；1895年8月26日。

15　關於張玉堂、賴鎮邊兩位副將的事蹟，可參詳蕭國健：《寨城印痕——九龍城歷史與古蹟》，頁68-74。

16　《申報》，1894年12月21日，第7785號。

17　參《廣州府志》載大鵬協右營有左右哨頭司把總、左哨二司把總、左右哨頭司外委把總、左右哨二司外委把總七名，分別駐於青龍頭汛、東涌寨城、長洲汛、青衣潭汛、東涌口小礮臺汛、坪洲子汛及九龍寨城。〔清〕瑞麟、戴肇辰等修：《廣州府志》（收入《中國方志叢書》，第1號，清光緒五年〔1879〕刊本，臺北市：成文出版社，1966年），卷73，〈經政略四〉，頁37a-b。

其後十二月二十八日的《申報》又以〈續獲漢奸〉為題，交代後續去向：「大鵬協營官拿獲漢奸黃亞池一名，押解至省。大憲派員審訊，黃供出夥黨二十餘名，皆作倭奴奸細。大憲札飭各營將領一體訪拿，不許一名漏網」[18]。翌年二月一日的《申報》又載有另一宗緝捕漢奸的事件，當中提到「去臘二十二日，大鵬協委標弁二員率同兵丁鎗刃森列，押解倭奸陳森泉及匪犯馬角等七名到兩廣督轅，聽候發落」[19]，可見這次逮捕的是陳森泉，並非黃亞池一夥，是另一宗事件，但同樣被大鵬協的武官押解至廣州審訊處理。由是可見，甲午戰事期間，其時遠在廣東、香港一帶的大鵬協雖多未親赴前線，但始終與清廷國內形勢連成一線，緝捕漢奸。[20]循這角度可見探討大鵬協於了解晚清中港關係往來的另一面向和意義。

此外，大鵬協作為武官雖不涉民政，但其副將畢竟駐港逾半個世紀，而此處亦有各處營汛，他們與香港居民之間的往還亦是值得關注。以下則嘗試參考《香港碑銘彙編》所提供的線索：

表二 《香港碑銘彙編》中有關大鵬協碑銘刻文匾額表

	時間	碑銘篇名	位置
1	乾隆十一年（1746）	〈大嶼山大澳洪聖古廟鐘〉	大嶼山大澳洪聖古廟
2	乾隆二十一年（1756）	〈大嶼山羗山觀音寺鐘〉	大嶼山羗山觀音寺
3	道光二十七年（1847）	〈九龍司新建龍津義學敘〉	九龍寨城龍津義學

18 《申報》，1894年12月28日，第7792號。

19 《申報》，1895年2月1日，第7822號。

20 參照記載，廣東大鵬協右營守備黃祖蓮於甲午戰爭中威海衛失守殉職，但查《清史稿》的傳記所載黃氏，先考入上海廣方言館，送學美國，回國後任職於天津水師駕駛學堂，並任濟遠駕駛二副，當中記黃氏為「署海軍中軍左營守備」後以「都司升用」，似有不同。趙爾巽：《清史稿》（北京市：中華書局，1977年），卷460、494，〈列傳二百四十七‧劉步蟾〉、〈列傳二百八十一‧黃祖蓮〉，頁12712-12713、13674-13675。

	時間	碑銘篇名	位置
4	咸豐二年（1852）	〈重修武帝古廟碑誌〉	大嶼山大澳關帝古廟
5	同治九年（1870）	〈重修侯王古廟碑〉	九龍城侯王廟
6	同治九年（1870）	〈重修天后古廟碑〉	油麻地天后廟
7	光緒元年（1875）	〈龍津石橋碑〉	九龍寨城
8	光緒六年（1880）	〈至誠前知〉匾額	九龍城侯王廟
9	光緒七年（1881）	〈英靈千古〉匾額	長洲洪聖宮
10	光緒七年（1881）	對聯	長洲觀音灣水月宮
11	光緒十四年（1888）	〈折洋鋤盜〉匾額	九龍城樂善堂
12	光緒十八年（1892）	〈龍津石橋加張碑〉	九龍寨城
13	光緒二十二年（1896）	〈重修糧船灣天后宮序〉	糧船灣天后廟
14	光緒二十二年（1896）	〈刊刻會議〉	九龍寨城
15	光緒二十五年（1899）	〈重修天后古廟碑記〉	長洲北社天后古廟
16	光緒二十五年（1899）	〈重修協天宮碑記〉	深水埗武帝廟
17	光緒三十三年（1907）	〈創建栖流所義塚碑〉	長洲方便醫院

資料來源：科大衛，陸鴻基，吳倫霓霞合編：《香港碑銘彙編》（香港：香港市政局，1986 年）

從上表可見，大鵬協的武官於香港各處留下不少足跡。最早可追溯至乾隆十一年（1746）位於大澳洪聖古廟的古鐘，這說明了早在副將派駐以前，香港居民與大鵬協頗多往來，而據族譜記載，屏山鄧氏、屯門陶氏亦曾任職於大鵬協。[21] 故此以地區而論，則以大嶼山占最多共八項，有分大澳、長洲等處，而長洲則為稅廠的設置地。稅廠又負責徵稅、緝私，故此往來較多。[22]

---

21 據《松友祖家譜》中〈續修秉誠祖家譜序〉下提十五傳孫玉谿翁為「大鵬協鎮右營東涌外委」時為道光十五年（1835）。鄧家聲為「邑武庠拔授大鵬總司」，而鄧顯祖為「大鵬右營副總司」。《松友祖宗譜》（香港中文大學圖書館藏微縮謄本 uc microfilm mic 1226），《屏山鄧氏族譜》，頁323、351。

22 蕭國健：〈清代之九龍海關〉，載氏著：《探本索微——香港早期歷史論集》（香港：中華書局，2015年），頁172-186。

九龍寨城附近一帶亦占七項，九龍半島上亦有油麻地、深水埔兩處。若以類別以言，則以寺廟最多，天后廟三處，關帝、洪聖、觀音等各兩處，侯王廟則只有九龍城一處。各種碑刻以咸豐三年（1852）的〈重修武帝古廟碑誌〉所載大鵬協武官最多，共十七位，由守備、把總、額外外委等，而且更載「大鵬協鎮右營闔營兵丁助銀三十三兩五錢」，可見幾乎整個右營都為這次重修作貢獻，足證兩者關係匪淺。考《廣州府志》記載大鵬協右營的守備、左哨二司把總、存城外委及存城額外外委四員皆駐於東涌寨城，其他如右哨千總、左右哨頭司把總、右哨外委千總、左哨頭司、二司外委把總、右哨頭司外委把總等八員，分防大嶼山汛、青龍頭汛、長洲汛、石筍礮臺汛、青衣潭汛、東涌口小礮臺汛、坪洲汛等，可見右營主要駐防當今大嶼山一帶，自己與當地居民關係密切。[23]

這一點更可從《大嶼山志》輯引的的諭示作證：

> 欽加同知銜特授廣東廣州府新安縣正堂加十級唐。調處廣東大鵬協鎮右營守府閩粵南澳鎮右營守府賴。為出示曉諭事。照得昨據該耆紳呂景輝等呈稱。在於大嶼海島之鳳凰山鹿湖洞創建純陽、普雲仙院二座。復據呈以該道院鳩工告竣。懇請再給示諭。以杜奸邪。而潔仙院等情。查該紳耆所請。懇為尊崇道教。詢屬出自誠忱。應予照准。合就出示曉諭。為此示諭該院住持及軍民人等知悉。道山乃清淨之地。道果本修持之居。固不容于褻穢。亦不任于勾留。外住僧道偶遊到院。不准借居住宿。不得留連竟日。來往客旅。亦不許久住棲遲。恐其中有因事敗逃名。藉偏僻之區以愿其罪者有之。有扮作遊人先為借宿。飄竊財物。各亦有之。爾住持務應持躬修己。留心伺察。倘有形

---

23 而長洲北天后古廟的〈重修天后古廟碑記〉又載有「長洲汛大鵬協右營左部副分府盧助工金銀伍大員」，可見駐地武官與香港當時居民的往來。《香港碑銘彙編》，頁226；至於長洲的天后信仰研究，又可參蔡志祥：〈香港長洲島的神廟、社區與族群關係〉，載鄭振滿、陳春聲編：《民間信仰與社會空間》（福州市：福建人民出版社，2003年），頁354-381。

跡可疑者速行驅逐。並有斧伐山林。與及牧童飼牛。踐踏污泥挖石等
弊。如敢呈惡不遵。故意勾留习抗者。該住持一面鳴官以徵奸邪。而
淨福地。各宜凜遵毋違持諭。光緒九年十月廿四日示紳士陸師彥。黎
斯治。羅名丁。呂景輝。值事源顯之。梁耀焜。蔡星樞。鄭世安。羅
鳳南。蔡明。住持羅元一等同勒石。[24]

除了右營外，副將賴鎮邊亦資助長洲民眾建立義塚，參〈創建栖流所義
塚碑〉當中提到：

> 余經商長洲，數十餘年矣。見夫州中白骨暴露，貧病流亡，情之有不
> 能已者。時同治十□年，歲次壬申，傾囊捐金，創建此栖流所一間，
> 並洲邊義坎一區，以為安置流檢埋骸骨□□□□。□□□□緒三年
> 歲次丁丑、承　九龍大鵬協鎮都鎮守賴鎮邊大人獎勵；並蒙勸捐，得
> 數百金。幾經屯積，購得鋪戶兩間，在大橫肚廟右上街級，一連兩
> 間。[25]

而且碑上又刊有「大鵬協鎮□□□彭捐銀十元」、「大鵬協鎮都督府賴捐
銀十大元」、「大鵬協右營守府諸捐銀五大元」、「大鵬協右營都□府劉捐銀五
大元」、「大鵬協右營左部分府蘇捐銀二大元」、「大鵬協左營總司劉捐銀二大
元」、「大鵬協右營左部副分府賴捐銀一大元」、「營駕大鵬協左營銅底船賴捐
銀一大元」、「大鵬協右營左部副總司劉捐銀一大元」、「署大鵬協右營分府梁
捐銀一大元」等等武官的捐獻，這亦可見大鵬協於長洲的善舉事例。[26]

除了〈重修武帝古廟碑誌〉外，光緒二十二年（1896）的〈重修糧船灣
天后宮序〉亦刊有不少大鵬協武官的捐獻，值得一提的是，這塊碑刻所刊的

---

24 釋明慧編：《大嶼山志》（民國四十六年〔1957〕香港寶蓮禪寺排印本），〈三・梵剎・
　　鹿湖精舍〉，頁24-45。
25 《香港碑銘彙編》，頁379；蕭國健：《寨城印痕──九龍寨城歷史與古蹟》，頁78-79。
26 《香港碑銘彙編》，頁380-381。

都是官員、公職，並沒有鄉紳、商號或是民眾，與其他碑刻有異。這或由於糧船灣設有大鵬協的汛，並有駐兵二十五名，因而對之特別重視。當中刊有「調署大鵬協鎮中軍都府前山營都司□陳崇安」、「大鵬協鎮左營守□府陳捐銀一封」、「都□府銜大鵬協左營候補守府□劉」、「左營左部總司」的梁慶堂、賴國芬、王鴻陸、楊繡辰，「左營右部副總司」的歐陽騏、徐恩賢，「左營右部總司□胡國彪」、「左營左部副外司□徐寶仁」、「右營右部總司□黃恩全」、「右營左部分府□梁鴻謀」、「右營營部副分府□劉輝騰」、「右營右哨千總□劉其盛」等等，以及新安縣的巡船等等。[27]

除了大澳、糧船灣、長洲等今新界、大嶼山沿岸一帶外，於九龍寨城以外尚有油麻地天后廟、深水埗武帝廟兩處。油麻地於一八六〇年《北京條約》簽訂時，連同九龍半島割讓予英國。唯油麻地天后廟建於同治四年（1865）即割讓以後，而且又於同治九年（1870）重修，這次重修的碑記亦載有「大鵬協鎮府雷助銀壹大封」與及「特授九龍分司徐助銀壹封」[28]，由是可見九龍半島上的居民雖也劃歸英國統治，但實際上仍與清廷的官吏保持聯繫，這碑刻便是當中的證明。

至於深水埗方面，原設有大鵬協右營深水埗汛，設駐兵三十五名，後於一八八七年又設立九龍海關的分廠，至一八九五年升格為關廠，作為監視海面、徵收課稅。[29]是故深水埗所設的武帝廟亦有大鵬協的武官、九龍寨城的官員參與亦不足為奇。

可見，大鵬協於香港不少駐防的地點亦見有參與該地的廟宇重修捐獻，長洲、糧船灣、深水埗等正好為事例證明。

從表二及上述可見，大鵬協的武官於香港的廟宇捐獻，涉及天后、關帝等等，這不單反映了清代水師的信仰，同時亦可見水師將弁於香港信仰發展的角色。先就「天后」而言，「天后」即「媽祖」早於宣和五年（1123）已被納入官方的祀典，因其作為海上的保護神祇，而備受沿海一帶民眾的歡

---

27 《香港碑銘彙編》，頁213-214。
28 《香港碑銘彙編》，頁148。
29 梁炳華：《深水埗風物志》（香港：深水埗區議會，2011年），頁11。

迎。直至清代，由於康熙（愛新覺羅玄燁，1654-1722，在位 1661-1722）為
了平定臺灣，對於東南水師，特別是福建水師尤為重視，故此連帶亦重視
「媽祖」的信仰、祭祀，而且在萬正色的影響下，更被視為水師的軍神。施
琅（1621-1696）平臺後，進而冊封成為「天后」。[30] 是故，何以九龍寨城內
亦有一天后古廟，[31] 而該協的武官亦有油麻地、糧船灣、長洲天后廟作捐
獻。這亦是香港天后信仰發展值得一提之處。[32] 至於關羽的崇拜，於清代可
謂極盛。滿族於入關前早已開始祭祀，入關以後更為興盛。關帝作為武聖，
向為軍旅所重，故〈刊刻會議〉中提到「營中如遇恭祝武帝聖誕，祇宜倩唱
八音、或懸絲、或手包，回營散給；以省差費，而免疎虞。」[33] 足見寨城內
亦有舉行武帝聖誕的慶典，因此大澳、深水埗的武帝廟重修皆見大鵬協的足
跡。[34]

四　餘論

　　簡而言之，大鵬協副將作為清廷派駐香港的最高武官，雖然其治海收效
成疑，但其駐防於當今香港境內逾半個世紀乃不爭的事實。因此，我們有必
要對副將及其屬下將弁於香港的事蹟作一考查，這樣才能還原早期香港華人
社會的面貌，乃至於晚清中港之間的往來實況。是故，本文嘗以《申報》、
《香港碑銘彙編》作為引子，並冀日後再利用不同的史料，對大鵬協或是清
廷的官員於香港的平常活動作一整理，以說明香港史事早期的多種面貌。

---

30 徐曉望：《媽祖信仰史研究》（福州市：海鳳出版社，2007年），頁179-182。
31 蕭國健：《寨城印痕——九龍城歷史與古蹟》，頁164-166。
32 廖迪生：《香港天后崇拜》（香港：三聯書店，2000年）；謝永昌：《香港天后廟探究》
　　（香港：中華文教交流中心，2006年）。
33 《香港碑銘彙編》，頁214。
34 有關香港的關帝信仰可詳參游子安：〈香港關帝信仰與善書〉，載蕭登福、林翠鳳主
　　編：《關帝信仰與現代社會研究論文集》（臺北市：宇河文化出版公司，2013年），頁
　　155-187。

附錄　作者簡介（依本書論文次序排列）

李金強

國立澳洲大學哲學博士，香港浸會大學歷史系客席教授、近代史研究中心榮譽顧問，新亞研究所董事會主席，著有《中山先生與港澳》、《一生難忘——孫中山在香港的求學與革命》、《聖道東來——近代中國基督教史之研究》、《書生報國——中國近代變革思想之起源》、《區域研究——清代福建史論》等專著。

許振興

香港大學哲學博士，香港大學中文學院副教授、「中國歷史與文化」學士課程統籌、「中國歷史研究」文科碩士課程主席、《明清史集刊》主編，著有《宋紀受終考研究》、《中國經濟史叢論》（合著）等書。

馬楚堅

香港大學哲學博士，香港大學中文學院中國歷史研究課程榮譽教席、國際儒學聯合會理事、香港學海書樓董事、江萬里研究總會學術顧問，預修清史交通志、香港志，著有《明清邊政與治亂》、《明清人物史事論析》、《朱門都昌學派》、《世道肩承》論文集、《宋季丞相年譜》，輯理〔唐〕《大顛寶通禪師文存》、〔宋〕江萬里《大忠集新編》、《羅香林論學書札》，編校羅香林《中國民族史》增訂本、《香港與中西文化交流》增訂本等專著，學術論文則凡逾二百篇。

林麗月

臺灣師範大學歷史研究所博士，曾任臺灣師大歷史學系主任，現任臺灣師範大學歷史學系名譽教授。著有《明代的國子監生》、《明末東林運動新探》、《奢儉・本末・出處：明清社會的秩序心態》等專書，及〈孝道與婦道：明代孝婦的文化史考察〉、〈衣裳與風教：晚明的服飾風尚與服妖議論〉、〈俎豆宮牆：鄉賢祠與明清的基層社會〉等論文數十篇。

阿　風

中國社會科學院研究生院歷史學博士、日本京都大學法學（論文）博士，現任中國社會科學院歷史研究所研究員、社會史研究室主任、徽學研究中心主任，同時兼任中國明史學會副會長、中國政法大學法律古籍整理研究所兼職教授，著有《明清時代婦女的地位與權利——以明清契約文書、訴訟檔案為中心》、《明清徽州訴訟文書研究》等專著及《中國歷史上的「契約」》、《明代的「白牌」》等論文。

郭錦洲

香港中文大學歷史系哲學博士，香港浸會大學歷史系講師，著有〈明清時期徽州宗族的發展和義田——以棠樾鮑氏為中心〉和〈自然環境與宗族的相互影響——以明清時期徽州巖寺鎮為中心〉等論文。

譚家齊

英國牛津大學哲學博士，香港浸會大學歷史系助理教授，專攻近世中國法制、社會經濟及海洋史，在《中國文化研究所學報》、《漢學研究》、《法國漢學》等知名學報發表中英文學術論文數十篇。二〇一四年獲大學教育資助委員會頒發「傑出青年學者」獎項。

范廣欣

　　香港科技大學人文學博士，威斯康辛大學麥迪森校區政治哲學博士，南開大學哲學院副教授。研究領域為中國近代思想史、中國政治哲學、西方政治哲學及比較政治哲學。著有《以經術為治術：晚清湖南理學家的經世思想》。

王　剛

　　北京大學歷史學博士，西南大學歷史文化學院講師，中國抗戰大後方研究中心青年研究員。著有《榮祿與晚清政局》（北京大學博士論文，2014），在《史林》、《歷史檔案》等雜誌發表論文十篇。

郭嘉輝

　　香港浸會大學哲學博士，香港理工大學人文學院副項目員，研究興趣包括明代政治史、軍事史、外交史以及清代的中外關係，曾於《中國文化研究所學報》、《明代研究》、《臺灣師大歷史學報》、《中國學報》、《海洋史研究》等中、港、臺、韓各地的學術期刊發表論文。

大學叢書·香港浸會大學近代史研究中心專刊　　1704001

從明清到近代：史料與課題

編　　著　李金強、郭嘉輝
責任編輯　廖宜家
特約校稿　林秋芬

發 行 人　林慶彰
總 經 理　梁錦興
總 編 輯　張晏瑞
編 輯 所　萬卷樓圖書股份有限公司
排　　版　林曉敏
印　　刷　百通科技股份有限公司
封面設計　斐類設計工作室

發　　行　萬卷樓圖書股份有限公司
　　　　　臺北市羅斯福路二段 41 號 6 樓之 3
　　　　　電話 (02)23216565
　　　　　傳真 (02)23218698
　　　　　電郵 SERVICE@WANJUAN.COM.TW
香港經銷　香港聯合書刊物流有限公司
　　　　　電話 (852)21502100
　　　　　傳真 (852)23560735

ISBN 978-986-478-159-1
2020 年 10 月初版三刷
2019 年 5 月初版二刷
2018 年 11 月初版一刷
定價：新臺幣 320 元

如何購買本書：

1. 劃撥購書，請透過以下郵政劃撥帳號：
　　帳號：15624015
　　戶名：萬卷樓圖書股份有限公司
2. 轉帳購書，請透過以下帳戶
　　合作金庫銀行 古亭分行
　　戶名：萬卷樓圖書股份有限公司
　　帳號：0877717092596
3. 網路購書，請透過萬卷樓網站
　　網址 WWW.WANJUAN.COM.TW
大量購書，請直接聯繫我們，將有專人為
您服務。客服：(02)23216565 分機 610

如有缺頁、破損或裝訂錯誤，請寄回更換
版權所有·翻印必究
Copyright©2020 by WanJuanLou Books CO.,
Ltd.All Right Reserved　　**Printed in Taiwan**

國家圖書館出版品預行編目資料

從明清到近代：史料與課題 / 李金強, 郭
嘉輝編著.-- 初版.-- 臺北市：萬卷樓,
2018.11
　　面；　公分.--(大學叢書)(香港浸會大
學近代史研究中心專刊；1704001)
ISBN 978-986-478-159-1(平裝)

1.明清史 2.文集

626.99　　　　　　　　　　　107010738